Gesetz der Anziehung

Impressum

Ausgabe: [Mai 2024]
Druck: [Mai 2024]
Autor, Kontakt: David : Barfuss
                    david.barfuss@protonmail.com

Verlag: BoD • Books on Demand GmbH, In de Tarpen 42, 22848 Norderstedt
Druck: Libri Plureos GmbH, Friedensallee 273, 22763 Hamburg

ISBN: 978-3-7597-2242-3

Die automatisierte Analyse des Werkes, um daraus Informationen insbesondere über Muster, Trends und Korrelationen gemäss §44b UrhG („Text und Data Mining") zu gewinnen, ist untersagt.

Die Definition der Worte in diesem Dokument liegt allein beim Verfasser.

Inhalt

Liste der Änderungen und Ergänzungen:

[20.5.2024] Kettenbruchbild hinzugefügt.
[8.8.2024]   Arbeit an Bildqualität.

Unsere Dienstleistungen:

- Seminare und Jahrestraining zum *«Gesetz der Anziehung»*

- Seminare und zyklische Gruppe *«Kreisarbeit / Herzkreis»* Heilung im Äusseren und Inneren, für Paare, Männer und gemischte Gruppen

- Seminare und Jahrestraining zur Heilung der Trennung und der Verletzungen zwischen Männern und Frauen / Weibern.

- Persönliche Begleitung für Deine innere Heilung und Entwicklung.

Hawaiianisches-Huna - Gebet

Göttliches-Hohes-Selbst, ich rufe Dich an im Namen der Quelle-allen-Seins

Ich rufe Dich an im Namen des Vaters, des Sohnes und des Heiligen Geistes

Ich rufe Dich an im Namen der Mutter, der Tochter und allem was Leben

gebiert.

Ich rufe Dich an im Namen der Liebe, der Weisheit und der Heilungsmacht.

Ich bin Kanal,

Ich bin Kanal für Deine umfassende Liebe,

Ich bin Kanal für Deine Weisheit

Und ich bin Kanal für Deine Heilungsmacht.

Ich bin eins mit Deinem Licht,

Ich bin eins mit Deiner göttlichen Unsterblichkeit.

Ich bin das Ich.

Ich komme aus dem Nichts in das Licht,

Ich bin der Atem der alles Leben speist,

Ich bin die Leere, die hinter jedem Bewusstsein steht.

Ich bin das Ich, das Es und das Ganze.

Ich zeichne meine Regenbogen über den Wassern,

In denen der Geist der Materie unaufhörlich fließt.

Ich, der einströmende und ausfließende Atem,

Der unerklärbare Funken der göttlichen Schöpfung,

Ich bin das Ich.

Aloha

Pule O Kateiiliahi

Prayer by Kaleiiliahi - Gebet von Kaleiiliahi

E ho mai i ke kou alo a me i ka mana po nui,

May the Presence and the Power   - Möge die Präsenz und die Kraft

I ke aloha a me i ka hau'oli,

The love and the joy -   Die Liebe und die Freude

I ka malu a me I ka laule'a,

The peace and the happiness   - Der Friede und das Glück

I ke ola a me I ka pa'a,

The health and the wholeness - Die Gesundheit und die Ganzheit

I ka pono a me I ka waiwai,

The success and the abundance - Der Erfolg und die Fülle

Va he pono pau'oli a pau, e Io e,

All of the infinite good that our Creator is -
Alles der unendlichen Güte, was unser Schöpfer ist,

Hele mai ia makou, mua ia makou, hope ia makou,

Go with us, before us, behind us, - mit uns gehen, vor uns, hinter uns,

Maluna ia makou a me i lalo ia makou,

Above us and below us - über uns und unter uns,

Ka'apuni ia makou a me i loko ia makou,

Around us and within us - um uns und in uns,

A me ho'ohana ia makou, ale hele i ka malino, nani, a me hemolele.

And make smooth, beautiful and perfect our way -
Und macht unseren Weg eben, schön und perfekt

E lele I ka pule ia ka lana nui!

May this prayerfly to the highest heaven -
Möge dieses Gebet in den höchsten Himmel fliegen

A mana ua noa

And so it ist   -   so sei es.

1 Vorwort

Im Jahre 2014 habe ich meine erfolgreiche, mehrjährige Seminartätigkeit zum Gesetz der Anziehung eingestellt.

Dies hatte zwei Gründe:

Erstens: Da war eine tiefe Trauer in mir, die mich täglich begleitete. Sie hatte keinen Namen, keinen mir bekannten Grund. Sie war einfach immer da, egal, wie viel ich meditierte, egal, was ich erreichte.

Manchmal war sie nach drei Stunden durchfühlen weg. Und oft kam sie wenige Minuten darauf wieder zurück.

Eine Massnahme, wie ich sie für ein paar Minuten zum Verschwinden bringen konnte war, dass ich, wie im *«Gesetz der Anziehung»* oft vermittelt wird, meine Liebes- und Dankbarkeitslisten durchging. Das hat mir oft nach wenigen Minuten einen Schub gegeben, welcher diesen Schmerz verschwinden liess, für eine kurze Weile, danach kam er zurück.

Ich war nicht mehr gewillt, gewissermassen von Aussen, durch mein aktives Zutun, diesen Schmerz zu überdecken. Ich wollte meinen Kern heilen, koste es, was es wolle, und sollte ich dabei meinen aktuellen Körper verlieren.

Ich wollte diesem Kernschmerz auf die Spur kommen, diesen heilen und war nicht mehr bereit, etwas zu tun, was in mir und ausser mir einen anderen Anschein erwecken konnte.

Verstehen konnte das bis auf einen Menschen niemand - wieso sollte ich nicht die Massnahme ergreifen, die mir zumindest mit Manifestieren Linderung versprach?

Zweitens: Da war einerseits die Erkenntnis, dass die totale Hingabe an das Grosse, an alles was ist, noch viel mutiger und konsequenter ist, als die Kontrolle des relativ kleinen, beeinflussbaren Umfelds.

Heute, fast 9 Jahre und zwei Dunkelretreats später, haben sich die Voraussetzungen geändert.

Doch, zum besseren Verständnis: Was ist ein Dunkelretreat?

In einem Dunkelretreat zieht man sich in ein verdunkeltes Zimmer zurück und bleibt da für die Dauer des Retreats im Dunkeln. Das Essen wird einem vor die Tür gestellt. Die Reize von Aussen werden praktisch auf Null zurückgefahren, was dazu führt, dass, nach etwa drei Tagen unser Unterbewusstsein auf Sendung schaltet und über Träume und optische Eindrücke anfängt mit uns zu kommunizieren. Für die Träume ist ein Traumtherapeut hilfreich. Für die Visionen die Erkenntnis, dass unsere Unterbewusstsein uns damit unsere sorgfältig zusammengestellte Illusionen so lange präsentiert, bis wir sie als unsere Schöpfung annehmen, für gut befinden und sie sich so wieder auflösen können.

Erstens habe ich im Dunkelretreat erkannt, woher dieser tiefste Schmerz kommt und habe Massnahmen gefunden, welche die daraus resultierenden starken und nach Aussen gerichteten Kräfte nach Innen hin miteinander verbinden. Meine grosse Sehnsucht, Fürsorger zu sein, hat sich davor grundsätzlich nach Aussen gewandt und keinen Aufwand gescheut, diese Fürsorge an den Mann und an die Frau oder das Weib zu bringen. Weil es mir so wichtig war, diese Fürsorge zu bringen, war diese oft nicht willkommen oder wurde ausgenützt, das war einer der Hauptgründe für meine grosse Erschöpfung.

Aber da war noch ein zweiter Teil in mir: Das kleine Kind, das tiefste, bohrende Sehnsucht nach Fürsorge hat. Da es in der spirituellen Szene, wie wir sie im Westen vermittelt erhalten zwar wichtig ist, authentisch zu sein, aber absolut tabu ist, needy, bedürftig zu sein, habe ich diesem kleinen bedürftigen Kind verboten, sich zu äussern und es in einen schalldichten Raum eingesperrt und seine Äusserungen, wenn überhaupt, nur gut dosiert und moderiert nach draussen gelassen.

Wer gute Menschenkenntnis hat oder ein feines Gefühl, hat es trotzdem wahrgenommen.

Wenn es sich ergeben hat, dass ich Fürsorge empfangen durfte, so war ich oft, zu meinem Erstaunen, mit dem Ergebnis nicht ganz zufrieden, aber ich konnte den Grund dazu nicht erkennen.

Im Dunkelretreat habe ich erkannt, dass diese beiden, die ihre Aufmerksamkeit beide nach Aussen richten, in Tat und Wahrheit sich einander zuwenden können, und beide so genau das erhalten, was sie so sehr ersehnen. Die beobachtete Unzufriedenheit verschwindet damit, und eine grosse Ruhe tritt innen wie aussen ein. Dieses neues Gleichgewicht stellt sich gerade ein.

Zweitens habe ich das Gesetz der Anziehung im Dunkelretreat neu und tiefer erkannt: Davor war es ein weiteres Instrument, um die Kontrolle in meinem Leben grösser und stärker zu machen. Das war not-wendig, da mein Vertrauen ins Leben sehr früh schon arge Dämpfer erhalten hat. Auf der Oberfläche schien ich ein vertrauensvoller Kerl zu sein, doch überall dort, wo es ans Eingemachte ging, habe ich allein auf meine Fähigkeiten, mein Wissen und meine Koordination vertraut und für Backups und doppelte Böden gesorgt. Das hat prima funktioniert und war schrecklich anstrengend. Das war der zweite Grund für meine tiefe Erschöpfung.

Wo das Gesetz der Anziehung vorher ausschliesslich Machtinstrument war, wurde es danach zu etwas dynamischen, zu einem Werkzeug, in welchem beides, die mächtige Demut und die demütige Macht in Balance ihren Platz finden.

Ich will das von zwei Seiten herleiten:

Erstens: Wer sich mit systemischer Arbeit und Familienstellen auseinandergesetzt hat, der hat schnell erkannt, dass einer der zentralen Aspekte dieser Arbeit das Hinschauen auf das, was ist, ausmacht und der Erfolg sich einstellt, wenn die Rangfolge, besser die göttliche Ordnung wiederhergestellt wird. Wenn der dritte (Ehe-)Mann versucht, an die Stelle des ersten zu trennen, wird das scheitern. Wenn der Erstgeborene versucht, den Platz es Zweitgeborenen einzunehmen, wird das scheitern. Wenn der zweite Mann meint, er hätte seinen Platz vor den Kindern der neuen Frau, dann wird das scheitern. Und wenn die Frau sich politisch korrekt, und emanzipiert an die Stelle vor dem Mann stellt, dann wird auch das scheitern.

Alles fällt ins Lot, wenn wir die göttliche Ordnung wieder herstellen.

Es geht also darum, dass wir *unseren Platz in der göttlichen Ordnung wieder finden. Oder darum bitten, dass uns dieser Platz gezeigt und wir dahin geführt werden.*

Zweitens: Die zweite Herleitung geschieht über eine Erkenntnis, welche ich aus dem Spiel der Wandlung gewonnen habe:

Vor vielen Jahren habe ich mir gewünscht, dass mein Wachstum nicht mehr über Schmerz geschieht, sondern über Vorbilder, Inspiration, Träume, gute Einfälle, Geschichten, über das Erkennen der Vorgehen unserer Ahnen, der Tiere und der Pflanzen und Bäume.

Kurz darauf habe ich das Spiel der Wandlung (Transformation Game) entdeckt und unter professioneller Begleitung spielen gelernt. Das Spiel der Wandlung wurde in Findhorn entwickelt und ist eigentlich ein Lebens-Mikro-Baukasten, in welchem man, gewissermassen aus Sicht der Seele mit seiner Figur, also dem

Körper, auf dem Spielfeld zu einem Thema spielt und Widerstände und Wachstums-Unterstützung erfährt, erfühlt und transformiert.

Dieses Spiel bildet eine Menge tiefer geistiger Grundgesetze spielerisch ab.

Findhorn ist bekannt für seine enge und bewusste Anbindung an die geistige Welt, welche auf seine Gründer Eileen und Peter Caddy sowie Dorothy Maclean zurückgeht.

Das Spiel der Wandlung dauert in der einfachen Spielvariante ein paar Stunden, in der fortgeschrittenen Variante auch locker ein paar Tage.

Du siehst, dass es schon ziemlich abgewetzt ist, weil wir es so viel gespielt haben.

Im Spiel der Wandlung gibt es 2 Karten, die sich wie Yin und Yang zu einander verhalten: Die eine steht für die Intuition, und die andere für den freien Willen.

Die Intuition lädt ein, sich mit der Intuition zu verbinden und daraus eine Entscheidung für den nächsten Schritt zu treffen. Wenn die Intuition falsch war, dann wird der Vorgang abgebrochen und der nächste Spieler erhält den Würfel.

Das Pendant dieser Karte ist die Karte «*Freier Wille*».

Mit dieser Karte kann ein Spielzug in der fortgeschrittenen Spielvariante mehrere Stunden dauern.

LEBENSFELD FREIER WILLE

Ganz am Schluss des Spielzugs erhält man das Feedback dazu, wie man sie gespielt hat: *Göttliches Wohlgefallen* mit zusätzlichen Erkenntnissen oder Engeln oder *göttliches Miss-*

fallen mit Schmerzpunkten. Die Schmerzpunkte nimmt man sich übrigens immer selbst, die gibt einem niemand:

Der Wortlaut der Anweisungen ist sehr präzise.

Ich habe das Symbol auf der Lebensfeldkarte für ein paar Jahre als Ausrufezeichen verstanden, bis ich irgendwann irritiert gemerkt habe: Im ganzen Spiel der Wandlung gibt es keine einzige Karrikatur– weshalb sollte also dieses Ausrufezeichen karikiert sein? Das macht keinen Sinn, das entbehrt jeder Logik.

Doch, wenn es kein Ausrufezeichen ist, was ist es dann?

Ich die Karte noch einmal mit Kinderaugen angeschaut, so als hätte ich sie noch nie gesehen.

Meine Erkenntnis war, dass das obere, nach unten langgezogene Dreieck ein Symbol für den göttlichen Willen war, und das untere, nach oben zeigende Dreieck für meinen eigenen Willen stand.

Das obere langgezogene Dreieck mit der Spitze nach unten stand fest, das untere konnte ich, wie bei einem alten Röhrenradio so einstellen, wie ich wollte, mal eher links, dann wieder ganz rechts.

Das kleine Dreieck, welches nach oben zeigt, das ist unser eigener Wille. Wir können alles ausprobieren in dieser Zeit hier auf der Erde. Wenn wir erwachsener und verantwortungsbewusster werden, dann verstehen wir, dass es Sinn macht, unseren Willen ganz in den Willen des Schöpfers zu stellen, der Schöpfer, der diese wunderbare Schöpfung, das Paradies, in dem wir leben erschaffen hat – mit unseren unfassbar komplexen Körpern, den Tieren, den Pflanzen, den Bäumen, der die Zusammenhänge kennt, der alle Zeit überblickt, respektive für den es keine Zeit gibt.

Das ist ein Akt der Demut, geboren aus dem Verständnis des Grösseren. Und wenn wir gut eingestimmt sind, dann wird auch viel mehr Kraft durch uns fliessen.

Der freie Wille wirkt also dann am stärksten, wenn wir ihn in den grösseren Willen setzen, das heisst für mich: Er dient zeitübergreifend, er dient allen Wesen, allem Leben, dem Frieden und der Erkenntnis, der Klarheit und dem Wachstum.

Wenn ich Intentionen äussere, die auf diesem grösseren Ganzen basieren, dann spüre ich fast augenblicklich grosse Unterstützung von anderen Wesen, die mich bei der Erfüllung unterstützen wollen.

Und hier finden die beiden Stränge wieder zusammen: Wir setzen den freien Willen richtig ein, wenn wir ihn in die göttliche Ordnung bringen, das heisst, wenn wir erstens am richtigen Platz in der göttlichen Ordnung sind und zweitens unseren Willen dem göttlichen Willen unterordnen.

Das heisst nicht, dass wir darauf verzichten. Und es heisst nicht, dass wir nicht wissen, was wir wollen. Aber es heisst, dass wir verstanden haben, wer wir sind, und wo wir uns in der Schöpfung einordnen.

Dann kann die grosse Kraft durch uns fliessen.

Ich habe vor ein paar Jahren viele Tage hintereinander gebeten, dass diese grosse Kraft ganz durch mich fliesst, in vollem unlimitiertem Umfang. Das ging täglich besser. Bis ich irgendwann am Nachmittag begonnen habe zu zittern und zu schlottern. Ich habe Hilfe gesucht, doch niemand konnte den Zustand einordnen. Ich habe damals im Zelt geschlafen, aber das gab mir nicht die Sicherheit und den Schutz, den ich in dem Moment gesucht habe – also habe ich versucht, ein nahes Hotel anzurufen, damit sie mir die Adresse angeben, und ich mir einen Fahrer suche, der mich hinfährt, doch es gelang mir nicht mehr, die Nummer auf dem Handy zu wählen. Auch das Navi konnte ich nicht mehr einstellen- also habe ich allen Mut zusammengenommen, bin in mein Auto gestiegen und mit höchster Konzentration losgefahren. Die Grobmotorik ging noch etwas besser als die Feinmotorik. Nach kurzer Zeit habe ich das

Hotel gefunden und mein Nervensystem hat sich langsam wieder auf normal eingestellt.

Das, was ich gespürt habe, war der Lebensstrom, wenn wir ganz darauf fokussieren, Kanal in der göttlichen Ordnung zu sein.

Ich habe meine Intention danach von «*full throttle*» (Vollgas) auf «*angemessen*» zurückgenommen, und zwar jeweils ein bisschen mehr Energie, als mein Nervensystem aktuell erträgt, so, dass es immer mehr in die Richtung von mehr Kapazität wachsen kann.

Das Gesetz der Anziehung ist nach meinem aktuellen Verständnis also ein Pendel, ein drehendes Yin-Yang, welches zwischen meinem machtvollen Willen und meiner Demut hin- und herpendelt – es pendelt hin und her, wie Flut und Ebbe – wie die Mondin, die kommt und geht, wie der Sonnenmeister, der über uns erscheint und wieder verschwindet, wie der Zyklus von geboren werden und sterben, im ewigen Pendeln.

Diese Erkenntnis kam im Dunkelretreat zu mir, im Folgenden beschreibe ich den ganzen Prozess des Kreierens, wie ich ihn bis heute verstanden habe.

Viel Spass und gute Erkenntnisse wünsche ich Dir.

Und wenn Du ergänzende Erkenntnisse hast, dann lade ich Dich ein, die zu mir zurückzutragen, so dass ein Dialog entstehen kann und wir uns gegenseitig begleiten in unserem Wachstum.

Danke.

David

Im März 2024

Etymologie Manifestation: das öffentliche Bekunden eines Standpunktes, das Sichtbarmachen von etwas, die Offenbarung – und deshalb auf Französisch auch: Die Demonstration.

Etymologie Kreation: Künstlerische Schöpfung, Erschaffenes, aus frz. création *«Erschaffung, Schöpfung, Kunstwerk, Erfindung»,* älter *«göttliche Schöpfung».*

2 Herleitung: Warum funktioniert es immer?

Um etwas Neues zu erschaffen oder verändern braucht es zwei Dinge: Information oder Intelligenz und Energie oder Kraft.

Information allein ist Potential, kann interessant sein, bleibt aber bedeutungslos, solange sie nicht umgesetzt wird. Es scheint eine universelle Gedankenebene zu geben – die Gedanken sind Bewusstsein, aber die Erfahrung von Umsetzung ist in dieser Ebene nicht vorhanden – Menschen können mit Fragen für einzelne Gedanken dieser Gedankenebene Resonanz machen – und haben dann Einfälle und Ideen.

Energie allein ist Potential, welches einfach bestehen bleibt, ohne Auswirkung, ohne Bedeutung, solange sie nicht abgerufen und eingesetzt wird. Energie geht nie verloren, sie wandelt sich ständig

Energie, wie zum Beispiel Licht wird zu Materie, wenn es genug verlangsamt und verdichtet wird. Energie und Materie sind also austauschbar, und das wird verständlich, wenn wir genug in die Materie hineinzoomen: Da sollten zuerst die Moleküle erscheinen, aber diese sind, bei genauerer Betrachtung Atome. Und wenn wir uns diese genauer anschauen, dann lösen sich auch diese auf in Elektronen und Neutronen. Und wenn wir noch tiefer zoomen, dann lösen sich auch diese wieder auf in noch kleinere Teilchen.

Am Schluss ist alles leerer Raum, der schwingt – also Energie in Aktion ist, Energie, die durch Information bewegt wird, Schwingung, die sich mit anderer Schwingung überlagern kann, Inferenzen bilden kann, sich gegenseitig auslöschen kann. Und genau da greifen wir ein, auf der untersten Stufe, auf der alles aufgebaut ist.

> **George Winslow Plummer,** geb 1876, beschreibt in seinem Büchlein «Consciously Creating Circumstances» sinngemäss die Energie, die zum Manifestieren benötigt wird, als den «*Universal Mind*», der immer und überall vorhanden ist. Dieser stellt die Kraft für alle Kreation bereit. Die Kraft des «*Universal Mind*» *kann* der von aller Intelligenz jederzeit angezapft werden kann.

Energie und Information verhalten sich wie Licht und Schatten, wie Yin und Yang zueinander: Um zu wirken, bedingen sie sich gegenseitig, diese Kräfte können nicht allein tanzen.

Die Physiker gehen davon aus, dass das ganze Universum aus 5% der uns bekannten Materie besteht, und der Rest aus dunkler Materie und Energie besteht.

Religiösen Menschen verstehen, dass der grosse Rest, den wir mit unseren Sinnen nicht erkennen können, göttlicher Natur ist.

Und eher spirituell orientierten Menschen sehen in diesen 95% Parallelwelten, andere Zeitlinien, die Ahnen, das Potential, welches uns zur Verfügung steht.

Diese dunkle Materie kann auch direkt, an den Phasengrenzen (z.B. an Zellwänden) in Energie und Gewicht, also Materie angekoppelt werden, wie Klaus Volkamer in seinem Buch «Die feinstoffliche Erweiterung unseres Universums» im Detail beschreibt. Professor Klaus Volkamer hat nachgewiesen, wie ein schlafender Mensch leichter wird, wenn er im Schlaf den Körper verlässt – und dann beim Aufwachen wieder schwerer wird, wenn die Seele zurückkommt – dieser Gewichtsverlust und -rückgewinn hat nichts mit dem Abatmen von Wasser über die Atemluft zu tun – der würde nicht zurückkommen beim Aufwachen

Wer sucht, findet auf Youtube Filme, in welchen eine Besetzung einen Menschen verlässt und zu einem anderen springt, oder wie die Seele einen verletzten Körper verlässt, und, als sie merkt, dass die Verletzung nicht so schlimm ist, wieder in diesen zurückkommt.

Schwarz-Weiss-Kamers ohne Infrarotfilter sind für solche Aufnahmen besonders geeignet, die Farbkameras, welche an den Handys und bei normalen Film- und Fotokameras verbaut sind, genauer deren Objektive sind mit einem Infrarotfilter ausgestattet, welcher diese Energien ausblendet. Die meisten Menschen können dies nicht sehen, aber wer gut eingestimmt ist, kann es fühlen.

Die dunkle Materie und Energie steht uns Schöpfern bewusst zur Verfügung, wenn wir den wollen – wenn wir erkennen, wer wir sind, wenn wir die Schöpfungsgesetze erkennen und über den Schöpferkindergarten in die erste Schöpferklasse kommen.

Henry Ford: *'Whether you think you can, or you think you can't-- you're right.'*

Auf Deutsch: *'Ob Du denkst, Du kannst es, oder Du kannst es nicht: Du wirst auf jeden Fall recht behalten'.*

Henry Ford mit seinem Ford Model T

Diese dunkle Materie und Energie verwenden wir auch dann, wenn wir dies nicht bewusst tun, z.B. indem wir uns Limitierungen aufsetzen und diese sich dann im Leben äussern, indem wir Entscheidungen treffen, und uns dann wundern, warum das Leben langweiliger wird, indem wir uns unsere Bubble erschaffen, in welcher wir ungestört unendlich lang das Bekannte wiederholen können – unabhängig davon, ob es uns gefällt oder nicht.

Kymatik, respektive **Cymatic** heisst die Kunst, welche aus Schall Bilder erzeugt: Dazu wird ein grosser Basslautsprecher (mit eingebautem Verstärker) mit der Membran nach oben auf den Tisch gestellt, an einen Frequenzgenerator angeschlossen und ein schwingfähiges Blech über diesen Lautsprecher montiert, so, dass sie frei schwingen kann.

Anmerkung: Als Frequenzgenerator dient jeder Laptop und jedes Handy mit der entsprechenden Software.

Auf diese Membran gibt man Sand oder Reis.

Schickt man jetzt über den Frequenzgenerator bestimmte Frequenzen, also Information zum Verstärker, dann gibt dieser Energie dazu. Die Kombination, Information und Energie, also ein lauter Ton einer bestimmten Frequenz lässt die Membran des Lautsprechers schwingen. Dieser Ton lässt das Blech schwingen und der Sand oder das Reis ordnen sich je nach Frequenz verschieden an.

Die Bilder, die dabei entstehen sind je nach Frequenz ganz verschieden, bleiben für eine gewisse Frequenzbandbreite gleich und ändern sich dann wieder.

Wir erkennen die Gestalt von Blumen, Früchten, Samen, Zellen, von Kristallen, Schildkrötenpanzern und vielem mehr wieder.

Wer damit spielt, für den ist gut erkennbar, dass die Pflanzen und Körper, alles Leben im Laufe seiner Entwicklung verschiedene Schwingungsmuster durchläuft.

Definition Intelligenz = Höherer Ordnungsgrad, auch in der Struktur.

Wenn Wissenschaftler, in abgelegenen Wüsten forschen, dann ist eine der grundlegenden Fragen, ob es hier Wasser gegeben hat, und gegebenenfalls wann. Ein Hinweis auf Wasser sind regelmässige Strukturen, einesteils als Skelette von Kleinstlebewesen und andererseits als Spuren, z.B. die Schleifspuren von Schildkröten, oder die Trittspuren von anderen Tieren.

Wasser ist die Voraussetzung von Leben.

Sie suchen also nach regelmässigen Strukturen, diese sind ein Zeichen von Intelligenz, oder eben einem höheren Ordnungsgrad.

Leben könnte in kürzester Definition als das bezeichnet werden, was Ordnung schafft, die Abwesenheit von Leben lässt die Ordnung schwinden.

Wer die Schwingung stört, z.B. mit massiver elektromagnetischer Einwirkung (Mobilfunk etc.) oder indem er im Hirn das jeweilige Zentrum stört oder durch einen Schock zum Stillstand («Freeze») bringt, welches diese Schwingungen für einzelne Körperbereiche kennt und Tag und Nacht bereithält, der kann die Effekte der Störung erkennen:

Unordnung wird erkennbar, die Zellen wachsen und verhalten sind nicht mehr kontrolliert, weil sie keine Information mehr erhalten, sie sind offline.

Dieser Bereich wurde Ryke Geerd Hamer erforscht und in der germanischen neuen Medizin, respektive den 5 biologischen Naturgesetzen gut beschrieben.

Seine Erfolge sind bester Nachweis seiner Forschung und weisen nach, dass er es verstanden hat..

Der Physiker Hans Jenny (16 August 1904, Basel – 23 June 1972, Dornach), der sich intensiv mit Kymatik – engl. Cymatic auseinandergesetzt hat, hier an seinem Versuchsaufbau: Vorne unten ist das Blech mit dem Reis, darunter ein Lautsprecher hinten der Verstärker, und in der Mitte der der Frequenzgenerator.

Auf diesem Bild sind 25 Schwingungsbilder abgebildet. (Quelle: time21.info), im 5.ten in der vierten Reihe erkennen wir den inneren Bereich einer Sonnenblume wieder, im 4.ten in der 5.ten Reihe, welches dem ersten ganz ähnlich ist das Bild die Spiralform der Milchstrasse. Andere Bilder haben viele Ähnlichkeiten mit Radiolarien (Strahlentierchen).

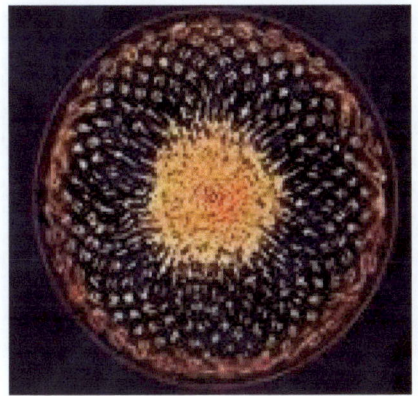 

Auf diesem Bild ist links das 5. Bild in der 4.Reihe vergrössert dargestellt, rechts davon das Bild des inneren Bereichs einer Sonnenblume, die gegenläufigen Spiralen sind bei beiden gut erkennbar.

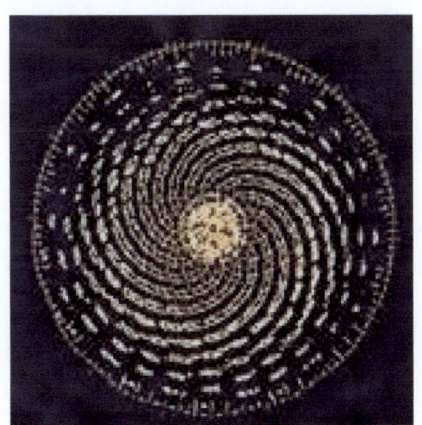 

Auf diesem Bild ist links das 4. Bild in der 5. Reihe vergrössert dargestellt, rechts davon ein Bild des Milchstrasse.

Links ist das 1. Bild in der 1. Reihe vergrössert dargestellt, rechts davon das Bild eines Radiolariums, oder auf Deutsch: Strahlentierchen, wie sie der deutsche Zoologe Ernst Haeckel erforscht und gezeichnet hat. Radiolarien besitzen ein Exoskelet (ein Aussenskelet im Gegensatz z.B. zu uns) aus Silizium-Dioxid und sind 50-500 µm gross. Sie kommen in den verschiedensten Formen vor.

Hier sehen wir Radiolarien in ihrem normalen Umfeld – am Meeresgrund.

Ein anderer Übergang der formbildenden Schwingung in die Materie hat uns der japanische Forscher Masaru Emoto ermöglicht: Er hat sich den 1990-er Jahren mit intensiv mit Wasser, genauer mit gefrorenen Tropfen befasst.

Wasser hat eine Eigenart: Es kann Gefühle aufzeichnen wie ein Magnetband Schwingungen und diese bleiben solange im Wasser erhalten, bis sie gelöscht oder überschrieben werden.

Diese Gefühle können dem Wasser über Worte oder Schrift übertragen werden. Worte werden bei Ritualen gebraucht – das ist heute noch bei Taufe und Versiegelung im Kontext der Firmen und Vereine, die sich «Kirchen» nennen, bekannt, indigene Stämme benutzen diese Eigenschaft, um Flüsse und Gewässer zu heilen.

Masaru Emoto, jap. Wasser-Molekular-Forscher

Ähnlich wird es in der Homöopathie verwendet, nur wird dort der Informationseintrag durch Substanzen oder Auszüge eingebracht. Die Übertragung der wenigen Tropfen mit Information auf das gesamte Wasser wird durch Schütteln vorgenommen. Solche «informierte» Wässer dürfen auf dem Transport zu ihrem Bestimmungsort nicht mehr geschüttelt werden, wer diese also auf seinen Dieseltruck verlädt, ohne sie vor Vibration zu schützen und sie dort 6 Stunden lang den Emotionen auf der Strasse und Motorschwingung aussetzt hat danach in den Fläschchen die Information der Strasse aufgenommen.

Ein paar Bilder von verschieden informierten Wässern finden sich nachfolgend:

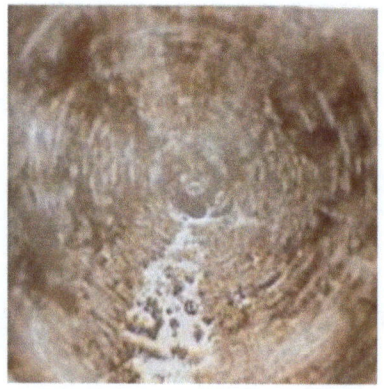 

Masaru Emoto Bilder: Links ein Tropfen, nachdem er «*Heavy Metal Music*» ausgesetzt war, rechts ein Tropfen, nachdem er der Energie «*Du machst mich krank, ich werde Dich töten*» ausgesetzt war.

 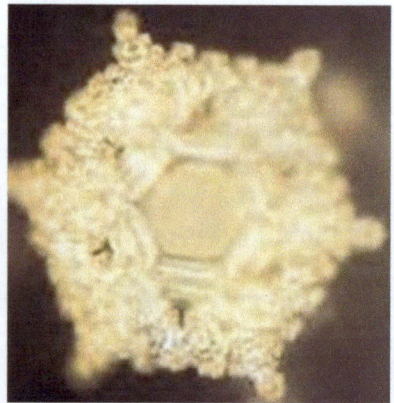

Links der Tropfen dem «Danke» (Thank You) informiert wurde, rechts ein Tropfen, dem «Liebe» informiert wurde.

Reisexperiment

Das Experiment von Masaru Emoto bedingt eine teure Armatur, mit einem Verdampfer und hintergrundgekühlten Gläsern, an welchem der Dampf zu Eis kristallisiert. Das macht die Reproduktion etwas schwieriger, doch, in leicht abgewandelter Form funktioniert das bestens auch zuhause:

Wir wählen eine Anzahl sauberer, ausgekochter Gläser, füllen die mit sauberem, abgekochten Reis verschliessen sie luftdicht und schreiben jedes der Gläser anders an:

Auf die einen schreiben wir negative Begriffe, die wir dabei fühlen, z.B. *«tödlich»*, oder *«Ich hasse Dich»*. Auf andere schreiben Begriffe wie *«Liebe»*, *«Mitgefühl»* oder *«Ich liebe Dich»*.

Diese Gläser lassen wir stehen und prüfen deren Zustand immer wieder.
Ich habe die Gläser knapp 2 Wochen stehen lassen.

Im Jahr 2020 habe ich die Funktion von Chips geprüft, die vor Elektrosmog schützen sollen, zusätzlich habe ich ein Glas mit *«tödlich»* beschrieben, eines mit *«Liebe»* und eines einfach nur mit *«Test»*.

Hier ein Überblick über die Versuchsanordnung:

Uns interessieren hier die letzten 3 letztgenannten Gläser:

Das Glas «Liebe»: Der Reis ist in bestem Zustand, er riecht nicht und wirkt sehr rein.

Das Glas, «Test»: Dieses Glas hat 3 Arten von Schimmel, ganz unten ist dieser weiss, darüber grau und ganz oben im Glas ist er schwarz. Unter dem Deckel hat der Schimmel regelmässige Strukturen gebildet.

Seitenansicht

Aufsicht von oben

Das Glas, «eSmog ist tödlich»: Dieses Glas hat auch 3 Arten von Schimmel, ganz unten ist dieser weiss, darüber grau und ganz oben im Glas ist er schwarz.

Seitenansicht

Draufsicht

Wenn wir uns der Tatsache bewusst werden, dass wir selbst, je nach Alter, zwischen 70% und 80% aus Wasser bestehen, und dass wir die sich gegenseitig beeinflussenden Gedanken und Gefühle, Verurteilungen oder Lobpreisungen ständig generieren und aussenden, dann wird klar, dass dieses Experiment ein klarer Hinweis darauf ist, wie wir uns gesund halten, und dass der Geist die Materie sehr direkt beeinflusst.

Napoleon Bonaparte

Napoleon Bonaparte, dem Heerführer, der von Europa aus das tartarische Weltreich in die Mangel genommen hat, angeblich mit Pferden und Kanonen, wird folgender Satz nachgesagt:

«Umstände? Ich erschaffe die richtigen Umstände!»

3 Vorbereitung

Wer in seinem Haus, Fahrzeug, in seinem Kopf oder in seinem Herz Neues einbringen will, ist gut beraten, vorher Platz zu machen.

Meist mache ich das einmal im Jahr und gehe dann durch meinen ganzen Besitz durch, durch alle Räume und prüfe jedes Ding, wann es mir das letzte Mal gedient hat, ob ich es noch will, ob es mir in Zukunft noch dienen kann, ob es noch zu meiner Lebensausrichtung passt.

Meist reicht es nicht, einmal durchzugehen, manche Dinge muss ich zuerst aus dem Büro in den Keller räumen, halb loslassen geht. Der Rest geht dann vielleicht ein Jahr später.

Andere Dinge muss ich fünfmal in die Hand nehmen, bis ich sie loslassen kann.

Meist kommt eine gewisse Dynamik in den Prozess: Je länger ich das Aufräumen betreibe, desto grösser wird die Lust am Loslassen. Ich merke, wie ich mich wieder freier bewegen kann, es fühlt sich an, als könnte ich besser atmen, als wäre die Luft frischer.

Beim Loslassen wird viel Halte- und Hoffnungsenergie frei, alte, gebundene Aufmerksamkeit steht uns wieder zur Verfügung, wir können alte Erinnerungen an Begebenheiten, an einen Unfall, der das Teil beschädigt hat, einen ungünstigen Kauf und vieles mehr loslassen, die gebundene Schöpferenergie wird frei und fliesst zu uns zurück.

Wir spüren, wie uns Flügel wachsen, die Euphorie gibt zusätzlichen Auftrieb und am Abend kommen mir die nächsten Dinge in den Sinn, die ich zurück in den grossen Kreislauf geben will. Manche verschenke ich, manche verkaufe ich, und manche entsorge ich.

Ich mache diesen Prozess gern langsam, so, dass die Loslass-Qualität mich möglichst lange begleitet, weil ich weiss, dass sich diese Klärung auch auf meinen Geist auswirkt und mir viel Auftrieb verschafft. Diesen Rückenwind nehme ich gerne und lass ihn lange wirken.

Wer in ein neues Abenteuer stürzen, wer neue Räume im Innen und Aussen erkunden will, der räumt vorher auf, schliesst ab, kündigt unbenutzte Räume, tritt aus Vereinen aus, gibt Mandate ab und macht seinen Kopf und sein Herz frei.

Das Herz wird frei, wenn wir Bitterkeit, Vorwürfe, destruktive und niederträchtige Vorwürfe loslassen. Wer besonders mutig ist, beginnt bei seinen Eltern und Verwandten.

Hier ein paar hilfreiche Vorgehensweisen, um das Herz zu reinigen:

- **«Heil und Segen»** wünschen hilft mir dabei, Frieden mit unliebsamen (verletzten) Gestalten oder Vorgehensweisen gegen mich zu finden.

- **Die menschliche Erfahrung:** Die Erkenntnis «*Dieser Mensch sucht wie ich Freude, Frieden und Wohlergehen. Und dieser Mensch spürt Herausforderungen, Entmutigung und Schmerz, wie ich*», hilft mir zusätzlich.

- **Ich bin nicht gemeint:** Auch, dass die meisten Menschen sich so verhalten, wie sie es gelernt haben, und mit ihren zum Teil interessanten Vorgehen nicht ***mich direkt**** meinen, hilft mir, den Vorwurf zurückzunehmen.
  *In allgemeinen Sprachgebrauch würde man hier «*mich persönlich*» erwarten. Aber das bezieht sich auf die Persona, also die Maske, auf das, durch welches hindurchtönt (personare) und eben nicht auf den Kern, die Seele.

- **Effizient!** Manchmal, bei einmaligen interessanten Begegnungen ist auch die Erkenntnis hilfreich, dass diese uns so unglaublich effizient dargelegt haben, dass Beziehung mit ihnen eher nicht unser Ding ist – und wir damit kaum Energie und Zeit verschwendet haben, die ist für mich sehr dienlich. Dafür kann ich diese Wesen ehren, dass sie etwas merkten, was mir nicht klar war, wo ich möglicherweise eine Projektion am Laufen hatte.

- **Interessant:** Der Vulkanier Mr. Spok ist mir oft ein hilfreiches Vorbild, er äussert sich zu solchen Situationen üblicherweise genau mit einem Wort: «*Interessant*», also ohne (Ab-) Wertung, aus der Beobachterposition.

- **Kreuz drüber und weitergehen:** Aus dem Wallis kenne ich den Satz: «*Mach das Kreuz drüber und geh weiter*».

- **Karma:** Der alte Heiler und Bauer «Köbi», den viele Menschen in Anspruch genommen haben, hat in seinen Geschichten immer wieder erklärt: «*Dieser Mensch war in Deinem Vorleben in der umgekehrten Situation und hat an Dir gelitten – das ist jetzt der Ausgleich für Euch beide.*»

- **Verletzungen weitergeben:** Aus meiner Sicht werden Verletzungen weitergegeben – und zwar solange, bis jemand dieser herangetragenen Verletzung standhält und sie – mit Liebe und Humor, Grösse, einem Spiegel oder anderen Massnahmen auffangen kann. Die verletzte Seele sucht also gewissermassen nach einer Lösung oder Heilung für die erhaltene Verletzung, indem sie diese weiterträgt.
Manchmal hilft es noch nicht, wenn ein Einzelner dieser standhält – Lernprozesse umfassen oft mehr als eine Lektion.
Wenn ich aus dieser Perspektive auf eine herangetragene Verletzung sehen kann, wenn ich die Not dahinter erkennen kann, dann hilft mir das oft auch.

- **Ho'oponopono** ist die hawaiianische Kunst der Heilung von Verletzungen, darüber haben unter anderem Bärbel und Manfred Mohr Bücher geschrieben. Das Verfahren ist einfach und besteht aus 4 Schritten:

1. Es tut mir leid.
2. Bitte verzeih mir.
3. Ich danke Dir.
4. Ich liebe Dich.

Dabei geht es nicht darum, den anderen zu ändern oder zu manipulieren, sondern dass wir mit unserem Wesen aus der Resonanz zu dem Vorgehen herauskommen und es uns dort nicht mehr erwischen kann.

Wer noch etwas weitergehen möchte, kann sich fragen, womit er diese Situation erschaffen hat, und was er dabei fühlt.

Wenn Du ein Gefühl in Dir findest, dann kannst Du das Verfahren zu Dir selbst anwenden:

1. Es tut mir leid.
2. Ich verzeihe mir.
3. Ich danke mir.
4. Ich liebe mich.

- **See me beautiful:** Der jüdische Marshall Rosenberg, der sich Friedensarbeit zum Lebensinhalt gemacht hat, singt in seinem Lied folgendes:

See me beautiful
Look for the best in me
It's what I really am
And all I want to be
It may take some time
It may be hard to find
But see me beautiful
See me beautiful
Each and every day
Could you take a chance
Could you find a way
To see me shining through
In everything I do
And see me beautiful.

Sieh meine Schönheit
Suche das Beste in mir
Das ist es, was ich wirklich
bin
Und alles, was ich sein
möchte
Es kann einige Zeit dauern
Es kann schwierig sein,
es zu finden
Aber sieh meine Schönheit
Sieh meine Schönheit
Jeden Tag
Kannst Du es wagen?
Kannst Du herausfinden, wie
Du mich durchscheinen zu
sehen Kannst, bei allem, was
ich tue
Und meine Schönheit sehen.

Gefühle sind Energie. Energie kann nicht zerstört, sondern nur von einer Form in eine andere Form verwandelt werden. Wenn Gefühle Stress verursachen, dann zwingt uns die Energie, höher zu schwingen, so dass die Transformation geschehen und Frieden sich einstellen kann.

4. Das Gesetz der Anziehung im Überblick

Nachfolgend ist eine kurze Übersicht über die einzelnen Schritte – in den folgenden Kapiteln folgt die Vertiefung im Detail:

1. **Was will ich nicht mehr?** Die Frage «Was will ich nicht mehr?» ist hier die Einstiegsfrage. Was tut weh? Was passt nicht oder nicht mehr?
Genau hinschauen, unser Werk würdigen, warum habe ich das kreiert: Durch laissez faire? Durch bewussten Willen? Weil es andere wollten? Weil man es so macht? Weil die Eltern, Mutter Kirche oder Vater Staat das so vorgaben? Das Werk ansehen und als Schöpfer würdigen.

2. **Zwischenschritt:** Die Energie erhöhen, in Vorfreude gehen, eine Phase geht zu Ende, eine Lücke bahnt sich an, feiern.

3. **Was will ich?** Daraus entwickeln und entwickeln lassen, was Du neu, anstelle dessen willst. Diesem gibst Du Form, über sagen (leise oder laut) oder singen, trommeln, aufschreiben oder zeichnen, wie auch immer. In eine Gruppe wirkt das viel stärker, ausser es gibt Zweifler und «ehrliche, authentische Realisten». In der Gruppe helfen die Fragen: «Habt ihr es verstanden?», «Ist es klar?». Die Gruppe kann Dich bezeugen, nie diskutieren.

4. **Ergänzung: In sich hineinhorchen:** Zum gefundenen Ziel, in der Stille fühlen, ob es Dissonanzen, Missklänge oder Eile gibt. Falls ja, jedes Einzelne fühlen, annehmen, genau betrachten, als (alte) Schöpfung würdigen und dann loslassen, ggf. einfach übertreiben - damit wird man vom Opfer zum Schöpfer.

5. **Senden, loslassen, übergeben:** das Ganze dem Schöpfer übergeben, um Segen bitten, um Regen, Sonne,... Ihn bitten, das dazugeben, was es noch braucht und das wegzunehmen, was uns nicht mehr dient.

6. **Die neue Schöpfung segnen.**

7. **In die Freude gehen:** Die Energie hochfahren, es Dir gut gehen lassen, das Schöne und Erhebende finden, Dankbarkeitslisten, feiern, seinen bestehenden Überfluss finden.

4.1 Erkennen, was Du nicht mehr willst

Woraus besteht Stammtischgespräch meist?

Woraus bestehen die Empörungsnachrichten der «Qualitäts-» oder «Leidmedien»? (Anmerkung: Diese werden oft, für mich nicht nachvollziehbar mit «t» geschrieben.)

Was höre ich von Mitmenschen, privat und wenn ich sie begleite?

Womit fängt jede Gesetz-der-Anziehung-Begleitung an?

Es ist immer das Gleiche: Mit dem, was die betroffenen Menschen **nicht** mehr wollen, mit dem, was sie schmerzt, mit dem, was Ihnen die Illusion der Hilflosigkeit gibt, mit dem, was wir im Kollektiv seit langer, langer Zeit als gegeben und unabänderlich wahrnehmen, mit dem, was unsere Ahnen schon nicht lösen könnten.

Man könnte diese Haltung grob und mitgefühlsbefreit als Opferhaltung bezeichnen, was viele von uns sich selbst diagnostizieren. Nur ist diese Diagnose nicht heilsam – sie beschämt und vergrössert den Schmerz nur noch.

Das, was ich für mich als heilsam erfahre, gerade, wenn ich solche Aspekte an mir selbst finde, oder andere diese bei mir – vermeintlich oder tatsächlich – diagnostizieren - das ist eine liebende, mitgefühlvolle Haltung, die Präsenz meines Gegenübers, welches meinen erschöpfenden Kampf erkennt, der mit Liebe mitgefühlvoll fragt: *«Und was wünschst Du Dir?»*

Dann mag ich mich öffnen, dann bin ich dankbar für den Impuls zur neuen Lenkung meiner festgefahrenen Gefühle und ausweglosen Gedanken.

Manchmal, wenn der Schmerz zu überwältigend ist, kann die Frage nicht beantwortet werden.

Manchmal, wenn das schmerzhafte Muster schon generationenlang, oder gesellschaftsübergreifend vorherrscht, wenn das Setting, was uns plagt, gesellschaftlicher Standard ist, traditionelle Beziehungsformen, tägliches 8 stündiges Arbeiten für einen fremden Chef, für einen von der Gewerkschaft definierten Tarif, nach einem von der KPMG definierten Arbeitsablauf, Umgang «*mit professioneller (empathiebefreiter) Distanz*» mit fühlenden Menschen, tägliches in den Stau-stehen zu vorgegebenen Zeiten in welchen uns das Murmeltier grüsst*, Zusammenleben von Mann und Weib auf engem Raum, drei fixe, schwere, traditionelle Mahlzeiten, dann wagen wir nicht einmal daran zu denken, was anders sein könnte, wir haben die Waffen gestreckt und uns ergeben, sind domestiziert und resigniert.

*Anmerkung: Der Film «und täglich grüsst das Murmeltier» beschreibt genau das, Momo spielt es genauso an.

Aber der latente Schmerz zeigt klar, dass hier etwas für unsere Seele nicht stimmt.

Der Schmerz ist hier unser Helfer, der uns, gegen alle Konzepte und Standards daran erinnert, dass es noch besser geht, dass wir etwas ändern können, oder wir die Änderung anstreben und visionieren können, so, dass in dem entsprechenden Bereich die Freude Einzug halten kann.

Wer das System um Hilfe bittet, der erhält die vom System dafür gedachte Schmerzpille, damit der Schmerz nicht mehr zu fühlen ist, oder betäubt sich mit Alkohol, Essen, Sex, Arbeit, also mit körpereigenen oder fremden Drogen, die den Körper und die Seele belasten, auslaugen und schädigen.

Damit wird der Preis verdoppelt und unser seeleneigenes Alarmsystem ausgetrickst, die Motorwarnlampe im Auto deaktiviert.

Die mündliche Wiederholung dessen, was wir nicht mehr möchten, verstärkt diesen Zustand – wir erfahren dann die Magie des

Gesetzes der Anziehung gegen uns. Wer feinfühlig ist, spürt das schon während dem Erzählen wie Peitschenhiebe.

Wenn wir lernen, uns mitzuteilen, berührbar zu machen, uns zu zeigen, unsere Schmerzen und Gefühle zu zeigen, dann ist dies die grosse Ausnahme – sie schafft zwar nach wie vor Nähe, *doch der meist übersehene Preis ist hoch*.

Wer das allen seinen Freunden und Freundinnen erzählt, immer wieder, noch Jahre später – gegebenenfalls mit neuen Vor- und Familiennamen, der fährt weiter hinter dem Feuerwehrauto, gut begleitet vom Glücksschwein, und unmittelbar vor dem Helikopter – das Karussell dreht nur schneller, die eingespurten Fahrrinnen wurden tiefer – und das bedeutet erhöhte Aquaplaninggefahr, wenn der Regen kommt. Wasser steht für die Gefühle – so liest man das in der Traumdeutung.

Das fiese daran ist, dass in dem kurzen Moment des Erzählens tatsächlich eine Entlastung stattfindet, aber die erneute Schöpfung des erzählten Missstandes wiegt viel schwerer und manifestiert langfristiger. Die Mauern unseres Gefängnisses werden höher.

Die Massnahme ist also, diesen Zyklus zu unterbrechen, der Versuchung nach kurzfristigem Release, dem bisschen erhofften Mitgefühl des Gegenübers zu widerstehen um sich dann zurückzuziehen und darüber Gedanken zu machen, was man denn anstelle dessen will.

Hier sind Selbsthilfegruppen – und selbst wenn sie nur aus 2 betroffenen Menschen in einer WG bestehen – nicht hilfreich, sondern zementieren den Zustand – man hält sich gegenseitig die Energien tief, und sorgt zuverlässig dafür, dass keiner in höhere Schwingungen wegfliegt.

Wohlgemerkt – dies ist der zweite Schritt, nachdem man gelernt hat seine Gefühle wahrzunehmen und sich darüber mitzuteilen.

So geht es beim laufen-lernen: Man wird in der Schule sitzen.

Und beim reden-lernen: Man lernt danach zu schweigen.

Entwicklung erfolgt in Zyklen.

Die Notlage entspannen, den Spiess umdrehen

Jede Münze hat zwei Seiten, jede Sache Vor- und Nachteile.

Das hier beschriebene Vorgehen ist eine meiner Lieblings-massnahmen, für mich selbst und in der Begleitung von anderen Menschen.

Wenn ich die Übung erkläre, dann erhalte ich immer wunderbare grosse staunende Augen, die meisten können nicht glauben, dass Sie nur einen Aspekt finden, doch, mit etwas Übung werden es immer mehr.

Das Vorgehen ist einfach: Zu etwas, was uns schwierig und heraus-fordernd erscheint, suchen wir die *Vorteile.*

Was zuerst absurd tönt, hat seinen Reiz, ich will ein paar Beispiele geben:

- **Herausforderung des Lebens:** Du bist arbeitslos, beziehst IV und kannst nicht arbeiten gehen, doch Du hast auch noch eine kleine Tochter und kannst Dir nichts von den üblichen Kinderge-schenken und Unterhaltungen leisten.
- **Wir spielen zurück:** Du hast Zeit. Du kannst in dieser Zeit mit Deiner Tochter spielen – eines der rarsten Güter in unserer Zeit sind präsente Väter. Diese Karte hast Du. Du kannst nicht nur präsente Zeit aufbringen, sondern hast sogar viel davon. Du kannst Präsenz üben, genau werden, der Natur zuhören, ihr zusehen, und Deine Tochter wird genau das lernen. Ihr könnt den Tieren zusehen, den Wellen, den Wolken und dem Wind zuhören. Für uns sind das rare Güter, für die Indianer waren sie normal.
Nichts von dem kostet.
Du kannst lernen, Dinge zu reparieren, für Dich, Deine nächsten und dann ein grösseres Umfeld. Du beziehst eine Grundleistung, die zwar nicht hoch ist, aber Du kannst lernen, ein bescheidenes

Leben zu führen. Ich habe viele Menschen auch in der Freiheitsbewegung kennengelernt, die hart an ihrer Freiheit gearbeitet haben, doch einer der Freisten, den ich je kennen gelernt habe, das war ein Schäfer. Kaum Besitz, doch Zeit und Präsenz in einem Masse, wie ich es selten wahrgenommen habe.

- **Herausforderung des Lebens**: Mein Aussehen entspricht nicht dem Mainstream.
- **Wir spielen zurück**: Den jungen schönen wird alles geschenkt: Jobs, Beziehungen, Kinder, Ansehen. Doch, wenn diese Menschen etwas älter werden, dann sind sie untrainiert und oft relativ unfähig, den Herausforderungen des Lebens zu begegnen. Du lernst mit dieser Voraussetzung zuhören, verhandeln, dran bleiben, genau hinschauen, und vor Allem: Die Menschen, die mit Dir zu tun haben wollen, die wollen *wirklich mit Dir* zu tun haben, die suchen keinen kurzen oder längeren Gewinn an Sex, Geld oder Status.

- **Herausforderung des Lebens**: ich bin zu alt, die Männer schauen mich nicht mehr an.
- **Wir spielen zurück**: Du hattest eine Zeit, in welcher Du Jobs und Männer gekriegt hast, über Dein Aussehen und Deine Jugendlichkeit. Da war es schwierig zu entscheiden, ob jemand wirklich Dich meint, oder Deine Schönheit, Dein Menschsein, oder Dein Wirken über Dein Äusseres, Deine Maske, Deine Persona. Beides wurde Dir geschenkt. Jetzt erhältst Du direktes Feedback auf Dein Herz, Dein Wirken und über Deine Präsenz. Wer sich mit Dir einlässt, meint wirklich Dich. Die Feedbacks der Begegnungen, ob sie kommen, oder nicht, kürzer oder länger, die kannst Du ganz scharf als Spiegel nehmen und damit arbeiten. Keine Verwirrung mehr, sondern klares Feedback. Sehr effizient.

[Ich bin] ein Teil von jener Kraft,
Die stets das Böse will und stets das Gute schafft. ...
Ich bin der Geist, der stets verneint!
Und das mit Recht; denn alles, was entsteht,
Ist wert, dass es zugrunde geht;
Drum besser wär's, dass nichts entstünde.
So ist denn alles, was ihr Sünde,
Zerstörung, kurz das Böse nennt,
Mein eigentliches Element.

Johann Wolfgang von Goethe, in dieser Form von 1749 - 1832

Quelle: Goethe, Faust. Der Tragödie erster Teil, 1808. Studierzimmer, Mephistopheles zu Faust

Kupferstich von C. A. Schwerdgeburth nach der Zeichnung von Joh. Heinr. Ramberg. Aus dem Taschenbuch Minerva 1828. – Vgl. Faust. Der Tragödie Erster Teil, Studierzimmer II.

- **Herausforderung des Lebens**: Er, männlich, trifft ab und zu mal auf eine Zicke bei seiner Jagd, die ihn schon niedermacht, bevor er ganz aufgetaucht ist, die auf alles schiesst, was männlich ist und sich (noch) bewegt, die ganz offensichtlich in ihren Kindertagen nicht die optimale Erziehung genossen hat. Das verletzt ihn. Er meint, alle Weiber, respektive Frauen seien so.
- **Wir spielen zurück**: Nein, ganz bestimmt sind nicht alle so. Geniesse deren Effizienz. In kürzester Zeit machen sie klar, dass sie mit Wertschätzung nicht viel am Hut haben. Da verlierst Du kein Investment in Zeit, Geld, Vorspiel, Kino, Abendessen (ich meine die Mehrzahl davon), und vieles mehr, also sag *«Danke für die Klarheit, damit habe ich mehr Zeit für Wesen, die mich schätzen und wertschätzen und lieben gelernt haben»*. Wünsch ihr Glück und Segen und geh weiter.

- **Herausforderung des Lebens**: Ich habe eine körperliche Behinderung und bin sehr eingeschränkt, auch was mögliche Partner und Beschäftigungen angeht.
- **Wir spielen zurück**: Wunderbar. Du lernst in diesem Leben Geduld und Achtsamkeit. Du musst Dir Zeit nehmen, Du kannst aus diesem Standpunkt gut und lange beobachten, wie Menschen unterwegs sind. Die Menschen kommen zu Dir, Du kommst gar nicht in Versuchung zu jagen. Du kannst an Deiner Anziehung und Präsenz arbeiten. Viele der grossen Lehrer hatten so eine Voraussetzung, da ist z.B. Clemens Kuby, der querschnittgelähmt war, bevor er sich daraus befreit hat, oder Dr. Joe (Dispenza), der ein ganz ähnliches Schicksal hatte, bevor er die Herausforderung angenommen hat.
- Du hast Zeit und kannst die Dinge gut und genau anschauen. Und ich bin sicher, Du kannst Geschichten erzählen, die anderen, ohne diese Eigenschaft verborgen bleiben.

- **Herausforderung des Lebens:** Meine neue Bekanntschaft kommt oft zu spät.
- **Wir spielen zurück:** Menschen, die zu spät kommen, gestehen dies fast immer auch dem Gegenüber zu. Das kann Dir viel Stress ersparen, dieses Wesen wird ziemlich sicher sehr grosszügig sein, wenn Du später kommst, als geplant oder abgemacht.

- **Herausforderung des Lebens:** Meine neue Bekanntschaft vergisst so viel.
- **Wir spielen zurück:** Wenn jemand viel vergisst, spricht viel dafür, dass dieses Wesen gut im Moment verankert ist, sich über mögliche Dinge, Versprechungen oder Pläne, die Du machst oder versprichst, freut und sie dann wieder vergisst. Das Geschenk darin ist, dass Du nicht selbst eine Liste führen musst, oft in aller Härte zu Dir selbst, damit Du alles, was Du angedeutet oder ins Feld geführt hast, akribisch umsetzt. Das kann viel Stress entlasten.

Wir tun also nichts anderes, als die Spielkarte, die Münze umzudrehen und sie achtsam mit all unseren Sinnen abzutasten.

Es sind immer grosse Geschenke drauf.

Garantiert.

Sei kein Gefangener Deiner
Vergangenheit.

Es war nur eine Lektion,
keine lebenslange Haftstrafe.

Bild: Vollzugszentrum Bachtel, Ausgang.

Die Kräfte verschieben

Stell Dir vor, Dein Erwusstsein («er-» bedeutet von Innen, «be-» bedeutet von Aussen) – besteht aus 99 farbigen Luftballons, wie bei Nena.

Jeder Luftballon hat eine eigene Farbe und einen kurzen Text drauf.

Die Texte entsprechen Glaubenssätzen oder Erfahrungen.

Da gibt es schmerzvolle Luftballons, freudvolle, lustige, herzige, schreckliche und furchterregende in allen Grössen.

Du hast ein einziges Werkzeug, um Deine Luftballons zu bewirtschaften: Ein kleiner Rüssel, mit dem Du Luftballons auswählen und aufblasen kannst.

Die Luftballons sind ein bisschen wie Menschen: Sie sind nicht ganz dicht und verlieren selbst ständig etwas Luft: Wenn Du ihnen lange keine Aufmerksamkeit mit Deinem Rüssel schenkst, dann fallen sie schliesslich schlapp und kraftlos an den Boden und bleiben da verschrumpelt liegen.

Die Wahl, welche Ballons Du aufbläst und Dich damit beschäftigst, Deinen Atem und Deine Aufmerksamkeit hinein gibst, liegt allein bei Dir.

Ins Leben übersetzt heisst das: Du wählst, mit welchen Geschichten, Menschen und Dingen Du Dich auseinandersetzt.

Und zu allen Geschichten, Menschen und Dingen kannst Du aus einer höheren Ebene – die entspannt – oder aus einer tieferen Ebene der Polarität, von Macht und Ohnmacht, von Gerettetem und Retter hinschauen.

Die eine Wahl verbreitet Frieden – was bei einem Ungleichgewicht auch langweilig werden kann -, die andere wühlt auf und ist dramatisch.

Bild: Netzfund.
Je nach Perspektive kann eine Kuh bequem auf einem Pfosten Platz finden.
Angewandt auf das Thema heisst das: Manchmal ist ein Perspektivwechsel hilfreich,
bereichernd oder erheiternd. Auf jeden Fall lindert er die festgefahrene, meist
schmerzhafte Sichtweise

Den akuten Schmerz lindern

Manchmal ist der akute Schmerz so gross, dass sich das Herz zusammenzieht und wir in einen Modus von Kampf-Flucht-oder-Erstarren verfallen – damit wird das Stammhirn aktiviert und wir machen einen Tunnelblick.

Wenn das passiert, dann hilft die Frage: *«Was kann ich in genau dieser Situation lernen?»*

Das ist eine der Fragen, welche unsere feinstofflichen Begleiter normalerweise gern und schnell beantworten – manchmal kommt sie auch über andere Wege zu uns.

Wenn ich selbst irgendwo anstehe, wenn ich Menschen berate, dann möchten die meisten Mitgefühl und danach will die eine gehört werden und der andere eine Lösung.

Da nicht immer klar ist, was jetzt unserem Gegenüber am Meisten dient, ist es eine gute Idee, zu fragen: *«Willst Du präsentes Zuhören oder sollen wir nach einer Lösung suchen?»*

Die Lösung, oder besser das Zielbild ist immer dann besonders wirksam, wenn das Schmerzbild aktiviert ist – Wunden sind rezeptiver für die Heilsalbe, wenn sie schmerzen und ein weiser Satz ist: *«You can't heal, what You can't feel»* - auf Deutsch: *«Du kannst nicht heilen, was Du nicht fühlen kannst».*

Insofern ist der Schmerz ein grossartiges Anzeichen dafür, dass genau dieses Thema gerade jetzt in Heilung kommen kann.

Aus der Arbeit mit Träumen und Visionen habe ich gelernt, dass es oft ein Zielbild nur ein einziges Mal braucht, um die sich ständig wiederholende Vision aufzulösen. Verstanden, geheilt, erledigt.

Ein Beispiel: Ich habe in meinem letzten Dunkelretreat einige Weile lang einen Güterbahnhof gesehen – ich war in einem Loch und ständig sind Züge, Wagen und Lokomotiven entgleist und in mein Loch gerutscht.

Ich habe mir dazu ein einziges Lösungsbild innerlich vorgestellt: Ich komme aus dem Loch, schütte dieses zu, schottere den defekten Teil der Geleise auf, verlege neue Geleise und regle diesen Güterverkehr, prominent, sichtbar, mit Warnweste.

Das Bild ist nicht mehr wieder gekommen. Die physische Arbeit in der 3D-Welt ging bei diesem Bild noch monatelang weiter – ich musste alte Gewohnheiten mit neuen ersetzen, mutiger werden, öfters konfrontieren und nachhaken und lernen, diese Konfrontationen mit liebevoller Güte und Klarheit zu setzen.

Zum Vergleich: Eine der vorhergehenden Visionen habe ich während 3 Wochen Tag und Nacht gesehen – damals wusste ich noch nichts von Lösungsbildern.

Wenn Du den Fokus aufmachst in der Zeit, dann hat dieser aktuelle Schmerz das Potential, dass Du darin etwas lernst, worauf Du in 5 oder 10 Jahren glücklich zurück schauen kannst, und was Dich in dieser Sache zu einem vertrauenswürdigen Experten macht.

Auch hier öffnen wir den Fokus in der Zeit und wählen die Potentialsicht.

Oft entsteht ein solcher Schmerz durch einen Verlust. Solange wir auf das Verlorene schauen – den Mann, die Freundin, das Kind oder den Job, das Auto oder das Haus, zieht es uns aus der Mitte, gewissermassen aus dem Fenster raus.

Die Heilbewegung ist, zurück in die Mitte zu kommen, den Moment wahrzunehmen, den Boden unter den Füssen zu spüren, den Atem wahrzunehmen, den Geräuschen zu lauschen und anfangen die Lücke zu geniessen. Alle diese Verluste hinterlassen Lücken. Und Lücken können neu gefüllt werden – mit dem, was genau jetzt optimal passt.

Wenn wir uns bewusst werden, dass wir das alte haben anziehen und manifestieren können, dann werden wir gewahr, dass wir ein verändertes Bild auch anziehen und manifestieren können.

Dann lindert sich der Verlustschmerz oft, weil wir dann aus der Idee des passiven Zufalls, aus dem Bild, dass das blinde Huhn zufällig ein Korn gefunden hat, heraustreten und die Verantwortung für die frühere Schöpfung übernehmen. Wer das vorherige geschöpft hat, kann auch etwas neues, noch passenderes schöpfen.

> Wenn ein Missstand sich schmerzhaft zeigt, genau dann ist der perfekte Zeitpunkt, um das Lösungsbild zu entwickeln und zu fühlen, genau dann ist diese Wunde für die Heilung

Als Notfallplan fasse ich zusammen:

- Was kann ich in dieser Situation lernen?

- Was möchte ich anstelle dessen?

- Genau dann und nur, wenn ich es fühle, kann ich es heilen.

- Wow, später werde ich glücklich sein, über diese Chance und das, was ich darin gelernt habe.

- Fokus auf die Lücke: Was tun sich für Möglichkeiten auf?

- Ich konnte das alte manifestieren, jetzt manifestiere ich etwas noch besseres.

Ich habe mir meinen Notfallplan in meinem Handy gespeichert – Wissen ist abhängig von der Emotion, mit der es gespeichert wurde – wie die Forschung der Lernpsychologie uns lehrt.

Wenn ich etwas im Kontext von Freude lerne, dann kann ich das in der Angst schlecht abrufen.

Wenn Du Dir also Deinen Notfallplan im Kopf zurechtlegst, während Du entspannt im Bett liegst und dieses Buch liest – dann könnte es sein, dass Du es im Notfall nicht abrufen kannst.

Da kann ein weiser Partner oder Begleiter helfen.

Oder der Notfallplan im Handy.

4.2 Entwickeln, was Du wirklich willst

In der professionellen, ethischen Verkäufer-Ausbildung lernt man ablehnende Kunden, zu fragen: «*Warum doch?*».

Ein Teil der dahinterstehenden Weisheit erkennt, dass es im Leben ganz selten absolute Ja's und Nein's gibt – meist ist die Realität und unser Standpunkt dazu eine Mischung von begehren und ablehnen – eine Mischung die sich je nach Tagesform und Umständen verändert oder verändern lässt.

Diese kleine Frage lenkt ihren Fokus und ihre Kreativität von Bildern mit einem schlechten Ergebnis auf das, was sie sich eigentlich wünschen, und damit wird die Freude wieder geweckt.

Wenn ich früher auf der Jagd junge Frauen angesprochen habe und sie gefragt habe, ob sie Lust hätten, mit mir auszugehen, dann habe ich ab und zu auch mein Korbmuseum erweitert.

Das Korbmuseum war schon ziemlich gross, als ich auf die Idee gekommen bin, nachzufragen: «*Warum sagst Du Nein?*»

Das war erstens sehr heilsam für mich, weil ich nicht mehr annehmen musste, dass sie mich mit Haut und Haaren für immer ablehnt.

Zusätzlich hat die Betreffende oft gesagt, was im Weg steht und manchmal auch, was sie sich wünscht.

Das hat die Härte der Ablehnung kleiner gemacht und zusätzlich wieder den Blick auf das gerichtet, was möglich ist und Freude macht.

Manche Forscher zum Gesetz der Anziehung favorisieren viele Wiederholungen mit Bildern und Gefühlen, Esther und Abraham Hicks erklären, dass 65 Sekunden reichen, um ein Lösungsbild zu verankern, meine Erfahrung ist, dass es auch wesentlich schneller gehen kann, wenn der Moment richtig ist – z.B. wenn der Schmerz in der betreffenden Sache aktiviert wurde, oder wir ein super Vorbild dafür sehen.

In den Worten von G.W. Plummer ausgedrückt: *«Es geht darum, die Gedankenform lange ohne Gedanken und Zweifel zu halten und das oft zu wiederholen: Damit drücken wir es immer tiefer und tiefer in die Universelle Matrix»*.

Was ist die schönste Version Deiner selbst, Deines Lebens?

Was ist die schönste Version Deiner Familie, des Zusammenlebens im Grösseren, der Schule, der Nahrung, der Medien und der Politik, der Ausbildung, der Verantwortungsname, der Energieversorgung, der Abfallwirtschaft, schlicht, des ganzen Lebens?

Wenn ich traurig bin, frustriert und energielos, weil ich gerade mit einem Missstand konfrontiert bin, dann kann ich dafür sorgen, dass ich in Bewegung komme – das gibt auch innerlich Klarheit, ich kann aufräumen, das räumt mich auch innerlich auf, ich kann an die Sonne gehen – das hellt auch meine Stimmung auf, oder ich setze mich hin und beginne aufzuschreiben, was ich mir anstelle dessen wünsche und befasse mich damit. Das ist der schnellste Stimmungsaufheller, den ich kenne.

> **Zielbilder sind die stärksten Antidepressiva.**

Ein Beispiel: Ein junger Mann ist verletzt darüber, dass seine Freundin ihn aus heiterem Himmel und in der Öffentlichkeit anzickt.

Ein Lösungsbild könnte sein: Er sieht sich in Begleitung einer passenden Frau, welche die Wesen liebt, die Menschen liebt, die Männer liebt und die ihn mit liebevollem Blick ansieht und sein Herz heilt, weich und berührbar wird für sie.

Ein wichtiger Aspekt in diesem Bild ist, dass das *«Zicken»* gar kein Thema ist, es wird mit keinem Wort erwähnt und kann deshalb auch seine Energie nicht in das Lösungsbild verschleppen.

Und es könnte die gleiche Frau sein, oder eine andere – das lassen wir frei, tun wir das nicht, ist das eine Form von Gewalt: Wir wollen das Gegenüber ändern – und niemand steht darauf – egal wie subtil diese Manipulation daher kommt.

Ein anderes Beispiel: Ein Frau ist verletzt darüber, dass ihr Partner wieder die Arbeit einer Begegnung mit ihr vorzieht.

Ein Lösungsbild könnte sein: Sie fühlt den Blick eines wohlwollenden Mannes, der *sie* meint, *sie* liebt und *sie* begehrt, mit allem was drin und dran ist, also auch allen verborgenen Aspekten.

Wenn es uns heftig erwischt, insbesondere in Dingen, die unsere Herkunftsfamilie, unsere aktuelle Familie, unser Umfeld oder unser Kollektiv noch nicht gelöst haben, können wir resignieren und stecken bleiben: Wenn wir stecken bleiben, dann können die folgenden Fragen helfen:

- Was hast Du Dir als Kind dazu gewünscht?
- Hast Du das früher schon einmal geschafft?
- Gibt es Beispiele von Menschen, die das gelöst haben?
- Kannst Du Dir vorstellen, dass es Wesen gibt, die das schon gelöst haben?

Bei allen Fragen machen wir den Fokus weiter, gehen also auf eine höhere Ebene – einmal zeitlich und einmal räumlich.

Die ursprünglichen Bedeutung von Fokus ist Brennpunkt.

Einen Brennpunkt können wir mit einer Lupe erzeugen, und damit Laub entzünden oder aus Zucker Karamell herstellen. Wir können sogar ein Loch in ein Fahrzeug brennen – indem wir eine Lupe nehmen und den Fokus halten.

Es braucht also ein Werkzeug – eine Lupe, eine Fresnellinse, ein Wassertropfen und etwas Geduld, während wir den Fokus halten.

Fokus ist ein Begriff, das im Gesetz der Anziehung immer wieder gebraucht wird, deshalb hier die Definition:

Definition Fokus:

Bedeutet in der Optik: Brennpunkt
Herkunft: Lateinisch: Herd, Feuerstelle,

Selektive Wahrnehmung

- Du hast nach einem Unfall Krücken gekriegt – und siehst überall Menschen an Krücken?
- Du bist schwanger, und siehst überall Schwangere?
- Du hat ein neues rotes Auto und plötzlich siehst Du überall rote Autos?

Der Fahrlehrer vermittelt genau das seinen Schülern auch: Pass auf, wo Du hinsiehst, weil da fährst Du hin.

In Bewusstseinsangelegenheiten lautet der Satz etwas anderes: Pass auf, womit Du Dich beschäftigst, weil davon erhältst Du mehr.

Oder auch: Sei vorsichtig, was Du Dir wünschst – das könnte sich manifestieren.

Manche Ziele verbieten wir uns selber – diese können wir nicht manifestieren, solange wir dieses Verbot aufrecht erhalten:

Wenn Du glaubst, dass Geld stinkt, glückliche Beziehungen unmöglich sind, man hart arbeiten muss, um Erfolg zu haben, eine Geburt nur unter Schmerzen möglich ist, der löst am besten den Glaubenssatz vorher auf – dann ist der Weg frei für die neue Manifestation.

Und wenn wir die Welt auf eine bestimmte Art wahrnehmen, dann können wir spätestens jetzt erkennen, dass diese Wahrnehmung unserer Brille geschuldet ist, also unseren Glaubenssätzen, und dass die Welt effektiv viel grösser ist.

Und wir können erkennen, dass wir die Brille ausziehen und eine andere anziehen können: Dann heisst der Verführungssatz nicht: *«Darf ich Dich zum Essen einladen?»* sondern: *«Darf ich mal durch Deine Brille schauen?»* oder *«Darf ich Dir mal meine Brille anbieten?»*

Vorbilder suchen und interviewen

Solche hindernden Glaubenssätze kann man auf verschiedene Arten auflösen – eine Variante, die ich oft erfolgreich angewendet habe lehnt sich an den Satz von Byron Katie an: «*Ist es wahr?*».

Dazu habe ich mir Vorbilder gesucht – Vorbilder, die es gut und leicht hatten mit viel Vermögen, Menschen, die erhebende, freudvolle Beziehungen gelebt haben, Menschen die aufgewacht sind.

Mit den betreffenden habe ich Interviews gemacht – meist etwa mit 10 verschiedenen, je etwa eine Stunde.

Bei einem Interview kommt man auf den Punkt, schaut und hört genau hin, stellt Fragen – was die Beziehung aufzubauen beginnt.

Zu meinem grossen anfänglichen Erstaunen hat das gereicht, und die Beschränkung sind ohne weiteres weggefallen ist.

Eine der grössten mir bekannten Begrenzungen ist, dass wir glauben, unwert zu sein – schliesslich hat man für gutes Business mit uns die Erbschuld in Deutschland 1225 erfunden und uns diese mit allen Massnahmen des erfolgreichen Marketings nähergebracht – mit Bestrafungen und Belohnungen.

Das Ganze war ein Marketingtrick einer uralten «heiligen» Firma aus Rom, die so Schulden und Bussen eintreiben konnte: Clever. Mittlerweile besitzt die Firma in Deutschland ein Drittel des gesamten Landes und in vielen Städten ähnliche hohe Anteile an den Liegenschaften.

Auch andere verwenden das Wort «heilig» auf interessante Art und Weise, indem sie nur einen bestimmten Flecken Land als «heilig» betrachten. Meine Heilung dazu ist, dass ich erkenne, dass alles Land, das ganze Paradies, die ganze Erde heilig ist. Ich kann also von heiligem Land zu heiligem Land reisen, ich kann dieses heilige Land gar nicht verlassen.

Wer diese Begrenzung der Erbschuld aus dem Kollektiv, aus der Ahnenreihe, aus den Vorleben oder aus der Sonntagsschule mitgenommen hat, ist gut beraten, diese aufzulösen.

Das könnte über Vorbilder gehen: Andere Religionen, respektive Skripte vermitteln diese Beschränkung nicht, manche schreiben sich alles zu, andere setzen bewusst auf Verzicht und Einfachheit, wie der Buddhismus.

Es könnte also ein Weg sein, sich mit Buddhisten zu umgeben, dahin zu gehen, wo diese sich aufhalten, mit ihnen zu meditieren, oder sie zu interviewen.

Und was diesen speziellen Satz angeht, der supertief in unserer Kultur verankert ist, in der Literatur, den Theatern, in den Erzählungen und in der Erbmasse: Da hilft es auch, wenn man das Land für eine Weile verlässt und z.B. nach Nepal reist. Dort spielt dieses Thema keine Rolle.

Ich habe oben Religionen als Skripte bezeichnet. Ich gehe darauf gegen Ende des Buches vertieft ein.

Glaubenssätze auflösen

Eine gute Art, Glaubenssätze aufzulösen ist, mit Ihnen zu sprechen, wie mit Kindern.

Ich will das an einem Beispiel erläutern:

Ich sitze im besten Hotel in Bosnien, um in die Ruhe zu kommen und meine tiefsten Verletzungen zu heilen. Ich weiss, was ich tue, habe mich genau dafür entschieden und gebe diesem Ziel Raum.

Doch ich habe einen Glaubenssatz in mir, der findet es äusserst unwert, einfach nichts zu tun. Das könnte ich auch zuhause tun, dafür müsste ich nicht im besten Hotel sitzen. Wenn dieser Glaubenssatz aktiviert ist, dann fühle ich mich schrecklich, es ist fast nicht zum aushalten.

Es hilft mir, wenn ich mit diesem Rede und ihm meine Entscheidung erkläre, wie einem kleinen Kind – schliesslich will dieser Glaubenssatz nur das Beste für mich.

Und das geht so: «*Weisst Du, ich habe mich dafür entschieden, nichts zu tun, den Lärm in meinem Leben zu reduzieren, damit ich besser hören kann, damit ich besser meine feinen Impulse wahrnehmen kann. Das wird dazu führen, dass wenn ich dann einem Impuls folge, dieser viel mehr Resonanz erzeugen kann – und das ist doch das, was wir beide wollen.*»

Die Glaubenssätze sind Automatismen, die in bestimmten Situationen zünden – Programmierer würden die auslösenden Situationen «Triggern» nennen und die Glaubenssätze selbst Bots – eine Abkürzung für Robots, die gewisse Dinge automatisiert abarbeiten.

Wenn ich das diesem Glaubenssatz erklärt habe, dann ist er normalerweise ruhig. Für eine Weile. Und wenn er wiederkommt, dann erkläre ich ihm das von neuem. Wie bei einem Kind. Die

Abstände und Pausen zwischen seinen Auftritten werden immer länger.

Ein anderer Glaubenssatz oder Bot heisst: «*Wenn Du herumliegst, bist Du faul. Schäm Dich. Schau Dir die Mitarbeiter des Hotels an, die arbeiten Tag und Nacht.*»

Meine Antwort ist: «*Nein, ich bin nicht faul. Ich bin still, damit ich besser hören kann. Ich bleibe präsent, aber wenn ich keinen Impuls spüre, dann tu ich nichts. Und ja, die Menschen, die hier arbeiten sind fleissig. Und je nach Lebenssituation bin ich auch fleissig. Nur jetzt gerade bin ich still*».

Wieder ein anderer ist: «*So, jetzt hab ich es aber gesehen, ich fahre weiter*».

Ich antworte: «*Ich bin nicht hier, um Attraktionen, alte Steinhaufen oder «Sehenswürdigkeiten» zu sehen. Ich bin hier für meine Heilung. Ich habe ein paar Sachen gesehen, ja, aber für meine Heilung sind die nicht relevant.*»

Ein anderer meint: «*Wenn Du schon hier bist, geh doch wenigstens am Morgen ins Fitness, am Abend in den Spa und danach in die Sauna, das ist gesund und tut Dir gut.*»

Ich antworte: «*Ja, das würde man wohl gemeinhin so machen, aber ich will in die Stille und ich will meine feinen Impulse und die längst verdrängten Gefühle hören. Da hilft mir ein festes Leistungsprogramm nicht.*»

Ich erkläre also einem um den andern und ein Mal ums andere Mal, was ich hier mache, dass das gut ist für mich, dass ich es bewusst gewählt habe, und dass ich jetzt und hier mein Leben lebe, und nicht ein Standardmodell von Leben umsetzen will.

Damit wird es immer stiller.

Kannst Du das bitte Übertreiben? – Die Weisheit des Clowns

Ein Rechtsprofessor hat seinen Schülern die Beispiele jeweils extra drastisch dargestellt. Warum? Er wusste, wie unsere Hirne arbeiten und dass wir uns übertriebene Dinge besser merken können, weil sie zusätzlich Gefühle auslösen. Und Wissen, welches mit Gefühlen vermittelt wird, speichert unser Gehirn viel besser.

Doch, was dieser Professor nicht wusste: Diese Vorgehensweise ist noch viel mächtiger, die Aborigines haben diese in leicht abgewandelter Form für Spontanheilungen verwendet: Marlo Morgan beschreibt in ihrem Buch «Traumfänger», wie sie mit den Aborigines mit auf ihre Reise gegangen ist. Dabei hat sich ein Mitglied der Gruppe aus Unachtsamkeit den Knöchel gebrochen.

Die Gruppe hat angehalten und den betreffenden Menschen aufgefordert, den Vorgang zu wiederholen, während sie ihn stützen.

Er ist also nochmals ganz langsam über den losen Stein gegangen, dabei absichtlich darauf ausgerutscht und hat die noch frische Erfahrung, die aus Unachtsamkeit, also ohne Selbstverantwortung geschehen ist, in voller Selbstverantwortung wiederholt.

Was ist passiert? Der Betreffende hat eine Spontanheilung erlebt. Der Knochenbruch war sofort geheilt.

Das gleiche habe ich in der Clownschule gelernt: Ein guter Clown, das heisst ein Clown, der nicht mit vorbereiteten Witzen arbeitet, sondern eher im Sinne eines Standup-Comedians arbeitet, also aus dem Moment heraus, der geht in die Stille, bevor er die Bühne betritt.

Das Publikum wartet, ist gespannt, unsicher, wie die Vorstellung werden wird, da ist Ungeduld im Raum, für die niemand gern die Verantwortung übernimmt, die Erwartung für eine gute Vorstellung wird auch nicht in Verantwortung genommen, die versucht man dem Clown aufzubürden.

Es sind also jede Menge Gefühle im Raum, für die niemand die Verantwortung übernehmen will.

Der Clown hinter dem Vorgang macht sein Herz weit auf, erfühlt das, was im Raum ist und betritt damit die Bühne.

Er macht nun nichts weiter, als genau das zu übertreiben, übertreibt die Ungeduld und nimmt damit die Verantwortung dafür. Er macht grosse Augen, versucht hinter den Vorhang zu schielen und übernimmt also die Verantwortung für die Neugier.

Das bringt die Menschen zum Lachen. Lachen ist ein Ausdruck der Entspannung – zuerst werden über 300 Muskeln angespannt und danach entspannt. Dieses Vorgehen kennen wir aus der progressiven Entspannung, bei der man zuerst beim Einatmen und Atem halten alle Muskeln im Körper so fest anspannt, wie nur möglich um sie dann beim Ausatmen gemeinsam zu entspannen. So erreicht man nach 3 oder 4 Durchläufen Entspannungszustände, die sonst viel schwieriger zu erreichen sind.

Verantwortung übernehmen entspannt.

Mit diesem Wissen können wir diejenigen Aspekte übertreiben, die uns scheinbar «passieren», und genau damit kommt die Verantwortung zu uns. Die Dinge, die wir verantworten liegen zur Veränderung in unserer Hand.

Verantwortung übernehmen entspannt grundsätzlich. Doch die Geschichte ist noch viel grösser: Da, wo wir Verantwortung übernehmen lernen wir und können gestalten. Das übliche Spiel der Gesellschaft geht anders rum: Wir geben Verantwortung ab, zahlen dafür und der übernehmende, meist in kommerzieller Funktion nimmt die Verantwortung *in seinem Sinne wahr,* selbst wenn er wollte, er kann das nicht in unserem Sinne wahrnehmen. Das ist das Businessmodell von Versicherungen jeder Art, Erziehung, wie wir sie meist vermittelt erhielten, Energieversorgern, Nahrungsmittelerzeugern, Ärzten, Rechtsanwälten und vielen mehr.

Ein weiteres Werkzeug des Clowns ist die Imitation – mittels Imitation bringen wir fast jeden Menschen innert Sekunden zum Lachen – selbst Tiere reagieren darauf oft erstaunlich lustig.

Der Spiegel erlaubt uns das, was wir gerade unbewusst halten und automatisch ausführen, zu erkennen und damit loszulassen. Die Entspannung bringt uns zum Lachen.

Dieses Kapitel hätte genug Gehalt um ein ganzes Buch zu füllen – die weitere Kontemplation überlass ich Dir.

Verantwortung wird in unserer Gesellschaft leider negativ verstanden: Wer diese übernimmt, nimmt oft seinen Hut, statt mit der schwierigen Erfahrung nun noch besser für die Firma, für die Mitarbeiter, für die Kommunikation zu sorgen.

Verantwortung sagt man, wiegt schwer. Die eigene Verantwortung wiegt nach meiner Erfahrung selten schwer, was aber kaum zu tragen ist, das ist fremde Verantwortung: Wenn Du jemandem Gesundheit mit einem Verfahren versprochen hast, Du als Mann für den Orgasmus der Frau verantwortlich bist, oder dafür sorgen willst, dass Deine Kinder glücklich sind: Das sind Fremdverantwortungen, die schwer auf unseren Schultern liegen.

Meine Definition von Verantwortung ist eine andere: Ich nehme meine ganze und volle Verantwortungen und lerne daraus, was mir damit wiederfährt, ohne Drama.

Wenn wir den englischen Begriff dafür nehmen «*Responsability*», dann kommen wir der Sache näher: Es ist die Fähigkeit (*ability*) zu antworten *(respond)*.

Antworten können wir nur dort geben, wo wir Kompetenz haben und unverkrampft sind –etwas, was wir verstecken wollen, oder auch etwas, was wir nicht wissen, verhindert die Fähigkeit eine Antwort zu geben.

Wer Behörden, Kirchen/Firmen, Krankenkassen oder andere Verantwortungsnehmer mit kritischen Fragen anschreibt, merkt schnell, wie weit ihre Verantwortung geht.

Resignierte Glaubenssätze erkennen und ersetzen

Bei manchen Dingen haben wir kollektiv schon so lange resigniert, oder betrachten den Status Quo als derart normal, dass wir schon gar nicht mehr auf die Idee kommen, etwas anderes zu wünschen, hier ein paar Beispiele:

Die Beispiele lassen bewusst das schwere, beengende Bild unsere aktuellen Gesellschaft weg, weil unsere Hirne die negative Botschaft viel stärker gewichten als die Gute. (Der Tiger hinter dem Gebüsch muss höher gewichtet werden, als die hübsche Schönheit auf der anderen Seite des Weges).

- Die **Luft** ist rein, klar und belebend.

- Ich kann aus vielen **gesunden Lebensmittel** auswählen.

- Unsere **Fahrzeuge** sind im Einklang mit der Erde

- Unser **Finanzsystem** dient unserem Handel und mehr unseren Wohlstand.

- Unsere **Politiker** erhalten ihre Aufgaben gemäss ihren Kompetenzen, dienen den Menschen im Einklang mit allen Wesen nach bestem Wissen und Gewissen.

- Wir haben die Lektionen gelernt und formen **den Staat** so, dass sie allen, die es betrifft gut tun, schlank sind und in voller göttlicher Verantwortung stehen.

- **Neue Gerichte** suchen die Heilung der Menschen, die verletzt wurden, erkennen, dass es nur Opfertäter und Täteropfer gibt und bringen nachhaltigen Frieden.

- **(Statt Effizienz)** Die Menschen lachen und freuen sich miteinander, erforschen neue Dinge, widmen sich der Liebe und Entfaltung, der Heilung und dem inneren Wachstum.

- Meine **Eltern** hatten eine andere Aufgabe. Sie tun, wie ich, das Beste, sie fühlen, wie ich den Schmerz, sie suchen, wie ich, nach Glück.

- Die **Böden** erholen sich, sind voller Regenwürmer, die früher eingebrachten Substanzen lösen sich auf und darauf wächst gesundes Korn, Früchte in Mischkultur, die Bienen summen und die Vögel zwitschern.

- **Neue Marktwirtschaft:** Wir erkennen den ungeahnten Reichtum des Paradieses, welches unser Schöpfer uns geschenkt hat und stellen immer mehr auf lokale Wirtschaft in gesundem, erhebenden Umfeld um.

- **Neues generationsübergreifendes Wohnen und Zusammenleben:** Wir leben glücklich, alle Alter durchmischt, lachen miteinander, machen Dinge miteinander, erfinden neue Spiele, weil das mehr Spass macht.

- **Der Tanz zwischen Männern und Frauen** macht immer mehr Freude, wir lernen voneinander, begleiten uns nach Hause (walk each other home) und sehen, wie wir uns ergänzen und inspirieren können.

- Unsere **Gesundheitshäuser** sind Erholungsorte mit Bäumen, Vögeln, Tieren, mit Stille und allem, was Körper, Geist und Seele brauchen, um sich zu erholen und zu nähren.

- Die **Zeugung und die Geburt** der Menschen wird wieder als heiliger Akt verstanden, die Geburt ist ein Familienfest und der Neuankömling wird freudig willkommen geheissen. Das Nest ist vorbereitet, die Eltern haben ihre schwierigen und limitierenden Muster aufgearbeitet und sind bereit, willens und fähig zu erkennen, wer neu dazugekommen ist.

Generationsübergreifende Freude und Neugierde am Leben und Wirken, an Beziehung und Liebe nimmt wieder überhand, die Familie ist ein sicheres Nest.

- Der **technische Fortschritt** dient dem Leben.

- **Künstliche Intelligenz (KI)** wird dort eingesetzt, wo sie dem Leben dient.

- **Elektrobiologie:** Wir sind uns bewusst, dass alle Lebewesen der Erde untrennbar mit den natürlichen, terrestrischen und kosmischen elektromagnetischen Feldern verbunden sind und nur wahrhaftig gesunden können, wenn wir uns mit diesen Zyklen und Frequenzen der Erde und des Kosmos ungestört in Resonanz befinden.

Ähnliche und mehr Ziele findest Du im «Manifest der neuen Erde» auf Livingearth.one .

Aus meiner Sicht und Erfahrung sind diese übergeordneten Ziele für die meisten von uns leicht vorstellbar, wir begrenzen uns selbst kaum damit, und wenn wir an deren Manifestation arbeiten, dienen sie auch anderen.

Die einzige Begrenzung könnte sein: *«Das geht doch nicht»*.

Wir können es uns also nicht vorstellen.

Diese Begrenzung lässt sich auflösen, wenn wir uns vor Augen führen, was alles scheinbar nicht möglich war, hier ein paar Beispiele der jüngsten Geschichte:

- **William Thompson, Physiker,** 1824-1907 argumentierte, dass etwas, was schwerer als Luft ist, unmöglich fliegen kann. Die Auftriebskräfte von schnell fliessender Luft an einem gebogenen Flügel waren von den Meisten noch nicht erkannt worden.
- **Bill Gates** sagte 1995, dass sich das Internet nicht durchsetzen werde.
- **Pablo Picasso** klassierte 1946 Computer als nutzlos, da sie nur Antworten geben können.
- **Thomas Watson**, Chef der IBM, 1943: Ich denke, dass es einen Weltmarkt von vielleicht 5 Computern gibt.
  2023 allein wurden 242 Millionen Computer abgesetzt.

- Ian Sharp, der Gründer der Firma Sharp, sagte 1979: Email ist ein Produkt, das sich absolut nicht verkaufen lässt.

Du siehst – die Vergangenheit zeigt uns klar auf, dass viele der heute alltäglichen Annehmlichkeiten früher von führenden Intellektuellen für unmöglich erklärt wurden. Der Intellekt agiert normalerweise aus der Erfahrung, für Visionen müssen wir ihn anders einsetzen.

Nicht abstrakt, sondern ganz konkret

Aus der Lernpsychologie wissen wir, dass unser Hirn mit abstrakten Dingen schlecht umgehen kann.

Wer sich Vornamen merken will, macht sich Bilder zu den Silben, wer sich Telefonnummern merken will, macht sich Geschichten mit Wörtern, welche die Ziffern abbilden, wer sich Links und Rechts merken will, stellt sich die linke Hand ausgespreizt vor und erkennt das L, das aus Zeigefinger und Daumen gebildet wird.

Wir verbinden also das Abstrakte mit dem Konkreten, denn dafür sind unsere Sinne, unser bildhaftes Vorstellungsvermögen ausgerichtet, damit lassen sich Gefühle besser erzielen.

Wenn wir das wissen, dann stellen wir uns eher nicht einen Haufen wertloser Scheine (Scheingeld) vor, sondern eher das, was wir damit zu kaufen wünschen:

- Ein entspanntes Leben, in welchem wir die Kunden genauso auswählen, wie sie uns, ein Leben in Würde, mit gemessenem Schritt, mit Zeit für Musse, einen Tanz und einen Flirt. Mindestens.
- Ein gediegenes Fahrzeug, welches uns zum Ziel gleiten lässt und ganz viel freie Aufmerksamkeit zurückgibt, weil es viele Aufgaben selbst übernimmt.
- Ein grosses Haus, in welchem auch unsere Freunde Platz finden, wir Gastgeber sein können und es für alle so viel Platz hat, dass wir auch genug Privatsphäre haben, ein Haus mit privaten, halbprivaten, halböffentlichen und öffentlichen Räumen – das ist die Kernweisheit wenn man für Lebensgemeinschaften baut.
- Ein sicheres Nest für die Gründung der Familie.
- Die Möglichkeit, unseren Mitmenschen schöne Überraschungen zu bescheren.
- Die Möglichkeit, das Haus auf hohem Niveau zu renovieren, so dass es uns mit seiner Schönheit lange erfreut.

- Und dann ganz in die Vision gehen, fühlen, hören, schmecken, riechen, sich dabei sehen und hören, Zahlen festlegen, ..Im Herz dazu einstimmen (Freude) und aus dem Herz oder aus dem Hara aussenden.

Beispiel Geld:
Nachdem ich am Morgen intensiv an Überfluss und Geldfluss gearbeitet habe, finde einen Fünfziger vor der Tankstelle und stosse beim Aufräumen im Büro auf ein Couvert mit 4000.-, welches ich von einem Kunden vor ein paar Jahren erhielt.

Alles gut, jetzt kommen wir auf den Punkt.

Nachdem wir uns Vorbereitung, Rahmenbedingungen, Fallen und deren Lösungen angesehen haben, kurz, klipp und klar:

Um zu manifestieren, konzentrieren wir uns entspannt auf die sinnliche Wahrnehmung unserer Manifestation. Wir hören sie, sehen sie, fühlen sie, erzählen über sie (innerlich oder unseren Vertrauten), hören innerlich, wie andere sich darüber freuen oder uns diese bestätigen (*«Jetzt hast Du es also tatsächlich geschafft, Kompliment!»*)

Wir halten dieses Bild so lang es geht in entspanntem Zustand und wiederholen das immer wieder, am besten einmal täglich.

Schliesslich ist es hilfreich, dieses Bild zu malen, singen, gestalten, dazu Bilder aus Zeitschriften zu sammeln und auf ein Visionboard zu kleben.

Dieser Fokus hilft, unseren Monkey-Mind, diesen wandernden ewig neugierigen Geist am Zaum zu halten.

Es ist eine gute Praxis, sich aufzuschreiben, wo man schon ein guter Schöpfer war, wo man ähnliches schon manifestiert hat (die frühere Frau, noch zu wenig genau spezifiziert, den alten Job, nur mit dem Fokus auf Verdienst, etc.), oder sich Vorbilder zu suchen, die dieses oder ähnliches schon manifestiert haben.

Damit schafft man ein Netzwerk – wer Sprachen lernt weiss, dass man englisch als deutschsprachiger besser lernen kann, als chinesisch – weil es viele mehr schon bekannte Worte und Sätze gibt. Hier ist es genauso. Damit macht man dem Geist klar, dass man sich in gewohntem Gebiet bewegt, das reduziert seinen Widerstand.

Das Bild kann entwickelt werden, wie ein Fotograf früher in der Dunkelkammer seine Bilder entwickelt hat: Am Anfang sieht man Umrisse und Schatten, dann tritt ein Detail um das andere hervor. Wenn man zufrieden ist, fixiert man das Bild, fokussiert so stark, wie es geht, und lässt es los, respektive übergibt es dem Schöpfer. Das fixierte Bild kann man danach beliebig oft wieder hervorholen, sich darauf konzentrieren und es dann wieder loslassen / dem Schöpfer übergeben.

Tell a better story – erzähl eine bessere Geschichte

Viele von uns Männern kennen das: Unsere Partnerin will wissen, wie es uns geht und wir ziehen es vor still zu sein.

Ein gut domestizierter Mann, oder einer, der sich in westliche Spiritualität vertieft hat, hat meist gelernt, sich differenziert über seine Gefühle auszudrücken, sein Inneres zu zeigen, das, was ihn bewegt.

Und falls die Frau an sich gearbeitet hat, und damit umgehen kann, wenn er sich unsicher fühlt, dient das auch der Beziehung – ob es der geschlechtlichen Anziehung dient, wage ich zu bezweifeln, respektive erfahre, dass es viel Arbeit rund um die Heilung von vielen Beschämungen bedeutet, die so an die Oberfläche kommen – viel mehr, als wenn man sich oberflächlicher oder pragmatischer begegnet.

Nun hat diese Geschichte aber einen Haken:

Wenn wir gerade durch ein dunkles Tal im Leben gehen und jeden Abend unserer Partnerin im Detail erzählen, was uns bedrückt, was der Chef schon wieder, und die Unterdeckung auf dem Konto, die Schwiegermutter und die Geschichte mit der Waschküche, dann generieren wir diese Wirklichkeiten über die mächtigen Worte, inneren Bilder und Gefühle ständig neu.

Und unsere Partnerin mit uns mit, was die ganze Geschichte noch verstärkt – ich kannte Paare, die sich jahrelang stabil in tiefen Schwingungen gehalten haben, indem sie sich täglich schwere Geschichten erzählt haben.

Das ist das, was man auch als selbsterfüllend Prophezeiung bezeichnet.

Esther, Jerry und Abraham Hicks adressieren diese Falle mit «*tell a better story*».

Dafür müssen wir zwei Dinge opfern:

a) Das Verständnis unseres Gegenübers.
b) Die unmittelbare Entspannung, nachdem wir diesen Druck ablassen konnten.

Zum Ersten: Das Verständnis unseres Gegenübers können wir durch etwas differenziertere Kommunikation wieder erwerben, indem wir sagen: «*Heute liefs nicht so gut, ich bin traurig, magst Du mich in den Arm nehmen und ein bisschen mit mir präsent sein?*»

Oder wir zeigen kurz und sec die Situation auf und forschen dann gemeinsam daran, was wir daraus lernen können, was wir uns anstelle dessen wünschen. Dann wird es nicht nur ein Booster der Lebensgestaltung sondern auch einer für die Beziehung.

Vielleicht stärkt eigener Schmerz unser Mitgefühl und unsere Demut?

Vielleicht stärkt eine Phase der begrenzten finanziellen Möglichkeiten unsere Geduld, nimmt die Gefahr der Arroganz aus dem Spiel und lässt uns selbst in finanziellen Dingen kreativer werden, wie wir diese wiederverwenden können (reuse, recycle, upcycle)?

Vielleicht begleiten wir zeitaufwendig und kräftezehrend einen geschwächten oder hilfsbedürftigen Menschen und denken uns für diesen schöne Dinge aus, merken, dass uns die selbst gefallen und lernen so auf einem kleinen Umweg Selbstliebe?

Für das zweite Opfer hilft mir die Erkenntnis, dass Bäume, die als kleine Sprosse wenige Wasser und viel Wind hatten, später viel resistenter sind, gegen Wind und Trockenheit, weil sie früh tiefe Wurzeln machen mussten?

Auch die Erkenntnis, dass Diamanten (Das gute CO_2 ☺) unter Druck entstehen und danach geschliffen werden, hilft mir dabei weiter.

Und wer sich Zeit nimmt, in die Stille zu gehen, und diesen Druck einfach im Herzen zu fühlen, ohne in Reaktion im Denken und Handeln zu gehen, der ist auf der heissen Spur zum spirituellen Aufwachen, wie sie Christian Meier in Berlin erfolgreich, nachvollziehbar, mess- und zählbar vermittelt.

George Winslow Plummer,
geboren 1876

George Winslow Plummer, hat 1935 sein Buch «*Consciously Creating Circumstances*» herausgegeben: Darin beschreibt er den Prozess des Visualisierens, sinngemäss, als das umgedrehte Sehen: Anstelle, dass wir in unserem Bewusstsein das konstruieren, was wir physikalisch sehen, benutzen wir unsere gigantische Kraft, um über die Augen das Bild in unserem Bewusstsein aus unserem individuellen Bewusstsein auf das grössere Bewusstsein zu drucken.

Wenn Du Blumen willst, musst Du Blumen pflanzen.

Wie, wann und wo gelingt Manifestation?

Um gut zu manifestieren, ist es hilfreich einem tiefentspannten, wachen Geist und ein offenes Herz zu haben.

Es kann hilfreich sein, mittels spezieller Musik in diesen Entspannungszustand zu gelangen, oder man wählt die Zeit nach dem Aufwachen oder vor dem Einschlafen.

Wer häufig nachts Langstrecken auf gut ausgebauten, einsamen Autobahnen fährt, und dazu Musik hat, die in einen leichten Trancezustand führen, der ist auch da, wo Manifestation leicht gelingt.

Ungestörtheit ist, wie bei Flow ein wichtiger Punkt. Die kontaktsuchende Mücke, die verirrte Stubenfliege, das kotzende Kätzchen und der noch nicht trainierte junge Welpe sind in diesem Fall genauso störend, wie ein Handy, welches nicht auf Flugmodus ist, liebesbedürftige Wesen im Haushalt, die auf uns springen, um gestreichelt zu werden oder der Druck in der Blase..

Wenn Du für Wärme und Schutz sorgst, mit Moskitonetz oder Decke, Sichtschutz oder einem Boxenstopp bei der Sprinkleranlage, dann wird Dein Ergebnis entsprechend besser werden.

Leicht angelehnt, halb liebend, in der Hängematte, oder im Bett mit vielen Kissen ist eine optimale Körperhaltung.

Wer genug getrunken hat, tut sich auch was Gutes: Wasser trägt die Gefühle, sowohl die alten aus dem Körper, als auch die neuen in den oder im Körper.

Dabei ist reines, hochwertiges, gut gefiltertes und energetisiertes hexagonales Wasser die beste Hilfe.

Mit einem fitten Körper, der in Balance ist, der genug Ruhe und genug Bewegung hat, der gut genährt und richtig bewässert ist, gelingen Deine Manifestationen besser.

Manifestation brauchen nicht stundenlang gehalten zu werden. Wer zuerst seine Freude und Dankbarkeit intensiviert, und danach das durchgeht, die Bilder fühlt und mit alltäglichem oder bekanntem verknüpft, der kann oft schon nach wenigen Einsätzen den Erfolg erkennen. Wo Glaubenssätze querstehen, müssen zuerst diese bearbeitet werden, oder die Kraft massiv hochgefahren werden – oder beides.

Panik, Unsicherheit, schneller Herzschlag, schnelle Gedanken, wilde Gefühle, Ungeduld und die Gefahr, gestört zu werden, sind Zustände, in denen ich das manifestieren eher abträglich empfinde. Diese Zustände werden mit meinen Visionen verknüpft, verunreinigen diese also gewissermassen. Das ist nicht hilfreich.

Wenn solche Gefühle und Rahmenbedingungen vorhanden sind, dann ist es besser, wenn Du zuerst Deine Mitte suchst, z.B. indem Du in den Wald oder ans Wasser spazieren gehst, Dir etwas Gutes tust, ein warmes Bad nimmst und schöne Musik hörst,

Wenn Du grosse Wut spürst, das Anzeichen, dass Deine Grenze missachtet wurde, dann ist es hilfreich, diese Grenze wieder klar zu ziehen, das führt normalerweise sofort zu innerer Ruhe.

Wenn das nicht gelingt, könnte es hilfreich sein, dies aufzuschreiben und dem Übertreter zuzustellen, schön nach gewaltfreier Kommunikation:

1) Wenn Du *das und das machst (z.B. die Tür so zuknallst)*
2) dann geht es mir *so (z.B. dann erschrecke ich)*
3) Ich möchte mich gern *so und so fühlen (z.B. sicher, dass ich nicht erschreckt werde),*
4) deshalb bitte ich Dich, das nächste Mal darum, *um das und das. (die Tür leise oder langsam zu schliessen)*

Auch holzhacken kann in diesem Moment helfen, manche verprügeln schreiend dicke Kissen oder setzen sich ins Auto und schreien auf der Autobahn oder dem Waldparkplatz. Diese

Massnahmen sind eher temporärer Natur, sie dienen als Druckventil. Sie sind nicht nachhaltig, weil sie nicht an die Wurzel des Grenzübertritts gehen. Sie stärken nicht Deine Grenzsicherungskompetenz. Aber wenn das erste nicht geht, dann sind sie grossartig, sonst bersten wir, wie ein Dampfkochtopf *ohne Ventil.*

Wer in grosser Not ist, kann die schärfste Variante der Manifestation benutzen und ein Stossgebet zum Schöpfer absetzen, wenn er nicht allein ist, zeigt auch das mehr Wirkung. Oft bringt das allein schon wieder die Gewissheit und die Balance zurück.

Die Schamanen, die Indianer, die Wettermacher, die Heiler und viele andere gute Manifestatoren haben ihre Intention gesungen, im Präsens, so als wäre sie schon Realität, oft haben sie sich selbst oder einander mit einer Trommel begleitet.

Dass Singen hohe Manifestationsqualitäten hat, weiss nicht nur die Firma aus Rom und ihre Tochterfirmen oder deren Konkurrenz, sondern auch die Medienindustrie. Die eingängigen Melodien werden als Träger für oft unterwürfige, abartige oder anderweitig befremdende Texte verwendet. Wenn wir uns bewusst werden, dass diese Lieder, insbesondere, wenn wir sie im Chor oder gemeinsam singen eine unglaublich grosse Manifestationspower haben, dann lohnt es sich die Texte genauer anzusehen.

Wenn Du schon sitzt und gute Nerven hast, dann schau Dir mal den Songtext von «Halleluja» vom israelischen Singer und Songwriter Leonhard Cohen an, er ist voller Andeutungen, Erniedrigung und Hohn für König Salomo.

Wenn ich sehe, wie viele von uns dieses Lied inbrünstig mitsingen, mit Kindern im Schutzalter, in der Kirche und nicht im Rotlichtcabarett, dann bestätigt sich das, was ich in meiner Umfrage erkannt habe: Fast niemand hat sich den Songtext mal genau angesehen. Die Melodie ist wunderbar, und über den Rest sahen wir bisher grosszügig hinweg.

In unserer Familie haben wir Weihnachtslieder umgeschrieben, um sie wieder inbrünstig singen zu können, mit Kopf und Herz.

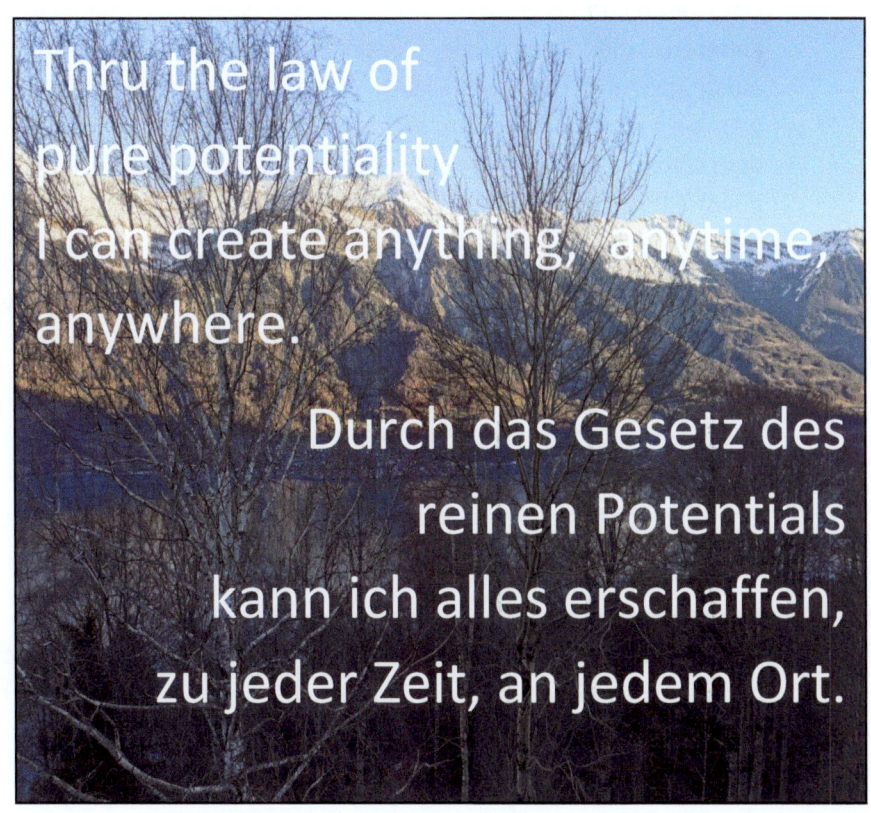

Thru the law of
pure potentiality
I can create anything, anytime,
anywhere.

Durch das Gesetz des
reinen Potentials
kann ich alles erschaffen,
zu jeder Zeit, an jedem Ort.

Was sind gute Wünsche?

Wünsche, bei denen unsere Helfer gern unterstützen dienen der Harmonie, dem Frieden, dem Lernen, der Liebe, der Erkenntnis, der Klarheit und sie dienen den anderen mit.

Es gibt Entitäten, die uns gerne helfen würden, doch je «niedriger» die Wünsche sind, desto eher wollen die auch ihren Ausgleich dafür haben.

Ganz deutlich und greifbar ist das bei den Musikern, Politikern und anderen, die ihre Seele verkaufen und dafür kometenhaft aufsteigen und erfolgreich sind. Wer ihre Songtexte hört, merkt, wen sie loben und preisen, wer ihre Symbole oder Codes ansieht, dem offenbart sich der Geist genauso. (Their symbolism will be their downfall)

Ein Ausstieg aus diesen Verträgen ist meist nur über den Tod möglich, das heisst, wer den Vertrag nicht mehr einhält, wird verselbstmordet, wie Michael Jackson und viele andere – die Liste ist unendlich lang.

Eine Möglichkeit auszusteigen wäre auch beim Schöpfer, also der übergeordneten Instanz bei den abgeschlossenen Verträgen um Gnade zu bitten, oder einen Vertragsirrtum oder eine Täuschung geltend zu machen (spirituelles Vertragsrecht).

Menschen, die so einen Vertrag eingegangen sind, werden ihren Meistern über die Zeit ähnlich, verfallen Süchten und werden sichtbar hässlicher über die Zeit. Eine solche Entscheidung bringt nur sehr kurzfristigen Gewinn..

Nichts desto trotz, auch auf diesem Weg werden wir jungen Schöpfer lernen, bessere Schöpfer zu werden und weisere Manifestationen zu erschaffen: Das Ziel ist das selbe, möglicherweise legen die Betreffenden damit einfach noch ein paar Zusatzschlaufen ein, um dann jeweils auch die Gegenseite dieser Schöpfung zu erfahren.

4 Kurztipps ohne Aufpreis:

1) Mach konstruktive Kreationen.
2) Lass in Deinen Kreationen auch andere Wesen auf erhebende Weise teilhaben.
3) Konzentriere Dich auf das, was Du **sein** oder **tun willst**, nicht darauf, was Du *haben* willst.
4) Stell Dir diese Kreation im **Jetzt** vor.

Magie: Schwarz oder weiss?

In Südamerika gibt es Lehrer, die ihre Schüler in Magie unterrichten, mit den Kräften der Erde, des Wassers, der Luft und des Feuers, mit den Kräften der Ahnen und der Sonne, den Kräften der Bäume, der wilden Tiere und der Pflanzen. Viele Menschen, die im Westen keine Antwort mehr von der Pharma und der Medizin erhalten, die terminal – also unheilbar krank sind, fahren deshalb nach Südamerika und bitten Schamanen um Hilfe. Und viele erfahren Heilung.

Doch aufgepasst: Die lautesten Schamanen sind die billigsten. Sie haben Kurzausbildungen gemacht. Eine Kurzausbildung heisst: Die Ausbildung in Liebe, Achtsamkeit und Geduld, das Aufarbeiten der Zeugungs-, Schwangerschafts-, Geburts- und Babyverletzungen von Verlassenheit und zu viel Nähe spielen eher keine Rolle, Effekte und Show, Macht und Irreführung dafür umso mehr.

Die kurzen Ausbildungen dauern ein paar Jahre, die langen ein paar Jahrzehnte. Die langen Ausbildungen haben viel mit Demut zu tun, die kurzen eher mit Übermut. *(Mut ist ein altdeutsches Wort, welches für Seele steht).*

Schwarze Magie sucht schnelle Abkürzungen, weisse Magie strebt Wachstum und Integration an.

Wenn jemand um etwas bittet, und dann daran anfügt: «*Schöpfer, Dein Wille geschehe*», dann ist das weisse Magie – es ist ein Kraftverstärker, der den Schöpfer und seine Weisheit, das Grössere, das Wohl von anderen beteiligten Wesen miteinbezieht.

Wenn jemand schwarze Magie betreibt, dann könnte er das mit Voodoo-Puppen machen, welche sehr gerichtete destruktive Energie auf das betroffene Wesen macht, wie phänomenologisches systemisches Aufstellen, nur zweimal anders:

Einerseits Einfluss nehmend, statt hinschauend, und andererseits destruktiv und schadend, und nicht im Sinne eines Angebots, das in die Heilung bringt.

Das funktioniert, aber die Elementale, die Wirkeinheiten, die wir dafür einsetzen, kommen nach ihrem Einsatz zu ihrem Schöpfer zurück und arbeiten da weiter. Sie kommen zum Sender zurück (*return to sender*), zu seinem Schaden, nachdem sie beim Empfänger Schaden angerichtet haben.

Weisse Magie dagegen würde sagen: «*Dieser Partner oder ein/e besserer/e*».

Damit liegt es dem Partner frei, die Eigenschaften anzunehmen, wegzulassen oder zu ändern, die wir uns wünschen – vielleicht auch zu seinem eigenen Vorteil – oder nicht. Da ist kein Zwang, es wird aber ein Möglichkeitsraum eröffnet.

Weisse Magie würde sich vorstellen, wie der Partner, der seit Jahren schwer an seiner Familiengeschichte leidet, die Tür öffnet und übers ganze Gesicht strahlt, aufrecht steht und lacht.

Das ist ein Angebot, er muss das nicht nehmen, er kann es früher oder später nehmen, schön, dass Du das Bild schon wahrnehmen kannst.

Du lässt ihm die Freiheit, Du ziehst nicht, Du stösst nicht, Du jammerst nicht, Du weisst: Es gibt keine Abkürzungen und es gibt Reifung. Und die dauert meist, wie beim Wein, etwas länger.

Und Wunder sind immer möglich.

Diesen Raum eröffnest Du.

Die Unterscheidung liegt für mich in der Demut, darin, dass wir in der weissen Magie ein Angebot machen, welches dem nächsten dient, einen Raum eröffnen, die dem Gegenüber Freude und Entlastung bringt – dies im Wissen, dass manche Lernschritte länger dauern können, und das nicht in unserer Hand liegt.

Wir sind in diesem Leben um zu lernen, jeder will die Wahrheit, seine Macht und Freude selbst entdecken – und auch: «*We walk each other home*», auf deutsch: «*Wir begleiten uns nach Hause, wir unterstützen uns gegenseitig*» und das macht Freude.

Wenn wir es für den anderen von aussen richten, wenn wir andere, von denen wir das Gefühl haben, sie wollten über die Strasse, über die Strasse zerren, dann ist das übergriffig, die Freude geht verloren und wir werden zu zwangsbeglückenden Helfern, bei Männern würde man Vergewaltiger sagen, bei Frauen sagt man im Moment noch «wunderbare Mutter, die Tag und Nacht für den Kleinen da ist und nichts anderes im Sinn hat.»

Wenn Du nicht sicher bist, was ich meine, frag einen Lehrer, der glaubt, wenn er die kleinen Schüler dazu zwingt, ihm seine Wahrheit nachzuerzählen, dann mache er sie glücklich.

Die kleinen schalten dann auf Bulimie-Lernen um und ihre Freude macht einer leblosen Trauer Platz.

Ich kenne folgende erhebende und gewaltlose Massnahmen, jemanden auf seinem Weg zu unterstützen:

- Du lebst es vor – es ist ansteckend und attraktiv.

- Du suchst ganz bewusst die Momente, wo dieser Mensch schon das Neue hinkriegt, und hältst Deinen Fokus darauf, sprichst ihn darauf an und erwähnst die Momente selbst.

- Du stellst Dir vor, wie dieses Wesen Dir erzählt, wie es dieses eine schreckliche Ding besiegt hat und jetzt fliegen kann, wie ein Vogel.

- Du siehst dieses Wesen im Alltag in befreitem Zustand und nimmst das, was es in der 3D-Welt lebt nur zu 90% ernst:

    Du siehst bewusst auf sein Potential.

    Das heisst nicht, dass Du Dich im Alltag, im Handel, in der Beziehung auf dieses noch ungelebte Potential verlässt: Das könnte zu Deiner Enttäuschung führen und es kann den anderen ärgern, weil er merkt, dass er diesen Teil seines Potentials noch nicht leben kann. Er könnte sich nicht gesehen fühlen. Du machst das also diskret und gibst eher 90% auf die Qualitäten, die dieses Wesen schon lebt und 10% auf die Qualitäten, die es noch nicht lebt – das ist anschluss- und beziehungsfähig.

In der Beziehung zwischen Männern und Frauen oder Weibern kennen wir das: Es gibt wenige superintelligente und super-attraktive Männer, die sind schnell in Beziehungen, die weibliche Welt muss sich also mit dem Rest begnügen. Es scheint eine in der weiblichen Welt weit verbreitete Strategie zu sein, sich einen solchen zweitklassifizierten Mann zu angeln und zu versuchen, ihn über Nacherziehung doch noch in die erste Liga zu bugsieren. Das kann über Sockentraining, Serviettentraining, über WC-Training und vieles andere geschehen. Die Erfolgsaussichten sind seit jeher im tiefen Promillebereich.

Es gibt aber eine Massnahme, die ausserordentlich erfolgsver-sprechend ist: Wenn die Frau auf seine schon existierenden Qualitäten schaut, diese lobt, sich darüber freut, dann wird er in diese immer tiefer hineinfallen und ausbauen. Wer das in reiner mechanischer Weise macht, wird zur Dompteuse. Wer das mit Liebe macht, der fördert sein Gegenüber.

Bernhard Ludwig, der österreichische Paartherapeut hat dazu die wissenschaftlichen Grundlagen zusammengetragen und im Seminar-cabarett *«Anleitung zur sexuellen Unzufriedenheit»* spannend und erheiternd aufgearbeitet.

Mehr ist mehr

Wie schon früher erwähnt, wurde im Kontext der transzendentalen Meditation viel wissenschaftliche Forschung betrieben.

Eine interessante Beobachtung, welcher nach Maharishi Magesh Jogy nun auch Dr. Joe (Dispenza) auf der Spur ist, ist die messbare und wiederholbare Erfahrung, dass zu der Zeit, in welcher in einer Stadt eine grosse Zahl an Menschen meditiert, die Anzahl Straftaten deutlich absinkt.

Nun könnte man denken, dass all diese Meditierer sonst Damenhandtäschchen klauen, aber so einfach ist es nicht.

Wer meditiert wird stiller. Stille geht einher mit Klarheit. Klarheit ist eine höhere Ordnung als Chaos. Diese Menschen generieren also in exponentiellem und weit über den Veranstaltungsort hinaus wirkendes Feld der höheren Ordnung.

Menschen, die in grosser Unordnung leben, gedanklich, in den Gefühlen, die geschwächt und beeinflussbar sind, die auf Aussen-Reize wie Damenhandtaschen oder steckengelassene Schlüssel leicht reagieren und sich davon steuern lassen, sind grundsätzlich leicht beeinflussbar.

Wenn nun ein starker äusserer Einfluss von Ordnung, von Klarheit, von Struktur, von Anbindung an das Göttliche an Kraft gewinnt, dann lassen sie sich von diesem Einfluss auch anstecken. Damit können die Polizisten ihre Beziehungen pflegen und sich im menschlichsten Sinne um ihre Kunden kümmern.

Zufallsgenerator: Dieser Maharishi-Effekt kann mit einem Computer gemessen werden – und ist damit einer der ganz wenigen Parameter in der Spiritualität, welcher gemessen werden kann. Zufallsgeneratoren in Computern wurden oft rechnerisch generiert – doch diese Zahlen sind nie ganz zufällig, oft basierten sie auf der

Vorgängerzahl. Wenn man also eine Vorgängerzahl kannte, war es aus mit Zufall, dann war die nächste Zahl berechenbar.

Bessere Zufallsgeneratoren benützen das Rauschen, z.B. des genauen Thermometers des Prozessors, oder von einem WLAN-Frequenzband als Input und berechnen daraus Zufallszahlen.

Interessanterweise – und hier wird die Verbindung zwischen Geist und Materie sehr deutlich – führt ein Feld von höherer Klarheit und Ordnung auch dazu, dass dieses Rauschen geringer ausfällt.

Also nochmals auf den Punkt gebracht: Zufallsgeneratoren laufen in der Nähe von meditierenden Menschen weniger zufällig, und Fernseher und Empfänger rauschen weniger.

Dieser Effekt läuft exponentiell ab, die Forschung um Maharishi ging davon aus, dass es reicht, wenn die Wurzel von einem Prozent der Menschen klar und rein in den Gedanken und Gefühlen ist, sich die übrigen dieser Klarheit anschliessen. Also viel, viel weniger, als das, was die Demokratie, wenn sie denn überhaupt sauber durchgeführt wird, mit 51% hergeben würde. Dieses Prinzip ist also um viele Potenzen stärker, als Unterschriften sammeln.

Doch nicht nur Maharishi und seine Leute haben diesen Effekt erforscht: Auch im PEAR, dem Princeton Engineering Anomalies Research Lab, einem Labor, in welchem paranormale Anomalien, insbesondere Psychokinese und Remote Viewing, wurde die Auswirkung von Gedanken auf die Materie intensiv erforscht.

Im Jahr 1976 betreute Dr. Robert Jahn die Bachelorarbeit einer Studentin, in der es um die Auswirkung menschlicher Absicht auf Zufallsgeneratoren ging. Jahn war zunächst skeptisch, von den Ergebnissen der Arbeit aber so fasziniert, dass er 1979 das PEAR-Lab gründete. Im Laufe der folgenden 25 Jahre führte Jahn zahlreiche wissenschaftliche Experimente durch, die zeigten, welche Auswirkungen Gedanken auf Materie haben können.

Was den exponentiellen Verstärkungseffekt angeht: Aus der Laserforschung ist ähnliches bekannt, dort geht man davon aus, dass 1% der Photonen angeregt werden müssen, und dass der Rest der Photonen dann leicht mit diesem einen Prozent in Resonanz geht.

Vera F. Birkenbihl geht bei den Lehrern aus, dass ein Drittel willig ist, neues, wirklich neues zu lernen und weiterzugeben, ein weiterer Drittel wartet ab und geht dann mit, und das letzte lernresistente und entwicklungsferne Drittel geht dann in die Politik..

Auch ihre 33% sind weit unter den 51%, die wir in Mehrheitsabstimmungen als massgeblich betrachten.

In der Bibel, im Matthäus 18, 20 steht: *Wo zwei oder drei versammelt sind in meinem Namen, da bin ich mitten unter ihnen. Dies ist ein Satz von Jesus, den er im Matthäus-Evangelium seinen Jüngerinnen und Jüngern sagt. Vorher hat er ihnen gesagt, wie sie miteinander umgehen sollen und dass Gott ihre Bitten erhören will, wenn Einigkeit unter ihnen besteht.*

Und schliesslich gibt es schöne Ergebnisse mit der Gesetz-der-Anziehungs-Praxis des Boosterns oder des circle-of-8 – beides stelle ich später vor.

Alle diese Beispiele zeigen, dass es wesentlich mehr Effekt hat, wenn wir die Manifestationsarbeit nicht allein machen, und dass der Effekt exponentiell wächst.

Wenn Hollywood mit der grossen Zahl der Menschen arbeitet, welche die betreffenden Filme ansehen, die darin transportierten Bilder in sich aufnehmen, und wir davon ausgehen, dass diese Menschen nicht so viel Kreationspower haben, weil sie oft traurig sind, oder in Schwierigkeiten stecken, so nutzen wir die Mathematik genau anders rum: Wir können mit wenigen Menschen, die dafür bewusst und gekonnt ihre Liebe und Freude in grosse Höhen bringen, grosses manifestieren.

Und noch ein abschliessender Gedanke:

Nach heutiger Ansicht der Quantenphysik besteht unsere gesamte Materie nur zum zehnmillionsten Teil tatsächlich aus Materie, der Rest des Atoms besteht lediglich aus Schwingung und Energie.

Ganz offensichtlich interagiert die Materie mit der Schwingung, und wenn die Schwingung durch fokussierte Gedanken und Gefühle verändert wird, dann verändert sich das, was wir als Materie wahrnehmen.

4.3 Loslassen und übergeben

Der Autor vom Buch «*Consciously Creating Circumstances*», George Winslow Plummer, beschreibt den Prozess nicht als Loslassen, sondern als Aussenden, und zwar über das Hara, also über unseren Bauch.

Bärbel Mohr beschreibt den Prozess als «*Bestellung beim Universum aufgeben*».

Egal, wie wir vorgehen, es geht darum, dass wir den Bestellschein abgeben, das aktive Senden wieder sein lassen und uns etwas anderem zuwenden.

Dieses Loslassen ist aber nicht immer ganz einfach: Wer ab Zeugung, während seiner vorgeburtlichen Zeit, bei der Geburt und / oder in seiner Kindheit Verletzungen davon getragen hat, die ihn fast dazu zwingen, die Kontrolle in seinem Leben zu erlangen, zu halten und zu vertiefen, egal wie subtil und über welche Massnahmen, für den ist dieser Schritt eher schwierig und herausfordernd. In einer Kultur, in der man die Kinder eher in ihrem Einzelkinderzimmer schreien liess, ist das fast der Standard.

Man wird alleingelassen und wird dafür sorgen, dass das nie mehr passiert.

Wer das gewohnt ist, dem hilft statt loslassen die Bulldoggen-Technik:

Fokus auf etwas ganz anderes:

- Fokus auf die Körperwahrnehmung.
- Fokus auf ein entspannendes Bad, und dann die Wahrnehmung des Atems oder die Musik die dazu spielt, noch besser ein Lied, zu dem wir gerne mitsingen.

- Fokus auf den Waldspaziergang, mit der neugierigen Haltung: *«Was passiert als nächstes, welches Tier zeigt sich als nächstes, wo sind die Pilze, die ich gerne finden möchte?»*

Ich habe bewusst 3 Foki gewählt, die mit Hingabe, dem Yin-Teil in uns zu tun haben. Das ist für Menschen mit den genannten Verletzungen nicht die erste Wahl, die sind sich eher gewohnt, sich die nächste Challenge und Herausforderung zu schnappen. Damit fehlt aber die Erholungsphase, das Ausatmen, die Entspannung, das Feiern oder die Ferien.

Und genau diese Phase ist essentiell, sie hilft uns beim Loslassen dessen, was wir kreieren.

Es gibt aber eine noch viel bessere und erhabenere Art des Loslassens: Wir übergeben unsere Kreation dem Schöpfer (**göttliche Ordnung**).

Wir machen ein Ritual, erkennen, wer wir wirklich sind – eine Tochter oder ein Sohn des höchsten Schöpfers. Wir reihen uns bewusst ein, in die gottgegebene Ordnung, wir gehen in die Demut, wir übergeben es unserem Schöpfervatermutter, wir bitten darum dass das ergänzt wird, was fehlt, dass das weggelassen wird, was nichts taugt, und dass das, was wir gesäht haben, gesegnet wird.

So wie ein Landwirt das nach dem Säen gemacht hat. Das Wetter, der Regen, die Temperatur, der Wind, das war alles nicht mehr in seiner Macht. Dafür hat er sich mit dem Grösseren verbunden, wie ein Regenmacher, dort, in der Domäne des Grösseren sind diese Möglichkeiten verfügbar, abrufbar.

Das ist das schöne, das heilvolle Bild, in welchem wir von «oben» empfangen und nach unten weitergeben. Es ist das Heil- oder Lösungsbild zum Verletzungsbild des Vorgesetzten, der nach oben hin unterwürfig ist und nach unten hin, wie ein Velofahrer mit den Füssen tritt. Diesem Bild fehlt die Liebe. Wenn wir diese wieder dazugeben, dann erhält es Kraft und Heilung, und wenn wir dieses neue Bild in uns stärken, so wie ein Mann für seine Familie, so wie eine Frau für die Kinder und Tiere und feinstofflich für den Mann, dann kann auch in Wirtschaft und Familie wieder der heilsame und erkennende Einfluss grösser werden, ohne dass wir mehr dazu tun müssen, als dieses Bild zu erkennen und die liebevolle Variante in uns zu halten.

Es wird auf holografische Art wirken.

Gebet nach der Kreation

Lieber Schöpfervatermutter!

Bitte schau gütig auf meine Kreation.

Nimm weg, was nichts taugt.

Gib dazu, was es noch braucht, damit es dem Leben, der Erkenntnis, der Güte, der Liebe, der Klarheit und der Entwicklung dient.

Gib Deinen Segen auf meinen Samen.

Der Schmerz

Hermann Hesse

Man hatte vor tausend Dingen Angst.
Vor Schmerzen, vor dem eigenen Herzen.
Man hatte Angst vor dem Schlaf,
Angst vor dem Erwachen,
vor dem Alleinsein, vor dem Tode -
namentlich vor ihm, vor dem Tode.

Aber all das waren nur Masken und Verkleidungen.
In Wirklichkeit gab es nur eines, vor dem man Angst hatte:
das sich fallen lassen,
den Schritt in das Ungewisse hinaus,
den kleinen Schritt hinweg,
über all die Versicherungen, die es gibt.

Und wer sich einmal,
ein einziges Mal hingegeben hatte,
wer einmal das große Vertrauen geübt
und sich dem Schicksal anvertraut hatte,
der war befreit.
Er gehorchte nicht mehr den Erdgesetzen,
er war in den Weltraum gefallen und
schwang im Reigen der Gestirne mit.

5 Die Energie hochfahren - In die Freude gehen

Glücksarten:

Wenn wir in unserer Kultur von «Glück» reden, dann meinen wir meistens ein kurzfristiges Hochgefühl, das einem Orgasmus ähnelt, **das schnelle Glück.** Es ist wunderbar zu spüren, verschwindet aber auch schnell wieder, und danach kommt eine gewisse Traurigkeit hoch, wir fühlen uns leer.

Meist jagen wir das schnelle Glück: Der Zucker im Dessert, im Kaffee oder in der Cola entspricht dem schnellen Glück.

Und es gibt ein anderes, **stilleres Glück**, welches eher einem breiten, langsam fliessenden Fluss vergleichbar ist. In der Sexualität entspricht dieses der Genährtheit, die wir fühlen, wenn wir lange zusammen geschwitzt, geatmet und uns in den Armen gelegen haben. Für diese Genährtheit ist es nicht wichtig, ob wir einen Orgasmus hatten oder nicht.

Es trägt lange, oft mehrere Tage. Diese Genährtheit führt meist nicht zu einer Leere, sie läuft irgendwann einfach aus.

Porridge, der langsam verstoffwechselt wird und uns über mehrere Stunden nährt, entspricht dem stillen Glück.

Wer älter und weiser wird, wird geschickter darin, das stille Glück zu finden und zu pflegen. Das ist weniger dramatisch, weniger laut und weniger aufdringlich. Und es ist viel verträglicher für unseren Körper als die steilen Hochs- und Tiefs, die uns das schnelle Glück und die Jagd danach beschert.

Bevor wir zu den Verfahren gehen, die uns helfen, die Energie hochzufahren, und in die Freude zu kommen, schauen wir uns die 4 Glückshormone an, und wie man diese aktiviert.

Wie immer geht es um Balance, wie beim Essen ist eine Ernährung mit verschiedenen Zuckerarten viel gesünder, als wenn wir nur weissen raffinierten Rübenzucker oder Maissirup zu uns nehmen, das heisst, die heisse Empfehlung lautet:

Von jedem ein bisschen und manchmal ein bisschen mehr.

Vorsicht: Wie viele andere Drogen auch, können diese körpereigenen Substanzen süchtig machen. Wem in seiner Aus-Bildung seine Werte, seine Kreativität, seine Lebendigkeit abtrainiert und verboten wurde, der könnte ein fleissiger Schüler werden, der Belohnungen jagt.

Jedes Mal, wenn er etwas erreicht hat, wird Dopamin ausgeschüttet. Viele, besonders Selbstständige, besonders in unserer Kultur sind nach Dopamin süchtig, und sie brauchen ständig mehr, weil sonst der Schmerz durchschlägt, sein inneres Kind schon seit Jahrzehnten übergangen zu haben. Das innere Kind, welches es schon längst satt hat, immer zu performen, zu leisten, Gas zu geben. Das innere Kind, welches viel lieber den Wellen, den Wolken und den Vögeln zuschauen möchte, welches wieder spielen möchte, einfach weil es Freude macht.

Viele Sportler sind gleichermassen süchtig nach Serotonin und Dopamin: Reinhold Messner hat sich vorgenommen, alle 14 8000er ohne Sauerstoffmaske zu besteigen. Es hat 16 Jahre gedauert, bis er dieses Ziel erreicht hat. Er beschreibt, dass er in dem Moment, als er den Lhotse, den letzten der 8000er bezwungen hat, ein Loch gespürt hat, das sich wie Depression oder Trauer angefühlt hat.

Serotonin

der Stimmungsaufheller

- Meditation
- Sonnenbaden
- Bewegung & Sport
- Magnesium einnehmen
- In der Natur spazieren

Oxytocin

Das Liebeshormon

- Streicheln (Tiere, Menschen, Babys, ..), auch sich selbst (eincremen)
- Kuscheln, Zärtlichkeit
- Umarmungen

Dopamin

Das Belohnungshormon

- Grosse & kleine Erfolge feiern
- Ein feines Essen verzehren
- Selbstfürsorge
- Aufgaben erfolgreich erledigen

Endorphin

Der Schmerzhemmer

- Alles, was Dich zum Lachen bringt.
- Schokolade essen, je höher der Kakaoanteil, desto besser
- Sport treiben
- Hemmt den Schmerz (körperlich und emotional)

Wie immer gilt auch hier: Selbst die Vorstellung von Kuscheln, Zärtlichkeit und Umarmung wird in uns Oxytocin freisetzen. Die Ausrede, dass grad niemand da ist, für diesen wertvollen Liebesdienst ist keine Ausrede: Du stellst Dir vor, wie es das letzte Mal war oder wie es sein könnte, und zwar mit allen Sinnen, Du siehst es, fühlst es, stellst Dir die langsamen Streichelbewegungen vor, die Geborgenheit, die liebevolle Aufmerksamkeit, und wie Du dasselbe gibst. Dafür kannst Du Dir Zeit nehmen. Täglich. Und das geht sogar im vollen Schulbus oder der schüttelnden S-Bahn.

Hinweis: Das Thema Glück wird später vertieft und noch von einer anderen Seite beleuchtet – dann auch mit der Einladung, dass Du Deine eigenen Listen dazu schreibst.

Nachdem wir uns die Glücksarten und die körpereigenen Glückshormone angeschaut haben, sind wir vorbereitet für den Inhalt dieses Kapitels:

Wie kann ich meine Energie hochfahren und in die Freude kommen?

Wie bei einem Fahrzeug benötigen wir eine Richtung und ein Gaspedal, gegebenenfalls noch, dass allfällige bremsende Hindernisse aus dem Weg geräumt werden.

Auch Ziele, die mit wenig Kraft verfolgt werden, können manifestiert werden, dazu zwei Beispiele:

1. Beispiel: Ich war oft auf Kreuzfahrten – das war der Ort, wo ich über längere Zeit von Esther, Jerry und Abraham Hicks lernen konnte.

Kreuzfahrtschiffe sind mit einer Geschwindigkeit von ca. 25 Knoten unterwegs – das entspricht 46.3 km/h, etwas schneller als ein Töffli.

Die Distanz von Los Angeles in Kalifornien nach Vancouver Kanada beträgt 1017 nautische Meilen oder 1884 Kilometer.

Wenn Du Dir vorstellst, diese Strecke zu fahren, mit dem Töffli, oder mit einem Auto, langsamer als innerorts erlaubt, dann haben wir meist sofort das Gefühl, dass das eine never-ending-story wäre. Es fühlt sich unendlich lang an.

Ein Kreuzfahrtschiff fährt diese Strecke in weniger als 2 Tagen, in 41 Stunden, während denen die Passagiere schlafen, essen, lachen, an Vorträge gehen oder in den verschiedenen Pools planschen.

In anderen Worten: **Nachdem die Richtung festgelegt wurde**, schwimmt das Kreuzfahrtschiff unentwegt in die gleiche Richtung, ziemlich langsam, und erreicht damit in erstaunlich geringer Zeit andere Länder oder andere Kontinente – **während das alltägliche Leben stattfindet.**

Beispiel 2: Auch unsere Erwusstseinstrainer (Die Vorsilbe «be» steht für «von aussen», wie in beleuchtet, bedient, während die Vorsilbe «er» für «von innen» steht, wie in erleuchtet, erkannt.) haben das erkannt und bringen ihre bewegten Bilder in unsere Hirne und Herzen. Diese Bilder setzen wir langsam um, die meisten ohne viel Freude, aber beständig, und in grosser Zahl. Dabei lassen sich die betroffenen Menschen als Brüter missbrauchen, indem sie fremde Visionen in sich wachsen lassen, sie lassen sich Kuckuckseier unterschieben.

Die Vögel haben das erkannt und verjagen gemeinsam den Kuckuck, weil sie wissen, dass er ihnen seine Eier unterschmuggeln will, wer weise ist und seine Kinder schützen will ist gut beraten das gleiche zu tun, und die Filme, die sich unsere Kleinen ansehen, vorgängig zu prüfen..

Nachfolgend ein Überblick über die Möglichkeiten, die uns in die Freude bringen, die Liste ist nicht abschliessend:

- Baby Eyes
- Forschen
- Flow
- Bewegung in der Natur
- Die Zeit mit Tieren verbringen
- Die Zeit mit Babys verbringen
- Soziale Betätigung
- Gewohnheiten brechen
- Widerstände schätzen lernen
- Reframing
- Wertschätzungslisten
- Freudenlisten
- Dankbarkeitslisten
- Stören
- Berührungen
- Lächeln und Lachen
- Andern eine Freude machen
- Etwas reparieren, putzen, aufräumen
- Ferienmodus
- Geld ins Fliesen bringen

Auf den folgenden Seiten werden diese Punkte vertieft:

Baby Eyes

Kennst Du das: Ein Paar fährt mit dem Auto durch die Gegend, sie sieht einen schönen Baum, freut sich darüber und macht ihn darauf aufmerksam. Er ist auf den Verkehr konzentriert und erledigt das ganz kurz: Ein Baum. Kenn ich. Hab ich auch schon gesehen.

Sie sieht ein wunderbares Wesen, das sich im Wind bewegt und auf dem ein paar Vögel zwitschern, er bezieht sich auf ein Gedankenkonstrukt, ein Konzept von Baum: Krone, Stamm, Wurzeln.

Wer sich mit dem Thema von Mensch und Person beschäftigt hat, merkt:

Sie beschäftigt sich mit dem lebenden, einzigartigen Wesen dieses Baumes, er sich mit dem standardisierten Konzept..

Beides heisst Baum. Es wird aber von den beiden komplett anders definiert. Die Definition der Worte macht den grossen Unterschied.

Wir Menschen im Westen sind besonders anfällig für diese Generalisierung, mit der wir uns vom Kern der Dinge, der Tiere, der Wesen trennen. Manche spirituellen Meister gehen noch einen Schritt weiter: Sie weisen ihre Schüler an, die Menschen um sie herum, sich zuerst, ihre Partner darauf, immer wieder neu kennenzulernen. Diese Betrachtungsweise gibt uns grosse Freiheit – weil sie uns nicht mehr bindet, unsere Mitte zu suchen, sondern uns als vielfältigen Kanal versteht, durch den ganz vieles durchlaufen kann – wir identifizieren uns nicht mehr als statische Persönlichkeit, sondern dürfen das sein und fühlen, was gerade da ist.

Baby Eyes macht also genau das: Es schaut mit den Augen eines unvoreingenommenen Babys, welches noch nicht voll von Konzepten ist, sondern neugierig die Welt mit allen Sinnen erforscht, abends beim Spielen einschläft und morgens so früh es geht aus dem Bett krabbelt um mehr von der Welt zu erfahren.

Egal, wo wir gerade sind schärfen wir alle unsere Sinne mit der Haltung: «*Ich will etwas neues entdecken!*».

Als ich «Babyeyes» vor vielen Jahren kennengelernt habe, ging ich in den Wald und bin langsam auf Zehenspitzen durch den Wald geschlichen, mit allen Sinnen weit offen. Dann bin ich auf die Idee gekommen, mein Ohr an einem dicken Baumstamm zu legen und herauszufinden, was es da zu hören gibt.

Innerlich habe ich das Leben gebeten: *«Zeig mir etwas neues, etwas, was ich noch nie wahrgenommen habe!»*

Zu meinem grossen Erstaunen habe ich am Baumstamm gehört, wie viele dutzend Meter weiter oben seine Äste im leichten Wind gegen andere Äste geschlagen haben. Körperschall nennt sich das – im Baumstamm wird der Schall besser transportiert, als durch die Luft. Und unten am Boden, da schien es windstill zu sein.

Diese Übung kannst Du immer und überall machen, egal, ob Du im Bett liegst und Deinen Körper scannst, oder im Wartezimmer allein wartest: *«Ich will etwas neues entdecken!»* und dazu öffnest Du alle Deine Sinne weit.

Bei dieser Übung wirst Du still und hörst auf – im doppelten Wortsinn: Du hörst auf, das zu tun, was Du getan hast, und Du spitzt Deine Ohren, *hörst* also *auf* alles, was es zu hören gibt.

Hast Du Dir schon einmal ein Lindenblatt ganz genau angesehen? Wenn Du es auf einen weissen Bildschirm, z.B. des iPads legst und mit der Handykamera oder einer Lupe vergrösserst, siehst Du noch viel mehr Details.

Hast Du Dir einmal selbst den Puls und die Lunge abgehört? Stethoskope kann man ausleihen oder auch günstig kaufen.

Storl, der wunderbare Pflanzenforscher lädt uns ein, uns täglich zu einer Pflanze niederzubeugen und Kontakt mit ihr aufzunehmen, still zu werden und ihr einfach zuzuhören.

Wenn du gerade traurig bist, kannst Du Dich zurückziehen und einfach in diese Trauer hineinhören, sie einladen, dass sie sich ganz zeigen darf, die Tränen fliessen lassen. Du brauchst nichts zu wissen, verstehen oder interpretieren.

Und Babyeyes lässt sich auch in der Küche anwenden: Ich habe mir eine Kaffeemaschine vorgenommen: Die macht, vom Einschalten bis der Kaffee fertig ist, viele verschiedene Geräusche, die sich kaum beschreiben lassen, die aber Komik-fähig sind. Was geschieht wann, warum?

Sehr oft ist die Taktik, die ich im Kontext von Gesetzgebung und (Staats-) Ordnung gelernt habe, und die auch in den Verkaufsschulungen gelehrt wird, auch hier sehr hilfreich: Genauer werden, hineinzoomen.

Forschen

Eine meiner schönsten Beschäftigungen ist Forschen. Unser Schulsystem vermittelt uns zu Unrecht, dass man heute alles weiss und nur der Forschung und den Experten vertrauen müsste.

Anmerkung: Experte ist übrigens kein geschützter Begriff.

Ich erinnere mich an das Dunkelretreat. Im Dunkelretreat bleibt man für viele Tage in einem stockdunkeln Zimmern, ohne technische Geräte, Lampen, LEDs oder andere Lichteinwirkung, meditiert viel und stellt sich dem, was sich von innen zeigt.

Eine meiner Herausforderungen war, dass einige meiner Zehennägel zu lange gewachsen sind und ich diese gern schneiden wollte.

Der kleine Forschungsauftrag war also, ob ich im Dunkeln das Sackmesser im Rucksack, welcher im Schrank lag, finden würde. Ja, das war einfacher als gedacht.

Dann suchte ich am Sackmesser die Mini-Schere und hab sie aufgeklappt.

Und zu guter Letzt habe ich mich auf den Boden gesetzt und mit genauem Tasten versucht, meine Zehennägel zu schneiden. Vorher tasten, mit dem tastenden Finger die Schere führen und danach tasten.

Wunderbar. Hat geklappt. Ich war happy.

Eine andere Herausforderung im Dunkelretreat war das Füllen der Teetasse: Vor langer Zeit habe ich blinde Menschen zu Terminen gefahren und abgeholt. Die haben mir gezeigt, wie sie ihre Tassen füllen: Sie halten einen Finger der einen Hand ein Stück weit in die zu füllende Tasse, während sie mit der anderen Hand den Krug halten und einschenken. Sobald der Finger der ersten Hand nass wird, hören sie auf, einzuschenken. So hab ich es anfangs im Dunkelretreat auch gemacht, bis ich dann den einfacheren Weg gewählt habe. Gut zuhören: Das Geräusch beim Einschenken ändert sich, je nachdem, wie hoch der Füllstand des Tees in der Tasse schon ist.

Und heute morgen wollte ich den Kalk in meiner Toilette loswerden – das meiste konnte ich durch mehrere Essigbehandlungen schon entfernen, doch hinten, dort, wo das Wasser bei etwas undichtem Spülkasten herunterrinnt, dort war der Kalkstreifen dicker. Normalerweise entferne ich diesen Kalk mit einem Keramikmesser, das keine Spuren hinterlässt – das war mein bestes Ergebnis nach einer längeren Forschung vor vielen Jahren.

Doch dieses Keramikmesser ist nicht in greifbarer Nähe.

Ich habe versucht, mit dem Kunststoffrücken der WC-Bürste, den Kalk wegzudrücken – dieser haftet nämlich zum grössten Teil durch Adhäsion am Porzellan der WC-Schüssel. Das hat nicht funktioniert.

Da kam mir der Einfall, mit den Augen ganz bewusst diesen Kalkstreifen anzusehen und zu befehlen, dass die Adhäsion schwächer wird.

Und Zack: Beim nächsten Mal hat es geklappt. Und auch die nächsten Male, bis der ganze Streifen komplett weg war.

Ich weiss nicht, was mich bei solchen kleinen Forschungsaufgaben glücklicher macht: Das Forschen selbst oder der Erfolg danach, oder die Freude über den Erfolg an den nächsten Tagen, jedesmal, wenn ich daran denke.

Auf jeden Fall bringt es mich ganz in den Moment und in die Freude.

Naturforschen berichten von vielen Tieren, dass diese zusammen spielen, singen und tanzen. Nicht so, wie es Darwin beschrieben hat, aus purer Not, um zu fressen oder sich zu vermehren, sondern ganz offensichtlich aus purer Freude. Dieses Thema wird von Peter Kropotkin in seinem Buch «*Gegenseitige Hilfe in der Tier- und Menschenwelt*» im Detail an unzähligen Beispielen erörtert.

Vor einigen Jahren habe ich als Grundlage für meine psychologische Arbeit Flow intensiv studiert. Flow ist der Zustand, welchen wir erreichen, wenn wir ungestört eine sinnvolle Aufgabe erfüllen, die uns gerade etwas über unseren Fähigkeiten herausfordert.

Ein Schwarm von hunderten von Vögeln, der pulsiert und sich als eine Einheit bewegt.

Mihaly Csikszentmihaly, ein ungarisch stämmiger Forscher hat diesen Zustand intensiv erforscht und beschreibt bei Menschen, die in den Flow, oder wie viele Sportler sagen «*in the zone*» kommen, dass diese glücklich sind und die Zeit vergessen. Typische Beschäftigungen, die uns in den Flow bringen sind das Sensen des Grases der Bauern früher, das Motorradfahren in einer Gruppe, das Operieren des Internisten, das Vertiefen in ein mathematisches

Problem des Professors bei geschlossener Tür, damit der ungestört ist, Liebe machen, synchron Schwimmen oder Singen und Tanzen in der Gruppe oder als Paar.

Nachdem ich Flow genau studiert habe, war es für mich klar, dass Vögel, Fische, Wölfe, Ameisen und alle anderen Tiere, die in Gruppen, Schwärmen oder Rudeln als *eine grössere Einheit* agieren und auch so benannt werden – *ein Schwarm, ein Rudel,* dies tun, weil es ihnen grosse Freude macht, weil sie sich dadurch eins fühlen.

Flow scheint der kleiner Bruder des aufgewachten Zustandes zu sein, wie ihn Christian Meyer aus Berlin genau und erfolgreich erforscht hat und diesen für seine Schüler begleitet.

Flow tritt auf bei Tätigkeiten, während der aufgewachte Zustand der neue Grundton eines Menschen ist, egal, ob er arbeitet oder nicht.

Im aufgewachten Zustand empfinden die Menschen eine tiefe Liebe zu allem was ist, fühlen sich mit allem verbunden und das Zeitgefühl verschwindet – die «Jetzt»-Momente, die normalerweise 3 Sekunden dauern, werden zu einem einzigen unendlich langen «Jetzt».

Wir können den Zustand von Flow oder aufgewachtem Sein nicht machen, wie Orangensaft.

Aber wir können die Rahmenbedingungen herstellen, und dann kann unser Sein in diesen Zustand fallen. Bei Flow sind diese Rahmenbedingungen folgende:

- Ungestörtheit, damit wir uns voll einlassen und fokussieren können.
- Die Tätigkeit muss sinnvoll sein
- Die Tätigkeit muss uns etwas mehr herausfordern, als unsere Fähigkeiten es schon hergeben, wir werden also gefordert.

Interessanterweise entspannt uns Flow wesentlich besser als das abhängen auf dem Sofa mit einem Bier vor dem Fernseher, woher auch immer dieses Bild stammt – es stimmt nicht mit der Erfahrung überein.

Bewegung in der Natur

Was in Japan als Shinrin-Yoku seinen Anfang gefunden hat, hat sich mittlerweile über die ganze Erde ausgebreitet: Bei uns heisst es «*Wald baden*» und beschreibt den achtsamen Spaziergang, eine Tätigkeit, die uns seit Urzeiten begleitet. Es gibt sogar Coaches, die das auf Wunsch begleiten:

Wer im Wald badet, spaziert im hügeligen Mischwald oder am plätschernden Bächlein, an einem Fluss oder einem romantischen See, an einem lauschigen Wasserfall oder im heiligen Hain.

Wenn ich länger mit grösseren Herausforderungen konfrontiert war, so wie die letzten Jahre, dann ist für mich eine Lösung, dass ich wandere. Da kann ich ganz viel von diesen Schmerzen verdauen – so habe ich das intuitiv beschrieben, bis mir mein Bruder die physiologische Antwort dazu gegeben hat: Unsere Verdauung wird deutlich besser, wenn wir sie über die grossen Muskeln unterstützen, welche wir beim Gehen brauchen.

Der Plexus Solaris, allgemeinhin als Solarplexus oder Sonnengeflecht bekannt, gehört zu den grössten autonomen – also nicht willentlich beeinflussbaren Nervenkomplexen des Menschen. Er durchdringt den Magen und den Darm, und gleicht die Funktionen von Herz, Lunge, Darmdrüsen, Bauchspeicheldrüse, Magen, Stimmapparat und die Peristaltik, die Bewegung des Darmes miteinander ab.

Kurz: Wenn wir gehen, aktivieren wir den Solarplexus, unterstützen die Verdauung, und die Verdauung dient auch der Verdauung von psychischen Schmerzen, Trauer, Frust, Hilflosigkeit, spirituell inkorrekten Opfer- und Tätergefühlen, ebenso nicht erlaubten Gefühlen des Mangels und der Bedürftigkeit und anderen schmerzhaften Gefühlen.

Ich erinnere mich an die unglückliche letzte Begegnung mit einer Geliebten vor langer Zeit: Ich bin die ca. 20 km in der Nacht, als der öffentliche Verkehr seine Nachruhepause hatte, nach Hause marschiert und zuhause war mein Herz rein und still. Damit hätte ich nie gerechnet. Die Verletzung war geheilt. Nach nur 4 Stunden – Verletzungen dieser Art brauchten bei mir oft Jahre um zu verheilen – oder besser gesagt: Mein Verzeihen zu meinem Vorwurf gegenüber mir, dass es mir nicht gelungen ist, die Beziehung zu halten.

Wenn es uns gelingt, auf unseren Spaziergängen ganz ins Fühlen zu kommen und die Gedanken still werden zu lassen, dann werden wir ganz automatisch mehr wilde Tiere antreffen. Diese flüchten nämlich weniger vor dem Lärm unserer Füsse auf dem Kies und den knackenden Ästen, sondern vielmehr vor unserem Gedankenlärm, der für sie fast unerträglich ist.

Wir können unsere Gefühle heilen, indem wir diese durchfühlen. Die Betonung ist dabei auf dem Wort «unsere». Fremde Gefühle, die wir übernommen haben, von Eltern, Kindern, Kunden oder Chefs, können wir nicht durchfühlen, aber wir können sie erkennen als das, was sie sind und den Betroffenen zurückgeben.

Es gibt noch eine zweite Ausnahme, welche den konfliktfähigen Berlinern geschenkt wird:

Es ist mir nie gelungen, Die Wut und den darauffolgenden Schmerz von Grenzüberschreitungen loszulassen: Wenn ich die Grenzüberschreitung zuerst kontere – im Aussen, ganz konkret, dann ist die Wut sofort weg. Die Trauer – der Indikator, dass ich etwas loslassen muss, löst sich auch auf, weil der Grenzüberschreiter mir die Würde, den Raum, die Stille nicht mehr nimmt, ich also nichts mehr loslassen muss.

Wenn unsere Gefühle zu stark sind, dann weichen wir oft automatisch und jahrzehntelang aus und gehen damit in die Gedanken: *Rache, Revanche, denkt sich viele beste Antwort im Nachhinein aus, «Man sieht sich immer zweimal!», «Na warte!», und vieles mehr.*

Die zweite Ausweichmöglichkeit ist, in die Tat zu gehen:

Endlos Tag und Nacht zu arbeiten, egal wie sinnvoll, und über alle unsere Grenzen hinaus, oder wir gehen in die Tat gegenüber den scheinbaren äusseren Verursachern und sorgen dafür, dass die Geschichte länger und komplizierter wird, wir eskalieren sie.

Beides – das Denken und das Handeln sind Ausweichbewegungen für die scheinbar zu grossen Gefühle.

Dieses Gebiet hat Christian Meyer, Berlin intensiv beforscht und beschrieben und bringt regelmässig und nachvollziehbar viele Menschen in seinen Seminaren zum Aufwachen – und zwar dauerhaft.

Was Du vielleicht selber schon erfahren hast: Schwimmen mit Delfinen führt bei vielen zu unbeschreiblichem Glück, wer Kinder schon beim Spielen mit einem jungen Kätzchen zugeschaut hat, kann oft kaum entscheiden, wer glücklicher ist, das Kätzchen oder die Kinder.

Gemäss der Bewusstseinsskala (Map of Consiousness) haben viele Tiere eine besonders hohe Schwingung.

David Hawkins hat die Frequenzen von verschiedenen Tieren gemessen:

- Das Reh, der Elch, die Kuh, der Elefant, das Schaf und das Pferd kalibrieren alle über 200 auf seiner Skala. 200 ist der Dreh- und Angelpunkt auf dieser Skala, ab welchem die Entwicklung beginnt, die Energielevel darunter sind eher destruktiv oder verteidigen den Status Quo (Stolz).
- Koko, die trainierte Gorilla-Dame, die über besondere Sprach-fähigkeiten und eine ausgeprägte Mütterlichkeit verfügte, kali-briert auf seiner Skala bei 405 (siehe Bild auf Folgeseite).
- Das Schnurren einer Katze, das Wedeln eines Hundes oder das Lied eines Vogels kalibrieren auf der Bewusstseinsskala bei 500: 500 entspricht der Herzenergie.

Wenn ein Tier spielt, dann kalibriert das 10 Bewusstseinspunkte über seiner normalen Kalibrierung.

Und wer für ein Tier sorgt, kann sich leicht höher schwingen.

Nicht umsonst zählen Katzenbilder im Internet zu den beliebtesten Objekten, die fast jedes Herz erreichen.

Manche Single-Männer haben verstanden, dass junge Tierchen Herzöffner sind, tun sich was Gutes und leihen einen jungen Hund aus und gehen mit diesem spazieren.

Die jungen Hunde haben die Eigenschaft, das Herz auch bei jungen Frauen zu öffnen, den Rest kannst Du Dir denken.

Das Vorgehen ist etabliert und ein heisser Tipp in der Aufreisserszene, dazu ist er einer der besseren Tricks, da er nicht über eine gespielte Maske und Dominanz etwas inszeniert, sondern das Herz von allen Beteiligten ins Spiel bringt.

Dr. Francine Penny Patterson begann 1972 mit Koko zu arbeiten und unterrichtete ihr bekanntermaßen die Gebärdensprache | Foto: Die Gorilla Foundation

Babys können auf ganz verschiedene Art Glück auslösen, in der Schwangerschaft, über ihre Gestalt und über ihre Schwingung.

Warst Du schon einmal schwanger?

Oder hast Du schon einmal schwangere Frauen beobachtet?

Die meisten Frauen, die schwanger sind, strahlen vor Glück so dermassen, dass man ihnen den Zustand, auch in den frühen Wochen von weitem ansieht. Nicht vergebens heisst der Zustand «Babyglück». Die Evolution weiss, was sie tut, denn dieser Zustand bedingt von dem betroffenen Paar die grössten Umstellungen des Lebens – und wir sind träge Wesen.

Babyglück ist ansteckend – wenn eine andere Frau dazukommt, beginnt diese meist auch zu leuchten und die Gespräche drehen sich nur noch ums Baby.

Ich erinnere mich, wie ich ins Wohnzimmer kam, und meine Freundin strahlte so dermassen, dass klar war, dass ihre Bekannte, die da war, schwanger war. Da blieb keine Unsicherheit.

Es gibt ausführliche Forschung zur Wirkung von Babygesichtern (engl. Babyface), die durch Konrad Lorenz begründet wurden, insbesondere sind dies:

- o Grosser Kopf
- o Grosse, dominante, gewölbte Stirn
- o Relativ weit untenliegende Augen, Nase und Mund
- o Grosse, runde Augen,
- o Kleine, kurze Nase
- o Runde Wangen
- o Kleiner, zierlicher Unterkiefer
- o Ein kleines Kinn.

Diese Merkmale aktivieren in uns den Beschützerinstinkt, sind also biologisch relevant, und sie werden nicht nur von Menschenbabys ausgelöst, sondern auch von Kätzchen, Hundewelpen, Eisbärbabys, Smileys und so weiter.

Im Weiteren sind Babys noch gut mit der grossen Einheit verbunden, viele erinnern sich noch an die Zeit, als sie noch keinen Körper hatten, oder an den letzten Körper. Sie haben noch den Überblick und sind sich bewusst, wozu sie inkarniert sind, und warum sie ihre Eltern ausgesucht haben. Sie können feinstoffliche Wesen so gut wahrnehmen, dass sie diese oft gar nicht von uns grobstofflichen unterscheiden können. Ihr Herz ist weit offen, weshalb sie sich mit Menschen und Tieren gut verbinden können.

Ihre Fähigkeit, ganz im Moment zu sein ist beeindruckend, sie werden durch keine Konzepte daran gehindert.

All das äussert sich in Freude, damit, und mit ihrer Gestalt sind sie attraktiv und wecken eine Welle von Fürsorge und Liebe, die ansteckend und anziehend ist, und uns die Zeit vergessen lässt.

Genauso geht es mit uns: Je höher unsere Schwingung ist, desto attraktiver sind wir und damit können wir andere Wesen anziehen. Und umso eher wollen andere Wesen uns ihre Möglichkeiten verfügbar machen, mit uns in den Austausch kommen, mit uns tanzen, Freude zieht die Neugierde an – eines der attraktivsten Attribute, um angesprochen zu werden, oder beim Ansprechen Erfolg zu haben, ist Freude.

Wenn ich freudig bin, sprechen die Menschen mich auf die Frisur, auf meine baren Füsse oder auf mein T-Shirt an: Kurz, sie suchen Kontakt, weil diese freudvolle Energie attraktiv ist.

Es geht dabei nie um die baren Füsse, die Frisur oder das T-Shirt, es geht darum, dass sie mit dieser freudigen Energie in Kontakt kommen wollen. Aber das geht nicht nur den Menschen so. Auch Tieren gefällt das.

Das ist ein Schlüssel, den wir uns zur Nutzung an den Schlüsselbund hängen können.

Nayeli Ayna, ein paar Wochen alt

Wir Menschen sind ausgeprägte soziale Wesen. Wenn wir allein sind, werden die meisten von uns traurig.

Die Harvard University hat eine einzigartige Studie nach dem Glück gemacht, die heute noch läuft. Die meisten Studien untersuchen Probleme und Schwierigkeiten, das macht diese Studie so besonders.

Seit 84 Jahren läuft die Studie «*Harvard Study of Adult Development*».

In dieser Studie, werden knapp 2000 Menschen aus 3 Generationen von Forschern in ihrem Streben nach Glück und Wohlbefinden begleitet.

Sie definieren «*Glück und Wohlbefinden*» wie folgt: «*Eine angenehme und freudige Gemütsverfassung, wenn man in den Besitz oder Genuss von etwas kommt, was man sich gewünscht hat*», sowie als «*Zustand der inneren Befriedigung und Hochstimmung*», also ein subjektiver Zustand des Wohlbefindens, der für jeden Menschen etwas anderes bedeuten kann.

Die Forschungszwischenergebnisse wurden kürzlich erstmals veröffentlicht, daraus ersichtlich ist ein gemeinsamer Faktor des Glücks, der das Wohlbefinden und die Zufriedenheit jedes Individuums beeinflusst:

Robuste, soziale Beziehungen und das Gefühl von Verbindung und Zugehörigkeit.

Die Studienleiter Robert Waldinger und Marc Schulz fassen in ihrem Buch «*The Good Life*» zusammen:

Gute Beziehungen machen uns gesünder, langlebiger und glücklicher, und zwar unabhängig von äusseren Faktoren wie der

Kultur, der sozialen Schicht, der derzeitigen Lebensphase oder des Gesundheitszustandes.

Materielle Dinge, Geld oder Erfolg im Beruf sind gemäss der Studie unbedeutsam.

Diesen sozialen Zusammenhalt mit Gleichgesinnten kann man bewusst fördern, zuallererst in der Familie, dann in der unmittelbaren Umgebung, im Beruf, im Dorf, mit Nachbarschaftshilfe, Babysitten, Freiwilligenarbeit, dem Mitwirken in einem Verein, bei den Graswurzle, bei Urig, bei den Landfrauen und vielem mehr.

Vielleicht sollten wir es jetzt mit Liebe versuchen,

weil die Angst über die letzten 10'000 Jahre wohl

keinen Erfolg gebracht hat.

Gerald Hüther, deutscher Neurobiologe

In unserem wunderbaren Gehirn gibt es Trampelpfade, wie in den Wäldern und Wiesen auch. In den Wäldern und Wiesen prägen sich diese auch, wenn das Wild, die Menschen und manchmal die Biker gewisse Wege öfters begehen und befahren. Je öfters das geschieht, desto breiter werden die Pfade. Auf einem breiten Pfad kann man schnell vorwärts gehen, er ist übersichtlich, man sieht Hindernisse auf dem Weg schon weit voraus. Wer durchs Dickicht geht, dort, wo sonst niemand durchgeht, der muss mit jedem Schritt achtsam sein, prüfen, ob keine Dornen stechen, oder ein nicht auf ein kleines Tier tritt, und ob der Boden hält oder abrutscht, weil es unter den Blättern noch feucht ist.

Oder kürzer: Wer den bekannten Trampelpfad verlässt, kann nicht mehr seinen Gedanken nachhängen, er muss bei jedem Schritt genau hinsehen, oft nicht nur für die Füsse, sondern auch gegen Äste und Dornen von oben. Zusätzlich muss er navigieren, Schluchten umgehen und Felswände vermeiden oder überklettern.

Das heisst: Er wird auf diesem ganz eigenen Weg sehr aufmerksam sein, jeden Schritt prüfen, genau hinhören, hinsehen, riechen und, wenn er barfuss ist, oft auch mit den Füssen tasten. Er wird zwischendurch Schmerz fühlen, durch Dornen oder spitze Steine. All das wird ihn ganz in den Moment, ganz in seine Präsenz führen. Aus dieser Präsenz kommt die Freude, das zeitlose Jeeeeeeeetzt.

Wer diese Wirkung auch in der Stadt oder auf dem Weg zur Arbeit für sich wirken lassen will, der kann sich auf die kleineren Brüder verlassen: Er geht andere Wege, umgeht den Bahnhof über die nächste Brücke, den Block von links, statt von rechts umgehen, er geht gegebenenfalls auch mal rückwärts, und er geht langsam, wo alle vorwärtsstürmen. Er balanciert auf dem Randstein, wo die andern mit ihren Aktenmappen und von den Handys beleuchteten Gesichtern in der Mitte des Trottoirs vorbeistürmen.

Er wählt andere Zeiten, viel früher oder viel später als normal, nimmt mal nicht den Zug für die 2 Stationen, sondern geht zu Fuss, nimmt die Rollschuhe, statt das Fahrrad, das Kickboard statt den Bus und geht auch mal eine Strecke rückwärts.

All das bringt uns ganz in den Moment, wir wenden wieder alle Vorsicht an, und je langsamer wir dabei werden, desto viel mehr Details erkennen wir.

Dazu ein Beispiel: Vor gewisser Zeit habe ich mich entschieden, ganz viel zu gehen. Ich hatte einen Termin im Nachbarstädtchen, das ich üblicherweise mit dem Auto in 9 Minuten anfahre. Ich habe mich entschieden, den Termin zu Fuss wahrzunehmen und brauchte für den Weg knappe 2 Stunden. Dabei habe ich neue Bäume entdeckt, bin andere Wege gegangen, habe Fische und Fischreiher entdeckt, Tümpel mit Froschlaich, ich habe Häuser genauer betrachtet, mit ihren Vorgärten und magischen Sträuchern. Es war wie in den Ferien. Durch die Langsamkeit konnte ich riechen, fühlen, wahrnehmen und entdecken.

Ich habe damit mehrere Gewohnheiten gebrochen und unendlich viel neues entdeckt.

Wer dies vertiefen und ausdehnen will, lässt sich auch mal für eine Busse, die er nach seinem Gewissen nicht bezahlen kann, für ein paar Tage Ersatzfreiheitsstrafe als Gast in einem Gefängnis nieder, redet aufrichtig und maskenlos mit Obdachlosen, befragt sie bei einem Abendessen darüber, was sie gelernt und erkannt haben, sucht mit ihnen zusammen ihre Kompetenzen oder wird für kürzer oder länger selbst zum Bettler.

Wenn Du zum Bettler wirst, ist es eine Überlegung wert, ob Du diesen Zustand mit oder ohne Drama leben willst. Ich ziehe das erste vor, ich hab's ausprobiert und es hat mir Spass gemacht.

Damit werden wir in kürzester Zeit lebendiger, wacher, erkennen ab diesem Moment neue Verhaltensweisen, unser Verständnis und unser Mitgefühl wächst.

Auch Richard Gere wollte die Erfahrung als Obdachloser machen.

Widerstände schätzen lernen:

Dieser Punkt gehört zum Fortgeschrittenenprogramm. Es hat mich ein paar Jahr gekostet, diesen zu integrieren.

Der erste Vorfall, an den ich mich erinnere, lief wie folgt ab:

Ich wollte mit meiner damaligen Freundin meinen Freund Doublemana bei München besuchen. Es war Winter, nachts und wir waren müde von der langen Fahrt.

Aus einem für mich nicht nachvollziehbaren Grund habe ich die Ausfahrt verpasst. In Deutschland sind die Ausfahrten auf Autobahnen oft nicht so nah beieinander, wie in der Schweiz.

Unmittelbar nach der Ausfahrt habe ich das bemerkt, habe den Rückwärtsgang eingelegt und die verlassene Einfahrt achtsam und im Schritttempo rückwärts befahren. Wir waren allein, niemand hat sich an diesem ökologischen Vorgehen gestört. Danach waren es noch ein knapper Kilometer bis zu Doublemana, kurz nach der Autobahnüberführung gab es eine steile Rechtskurve.

Zu unserer grösseren Überraschung war die mit Glatteis belegt, mein damaliger Transporter hat sich quergestellt, mein Gegenlenken hat uns auf der Fahrbahn gehalten, doch eine überraschte Fahrerin auf der Gegenfahrbahn war dermassen perplex, dass sie statt zu stoppen einfach weiter und damit in unser Fahrzeug gefahren ist. Der Aufprall war heftig, die Hinterachse wurde abgetrennt und blieb am Strassenrand liegen, während sich unser Transporter über den Acker gerollt hat.

Wir blieben kopfüber liegen und kletterten langsam aus dem Fahrzeug.

Es ist müssig, zu sagen, dass unser Fahrzeug einen Totalschaden hatte, wie durch ein Wunder blieben alle Beteiligten unverletzt.

Wie ich erst später erfahren habe, war die nächste Autobahnausfahrt nur knappe 3 Kilometer weiter.

Ich bin sicher, dass ich bewusst von meinen Schutzengeln abgelenkt wurde, damit ich diese Ausfahrt verpasse. Aber meine lieben Schutzengel hatten gegen meinen Dickschädel keine Chance.

Die Lehre, die ich daraus gezogen habe ist, dass ich mir solches verzeihe, und das, was daraus entsteht als ein Abenteuer betrachte und mit Neugier verfolge, was sich als nächstes zeigt.

Mittlerweile gelingt es mir auch kleine ungeplante Dinge so anzunehmen – und immer wieder entpuppen sich diese als Glücksbringer – die ich erst auf den zweiten Blick erkenne, dazu zwei weitere Beispiele:

Ich fuhr vor einiger Zeit über Österreich nach Slowenien. Dazu prüfte ich immer wieder Google Maps, weil darauf «*Places of Interest*», also interessante Orte angezeigt werden.

Ganz im Süden Österreichs wurde mir ein Kurort angezeigt. Ich habe gewählt, langsam nach Slowenien zu reisen, mit viel Pausen, so dass die Seele mit kommen kann und nicht erst Tage später ankommt.

Diesen Kurort wollte ich mir ansehen und erforschen, was es da gibt.

Am Ende der Autobahnausfahrt war eine Schranke – viele der Autobahnen in Österreich sind privatisiert und können nur noch gegen Bezahlung befahren werden.

Der Bildschirm an der Bezahlschranke war schwarz, eine Anzeige mit «Fehler» hat geblinkt und die Schranke war zu.

Im ersten Moment war ich ärgerlich – wenn mich etwas ärgert ist es, gegen meinen Willen aufgehalten zu werden. Ich hab alle Knöpfe am Automaten ausprobiert, mir überlegt, was dem Computer fehlen könnte, mich gefragt, ob ich wenden oder die Barriere umfahren könne.

Ich habe alle diese Ideen verworfen und ob meiner freudigen Eingebung den «Hilfe-Telefon» Knopf gedrückt und gewartet.

Irgendwann hat der Mitarbeiter der Autobahnhilfe geantwortet und gefragt, was er für mich tun könne.

Ich habe mit äusserstem Genuss erklärt, in welcher Situation ich sei, und um seine Hilfe gebeten.

Die Barriere ging kurz darauf auf, und ich konnte ohne Bezahlung weiterfahren. Wunderbar.

Und ein letztes, ganz ähnliches Erlebnis: Ich war an einem Ausflug in einer Nachbarstadt, habe, wie es sich gehört in einer Tiefgarage parkiert und ein Ticket bezogen. Beim zurück kehren habe ich gemerkt, dass der erste Automat meine Bankscheine nicht goutiert, und die anderen beiden Automaten ausser Betrieb sind. Empfang für eine Störungsmeldung hatte ich erst wieder im Parterre, doch die auf den Automaten angegebene Telefonnummer führte ins Nirgendwo.

Zuerst hab ich mich geärgert. Doch bald darauf hab ich wieder gelächelt.

Ich habe mein Fahrzeug geholt, mich vor die Ausfahrschranke gestellt und freudig den Störungsknopf gedrückt.

An der Ausfahrtschranke wird einem keiner mehr irgendwohin schicken, ich hatte alles Mögliche gemacht, die weiteren Fahrzeuge beginnen sich hinter meinem Fahrzeug zu stauen und ich hatte einen dringenden Termin.

Nach 10 Sekunden hat sich die Schranke geöffnet und ich durfte ohne Entgelt das Weite suchen und hab dieses auch gefunden.

Wunderbar.

Merke: Widerstände sind oft nur auf den ersten Blick Widerstände. Und das führt uns gleich zum nächsten Thema: Reframing.

Reframing

Reframing ist ein Begriff aus dem NLP, aus dem Neurolinguistischen Programmieren. Der damit bezeichnete Prozess basiert auf einem interessanten Aspekt unseres Daseins: Oft reagieren wir nicht so sehr auf die Fakten, als auf deren Bedeutung, *die wir ihnen geben.*

Ich will dazu ein Beispiel anführen:

Marc und Andrea fielen nach einem langen und anstrengenden Hochzeitstag, dem Höhepunkt nach monatelanger Vorbereitung, todmüde in das Doppelbett des italienischen Hotels, verzichteten freiwillig auf den Vollzug der Ehe und wollten nur noch eins: Schlafen.

Da war nur ein Problem: Die indische Familie im nächsten Zimmer feiert so laut, dass sie den Lärm spüren konnten.

An Schlafen war nicht zu denken. Auch nicht nach einem zweiten und dritten Anlauf und auch nicht mit Oropax.

Marc rief die Reception an, in der Hoffnung, ein anderes Zimmer beziehen zu können, doch das Hotel war ausgebucht.

Andere Länder, andere Sitten, dachte sich Andrea frustriert.

Marc wollte das Problem an der Wurzel lösen, hat sich angezogen und ist aufgestanden. Er ist zum Nachbarzimmer gegangen in der Absicht, die Spätnachtpartygäste zumindest ein bisschen zur Ruhe zu bringen, doch das war aussichtslos.

Er ging dann zurück ins Zimmer und hat Andrea erzählt, dass die Zimmernachbarn nicht eine normale Party feiern, sondern die Geburt des ersten Kindes.

Der Lärm blieb, doch für Andrea hat diese Art von Partylärm eine ganz andere Bedeutung. Minuten später hat sie tief und lächelnd geschlafen.

Dankbar für..

1 **Früh geweckt werden**
= Liebenswerte Kinder
2 **Das Haus putzen**
= Ein sicherer Ort zum Leben
3 **Wäsche machen**
= Kleider zum tragen
4 **Geschirr waschen**
= Genug Nahrung
5 **Krümel unter dem Tisch**
= Familienessen
6 **Einkauf erledigen**
= Genug Geld, um Dinge zu kaufen
7 **WC putzen**
= Zum Glück ist es kein Aussen-WC
8 **Viel Lärm**
= Geliebte Menschen in meinem Leben
9 **Endlose Fragen zu den Hausaufgaben**
= Die Kinder lernen
10 **Müde und erschöpft im Bett**
= Ich lebe noch und habe ein sinnvolles Leben.

Ein anderes Beispiel: Christian wird von der Polizei nach einer Verfolgungsjagd angehalten. Er hat sich tief in die Gesetze gearbeitet und erkannt, dass Beamten zu Angestellten wurden (Quelle: www.admin.ch). Das bedeutet, dass sie fristlos gekündigt werden können, wenn sie den Auftrag ihres Vorgesetzten nicht ausführen, oder auch nur der Verdacht besteht, dass sie einer politisch nicht genehmen Gruppe nahestehen.

Sie können also nicht mehr nach ihrem Herzen arbeiten.

Er hat zudem erkannt, dass die Bundesverfassung durch das letzte Update ausgehebelt wurde und die Polizei nichts weiter als eine Firma ist. Firmen können keine hoheitlichen Aufgaben ausführen. Einer dieser Angestellten hält ihn an. Das ärgert ihn. Die Diskussion dauert länger, seine Frau findet diese nicht erhebend, und die Beziehung wird zusätzlich zu den Nervensystemen belastet, beides mit Langzeitfolgen.

Die alternative Herangehensweise ist die, dass man zwar die genannten Fakten weiss, aber den betreffenden Polizisten bewusst mit der ganzen Menschlichkeit sieht und ihm freundlich begegnet, so, als wäre er der erste Mensch nach der Reise durch die kalte Galaxis, die uns während der letzten 15 Jahre in Anspruch genommen hat.

Wir verdanken ihm, dass er die Menschen vor Verlust und Schaden schützt, sich schlimme Bilder bei Unfällen ansehen muss, und er davon ausgehen muss, dass die meisten Menschen ihn anlügen, oder zumindest einen Teil der Wahrheit vorenthalten. Zudem erkennen wir, dass die meisten ihn als Autorität erkennen und mit Autoritäten in ihrem Leben keine guten Erfahrungen gemacht haben.

Auf dieser Ebene begegnen wir diesem Menschen. Aus eigener Erfahrung weiss ich, dass diese Basis der Begegnung meist zu kürzeren, oft heiteren, aber fast immer respektvollen Begegnungen führt, obwohl ich mit dem Hintergrund, der Firma und der

Kommerzialisierung genau so wenig einverstanden bin, wie Christian.

Im Bereich der optischen Illusionen, wo wir die gleiche Fähigkeit des Bewusstseins, gegebene Dinge und Bilder ganz verschieden zu erkennen und zuzuordnen, heissen solche Bilder Kippbilder, eines der altbekannten ist das nachfolgende Bild: Je nachdem kann eine alte oder eine junge Frau gesehen werden, kannst Du sie sehen?

Jackie Chan antwortete auf die Frage eines Journalisten, ob er mit seinem Leben zufrieden sei, mit diesen weisen Worten:

"Weisst Du, ich habe einmal sehr kluge Worte gehört:

- *Deine harte Arbeit ist der Traum eines jeden Arbeitslosen;*
- *Dein unruhiges Kind ist der Traum aller Kinderlosen;*
- *Dein kleines Zuhause ist der Traum eines jeden Obdachlosen;*
- *Dein geringes Kapital ist der Traum eines jeden Schuldners;*
- *Deine schlechte Gesundheit ist der Traum jedes Patienten mit einer unheilbaren Krankheit;*
- *Dein Frieden, Dein ruhiger Schlaf, Deine verfügbare Nahrung sind der Traum aller Menschen in einem Land im Krieg.*

Du musst alles schätzen, was Du hast. Niemand weiss, was morgen bringen wird."

Jackie Chan

Wertschätzungsliste

Wertschätzungs- und Liebeslisten, Freuden- und Dankbarkeitslisten gehören zu den legalen Drogen, sind, weil körpereigene Substanzen auch nicht strafbar.

Sie fahren zudem ziemlich schnell ein, ich spüre sie innert 3-5 Minuten, das ist langsamer als Alkohol, aber um ein Vielfaches schneller als viele anderen Substanzen, welche die Stimmung aufhellen.

Diese körpereigenen Substanzen, wahrscheinlich hauptsächlich Oxytocin und Dopamin. Oxytocin ist das Liebes- und Beziehungshormon, bringen unsere wunderbaren Körper nicht aus dem Gleichgewicht – damit können wir umgehen.

Dopamin wird auch das Belohnungshormon genannt, es wird ausgeschüttet, wenn wir eine Aufgabe erledigen oder kleine Erfolge feiern – das sind in unserem Zusammenhang die relevanten Punkte.

Nebenwirkungen sind für beide Hormone keine bekannt.

Wertschätzung ist eine Superkraft, die zu ziemlich schnell erwerben kannst, und die nicht nur bei Dir wunderbare Ergebnisse zeigen kann.

Ich habe, damals noch in meinen Zwanzigern intensiv damit experimentiert, damals, indem ich mich entschieden hatte, die Menschen, die mir nahestanden, jeweils in bestmöglicher Wertschätzung für ihre Fähigkeiten zu loben und ihnen dankbar zu sein.

Das hat folgenden Effekte zur Folge: Die Dankbarkeit und das Hervorheben ihrer Fähigkeiten waren wohltuend für diese Menschen. Es hat aber auch ein gewisses Abhängigkeitsverhältnis begründet, weil sie mehr davon wollten – und noch nicht gelernt hatten, es sich selbst zu geben. Als ich gemerkt habe, dass die Entscheidung, meinen Mitmenschen so zu begegnen diese süchtig macht, habe ich mich entschieden, die Wertschätzung, das Lob und die Dankbarkeit hauptsächlich noch still zu geben. Das hat die gleiche Wirkung für die Seele, ist aber viel weniger anfällig, eine Sucht zu erzeugen.

Und Gott sagte: Liebe Deinen Feind.

Und ich habe im gehorcht und mich selbst geliebt.

Khalil Gibran

Diese Wertschätzung von aussen zu bekommen ist wunderbar, insbesondere, wenn dies unsere echten Qualitäten betrifft, wenn wir uns gesehen fühlen.

Noch viel besser ist es allerdings, wenn wir uns diese Wertschätzung selber geben:

- Ich wertschätze meine Fähigkeit, Menschen zum Lachen zu bringen.
- Ich wertschätze meine Fähigkeit, in vielerlei Hinsicht gut für mich selbst zu sorgen.
- Ich wertschätze meinen wunderbaren, genialen Körper.
- Ich wertschätze, dass ich in meiner Grundschule, Mittelschule und Hochschule das Beste gegeben habe.
- Ich wertschätze, dass ich in meinen Partnerschaften das Beste gegeben habe und gebe.
- Ich wertschätze, dass ich meinen Eltern achte.
- Ich wertschätze, dass ich immer mehr lernen will.
- Ich wertschätze, dass ich fähig, willens und bereit bin, auch der Dunkelheit in die Augen zu sehen.

Diese Liste ist endlos ;-)

Ich lade Dich ein, heute eine eigene Liste zu beginnen und morgens oder abends, nach und vor dem Einschlafen die bestehende jeweils durchzugehen und zu ergänzen. Anfangs kann es sein, dass Dir nur wenig neue Punkte einfallen. Weil Du die Frage stellst, und diese Frage durch jedes Stellen in Deinem Bewusstsein den Trampelpfad breiter macht, arbeitet Dein Unterbewusstsein immer mehr für Dich mit und findet immer mehr von diesen Punkten.

Je mehr von diesen Punkten Dir bewusst sind, desto selbstbewusster wirst Du. Je selbstbewusster Du bist, desto ausgeglichener wirst Du, und desto weniger bist Du abhängig vom Lob anderer. Und je weniger Du vom Lob von anderen abhängig bist, desto freier bist. Je freier Du bist, desto lebendiger und authentischer wirst Du.

Ich finde, das tönt gut.

Was meinst Du?

Ich unterscheide in folgende Kategorien:

- Die eigenen Erfahrungen sind, wie immer die stärksten.
- Du kannst diese aber ergänzen mit Liebe, die Du beobachtet hast: Jemand, der einem Bettler grosszügig geholfen hat, ihn zum Abendessen eingeladen und nach seinen Kompetenzen aus dem Betteln befragt hat.
- Jemand, der ein verletztes Tier unter Gefahr gerettet hat, oder jemanden vor dem Selbstmord bewahrt hat.
- Und dann gibt es noch die Geschichten von Hören-sagen: Die Mystik ist voll davon, das könnten Geschichten von Buddha, Jesus, Maria oder Nelson Mandela sein.
  Diese Geschichten haben viel Kraft, weil sie lange mit viel Verehrung aufgeladen wurden.

Hier ist Platz für Deine Liste der Wertschätzungs-Beispiele:
Eigene, Beobachtete und Hörensagen:

_____

_____

_____

_____

_____

_____

_____

_____

_____

_____

_____

Bei uns ist Liebe ein gefährliches Wort. Je nachdem, wer es spricht, meint damit die herzöffnende, bedingungslose Liebe, will damit ausdrücken, dass er sein Gegenüber nicht verlieren will, meint also effektiv: Ich brauche Dich, oder er oder sie wünscht sich Sex, Geld, gehört-werden, nicht allein sein, oder vieles anderes mehr.

«Ich liebe Dich» ist also ein gefährlicher Ausdruck – das habe ich gemerkt, als ich meine Flow-Seminare an Manager anbot: Das Wort Liebe gilt es tunlichst zu meiden, das sagen deren Frauen schon, und da sind sie misstrauisch: Das kann man nicht messen, da stecken möglicherweise verborgene Erwartungen dahinter, das bindet.

Die Lösung, die ich für die Manager gefunden habe, war einfach:

Anstelle von Liebe verwende ich Neugierde, oder *«Gwunder»* (da steckt statt Gier, das Wunder drin). Neugierde ist eine Kraft, die nach vorne zieht und öffnet, die also konträr zur Angst ist. Neugier oder Gwunder öffnet die Sinne und das Herz.

Dass das Wort «Liebe» gefährlich ist, hat auch Mihaly Csiksentmihaly gemerkt, der ein Leben lang den Flow-Zustand erforscht hat: Er hat in den Büchern, die ich von ihm gelesen habe, nicht einmal das Wort «Liebe» verwendet – und sich damit wohl seinen Dozentenstuhl an der Uni gesichert.

Die Griechen waren differenzierter: In der griechischen Philosophie unterscheidet man 3 Arten von Liebe: Eros, Philia und Agape:

Eros

In der Dreieinigkeit der Liebe Eros, Philia und Agape in zwischen-menschlichen Beziehungen ist die erste Liebe Eros.

In der griechischen Mythologie ist Eros der Gott der Liebe, Leidenschaft und Lust und die romantische Liebe selbst. Der Gott Eros wurde als ein Junge mit Flügeln, Pfeil und Bogen dargestellt, welche er in die Herzen von Menschen oder Göttern schießt. Das wird in der englischen Sprache abgebildet mit: «*I fell in love*», auf Deutsch «*Ich bin in die Liebe gefallen*», also ein passiver Akt.

In unserem Sprachgebrauch hat sich eher das römische Pendant zu Eros etabliert, der römische Gott der Liebe, Amor und deshalb sagen wir, wenn wir uns verlieben, dass wir von Amors Pfeil getroffen wurden.

Eros als eine Art von Liebe wurde jedoch erstmals von Platon in seinem Symposium beschrieben.

Eros ist die begehrende, leidenschaftliche Liebe und die körperliche Anziehung und Erotik, von denen die Flitterwochen geprägt sind.

Drei Wochen werden einem oft geschenkt, wenn es länger währen soll, dann bedeutet das, dass wir Beziehungskompetenz aufbauen.

Die Knie werden weich, die Schmetterlinge im Bauch spielen verrückt, das Herz schlägt höher, die Handflächen schwitzen und der Verstand scheint Lebewohl gesagt zu haben.

Man will nur seinem Partner nahe sein und kann seine Finger kaum von ihm lassen. Wir schweben auf Wolke 7, weit weg von der Realität und glauben, unser Glück wird für immer dauern.

Diese erotische Liebe ist in Beziehungen von großer Bedeutung, da körperliche Anziehung eigentlich der erste Schritt ist, der zu etwas Größerem und Tieferem führt.

Philia

Die zweite Form der Liebe nach der griechischen Philosophie ist Philia - die freundschaftliche Liebe, die wir für Menschen, Tiere, Bäume und Pflanzen empfinden können.

Diese Freundesliebe vereint zwei Menschen mit den gleichen Eigenschaften, Interessen, Überzeugungen und Lebenseinstellungen im Gegensatz zu Eros, bei der die Verehrung der Liebenden das Hauptmerkmal ist.

Philia basiert auf gemeinsamen Verletzungen, Schwierigkeiten und Herausforderungen, Interessen, Wünschen, Ängsten und Träumen und bedeutet, dass die betroffenen Wesen eine grosse gemeinsame Wertebasis haben.

Es bedeutet, dass Menschen sich aufgrund ihrer Eigenschaften und Charakter lieben und schätzen und dass sie gerne Zeit miteinander verbringen, Gespräche führen, Dinge diskutieren und sich an denselben Aktivitäten beteiligen.

Romantischen Beziehungen, welche mit Eros beginnen, haben gute Chance auf eine langfristige Verbindung, wenn Eros von Philia begleitet wird.

Agape

Und die dritte Liebe ist die höchste Ebene der Liebe, die all unsere Vorstellungen und unsere Vernunft übersteigt.

In der Dreifaltigkeit von Eros, Philia und Agape ist Agape die reinste, tiefste, bedingungslose Liebe, die zwei Seelen vereint.

Agape ist eine göttliche Liebe, die die Seele befreit, beruhigt und auf die höchsten Ebenen erhebt. Es ist die Liebe eines Menschen zu Gott, aber auch zu all seinen Mitmenschen.

Jemanden bedingungslos zu lieben bedeutet, mit ihm durch dick und dünn zu gehen, alles zu akzeptieren, was diesen Menschen ausmacht und bereit zu sein, alles zu geben, ohne dasselbe als Gegenleistung zu erwarten.

Im Christentum wird Agape besonders betont und als Liebe Gottes oder Nächstenliebe oder Caritas bezeichnet. Das Hohelied der Liebe im Neuen Testament bezieht sich auf Agape.

Nun sind wir in die Definition des Wortes «Liebe» tiefer eingedrungen. Jede der drei beschriebenen Arten lässt uns höher schwingen und mehr Freude und Lebendigkeit verspüren.

Nachfolgend ist Raum, dass Du Dir zu allen drei Arten von Liebe Deine eigenen Beispiele aufschreiben kannst.

Dabei ist es vorteilhaft, wenn Du Namen und Dinge aufschreibst, die nicht mit einem Schatten geendet haben.

Wenn Deine erste Liebe wunderbar begonnen hat, und ihr Ende Dir heftige Herzschmerzen bereitet hat, dann lass sie weg, schick «Heil und Segen» darauf, damit das Loslassen und Verzeihen stattfinden kann.

Aber solange die Heilung da noch nicht vollzogen ist, lass sie weg. Finde andere.

Hier ist Platz für Deine Liste der Eros-Beispiele:
Eigene, Beobachtete und Hörensagen:

_____

_____

_____

_____

_____

_____

_____

_____

_____

_____

_____

Hier ist Platz für Deine Liste der Philia-Beispiele:
Eigene, Beobachtete und Hörensagen:

Hier ist Platz für Deine Liste der Agape-Beispiele:
Eigene, Beobachtete und Hörensagen:

_____

_____

_____

_____

_____

_____

_____

_____

_____

_____

Freudenliste

Die nächste Liste, die wir uns genauer anschauen ist die Freudenliste.

Für die Freudenliste stellen wir uns die Frage, was uns Freude macht. Die besten Freuden sind diejenigen, welche wir ganz allein, ohne Freunde oder Bekannte erreichen können.

Ein weiteres gutes Kriterium ist, dass eine solche Freude sich jederzeit und an jedem Ort einstellen kann, diese beiden Kriterien geben Dir Unabhängigkeit.

Wenn Du nichts finden kannst, was Dir Freude bereitet, dann ist eine gute Frage, was Dir früher, als Kind Freude gemacht hat.

Und eine alternative Frage ist ebenfalls, was Dir Freude machen könnte.

Die Fragen kannst Du Dir also in folgender Reihenfolge stellen:

- Was macht mir Freude, kostenlos, ohne Zutun anderer Wesen.
- Was macht mir Freude, und kostet, oder bedingt andere Wesen.

Falls Du nichts findest, fragst Du:

- Was hat mir früher Freude gemacht?
- Was würde mir Freude machen?

Und falls Du auf diese Fragen auch nichts findest, dann kannst Du mit folgender Frage anfangen:

- Was macht andern Freude?

Auch hier machst Du aus einem Pfad, den Du Dir mit der Machete durch den Urwald schlägst, einen Trampelpfad und dann einen breiten Fussweg, indem Du Dir diese Liste, zusätzlich zur Wertschätzungsliste jeden Abend und jeden Morgen durchliest und ergänzt.

Dabei ist es wichtig, dass Du langsam bist. Du liest den ersten Satz, schliesst die Augen, lässt ihn wirken, siehst die inneren Bilder vor Dir, erinnerst Dich, wann und wo das war, Du machst also Verknüpfungen, und spürst mit allen Sinnen.

Fühlen braucht Zeit. Diese 5-10 Sekunden nimmst Du Dir für jeden Satz, die Wirkung ist viel grösser.

Unsere Glaubenssätze sind wie eine verlassene Bibliothek – die Bücher und Inhalte sind uns nicht mehr bewusst – wir können jedes einzelne entdecken und dann loslassen.

Hier ist Platz für Deine Liste der Freuden:

Eigene (mit und ohne Kosten), Eigene frühere, mögliche, beobachtete:

_____

_____

_____

_____

_____

_____

_____

_____

_____

_____

Dankbarkeitsliste

Die Dankbarkeitsliste scheint mir die einfachste der Listen zu sein. Die Leitfrage darin lautet: *Wofür bin ich dankbar?*

Hier eine Liste von Beispielen:

- Ich bin dankbar für meine Zeugung
- Ich bin dankbar für meinen wunderbaren Körper
- Ich bin dankbar für alle meine Kunden und ihre Zahlungen
- Ich bin dankbar für meine Fähigkeiten, die mir bekannten und die mir noch unbekannten
- Ich bin dankbar für meine Brüder und Schwestern.
- Ich bin dankbar für alle meine Liebhaberinnen, Freundinnen, Geliebte und Frauen bis heute
- Ich bin dankbar für alle Lehrer – die guten, die mich geliebt haben, und die schwierigen, die mich haben wachsen lassen
- Ich bin dankbar für die gute Infrastruktur in den Ländern, in denen ich mich bewege.
- Ich bin dankbar, dass mein Körper gesund ist, meine Augen gut sehen, meine Nase gut riecht, meine Zähne ganz sind, meine Glieder vollkommen und funktionsfähig sind, meine Haut prima funktioniert, und die Fusssohlen auch fiese kleine Maroni-Dornen innert 2 Wochen wieder aus dem Fuss hinausarbeiten.
- Ich bin dankbar, dass allfällige Wunden schnell heilen, selbst an den Fusssohlen.
- Ich bin dankbar, dass ich herausgefunden habe, dass ich keine Schuppen habe, sondern einen Hauptpilz, der sich mit Apfelessig im Nu behandeln lässt.
- Ich bin dankbar, dass ich gut höre und eine feine Wahrnehmung habe.
- Ich bin dankbar für die tollen Fahrzeuge, die ich lenken darf.
- Ich bin dankbar dafür, dass Du dieses Buch gekauft und bis hierher gelesen hast.

- Ich bin dankbar, dass ich einen Laptop habe, der leise und schnell mit einer langen Akkulaufzeit ausgestattet, mir erlaubt, meine Bücher in der freien Natur zu schreiben, und dabei den Wind zu spüren, die Vögel singen zu hören, die Bäume im Wind tanzen zu sehen, ja sogar im Regen unter einem Dach sitzend prasseln hören kann, und die frische Luft einatme, die der Regen mit sich bringt.
- Ich bin dankbar, dass ich schnell schreiben kann.
- Ich bin dankbar für die grosse Bibliothek, die ich mir im Laufe meines Lebens angeschafft und angelesen habe.
- Ich bin dankbar um das gute Dutzend Berufsausbildungen, die mir die Möglichkeiten geben, ganz verschiedene Themen miteinander zu verbinden.
- Ich bin dankbar, dass ich in Frieden leben darf.
- Ich bin dankbar, dass ich mir gesunde Nahrung kaufen und anpflanzen kann.
- Ich bin dankbar für die kleinen Tierchen, denen ich beim Schreiben begegne: Den Maulwurf, die Katzen, die vielen Spatzen und Meisen, die Raubvögel, die am Himmel kreisen und die Hunde, die vorbeispazieren, der Käfer, mit dem zusammen ich gestern in die Welt gesehen habe.
- Ich bin dankbar, dass es mir einfach fällt, Sprachen zu lernen.
- Ich bin dankbar für die Liebe, die ich von zahlreichen Wesen in verschiedensten Körpern, feinstoffliche und grobstoffliche, täglich erfahre.
- Ich bin dankbar für meine Wegbegleiter, die mit mir mitdenken, mitfühlen, mitahnen, sich mit mir freuen und mit mir trauern, die mir ehrliches Feedback geben, und die genau hinschauen, mich erkennen wollen und mich erkennen können.
- Ich bin meinen Ahnen dankbar, dass sie mir das Leben weitergereicht haben.
- Ich bin all den Friedenstiftern und Aufklärern dankbar für ihre Arbeit.

- Ich bin denjenigen Wesen dankbar, die für die vielen Naturschutzzonen und geschützten Wälder, Flüsse und Seen gesorgt haben!
  Diese Liste lässt sich beliebig erweitern – nur schon beim Korrekturlesen ist sie länger und genauer geworden – ich bin sicher, Dir geht es ähnlich.

Ich lade Dich ein, diese jeden Morgen und Abend zu erweitern, wie die vorgängigen beiden Listen.

Es kann hilfreich sein, diese Punkte aufzuschreiben.

Und wenn Du zur Arbeit radelst, oder mit dem Hund spazieren gehst, dann kannst Du diese durchgehen. Wenn ich unterwegs bin, und eine gewisse Traurigkeit aufsteigt, dann gehe ich manchmal in eine der Listen und bin nach ein paar Minuten wieder happy.

Zu anderen Zeiten gehe ich auch ganz in den Schmerz, fühle tiefer rein, setze mich aus und gebe mich hin.

Yin und Yang. Machen und geschehen lassen.

Ausschnitt des sich drehenden Yin-Yang-Zeichens, welches sich hier sich ebenfalls drehenden übergeordneten Yin-Yang-Zeichen, im schwarzen Punkt, dreht.

Der Bereich des schwarzen (weiblichen) zeigt Sternenhimmel, der Bereich des weissen Wüstenboden.

Quelle: *www.Gesetz-der-Anziehung.ch*

Je besser diese Balance ist, desto aufrechter und flexibler stehen wir im Leben.

Ich habe aus dem tiefen Wunsch, meine tiefsten Verletzungen in die Heilung zu bringen, diese Listen für ein paar Jahre ausgesetzt, weil es mir ein Anliegen war, diese Schmerzen nicht zu überdecken, sondern meinen Mut und die Grösse meines Herzens zu trainieren, damit ich immer mehr ganz für diese Verletzungen fühlfähig werde.

Wer mit diesen Listen nur über seine Schmerzen drüber gehen will, den werden sie, das ist sicher, früher oder später einholen.

Wer sich mit Traumaheilung auskennt, weiss, dass Titrieren und Pendeln Schlüsseltechniken sind, um alte Schmerzen aufzulösen.

Der Begriff «Titrieren» kommt aus dem Chemielabor und bedeutet *«genaues, tröpfchenweises Dosieren»*. Man stürzt sich also nicht wie beim Bungeejumping ohne Bungeeseil in die Tiefe des grössten Schmerzes, sondern tastet sich schrittweise immer mehr an. Und geht dazwischen immer wieder ganz woanders hin, fühlt und beschreibt etwas anderes, um dann, nur Minuten später, wenn das andere ganz in den Fokus gerückt ist, wieder zum Schmerz zu gehen.

Diese Bewegung – das **hinein** oder besser heran an den Schmerz und dann wieder das **heraus** aus dem Schmerz, das nennt man Pendeln.

Und dieses Pendeln beinhaltet wieder die Weisheit von Yin und Yang.

Wer jemandem helfen will, tiefsten Schmerz zu heilen, auch akute Rückenschmerzen profitieren davon – der führt sein Gegenüber genauso: An den Schmerz, bleibt da mit ihm ein bisschen und führt ihn dann ganz woanders hin, ins Detail.

Und dann zurück – an den Schmerz, diesmal geht es ein bisschen tiefer.

Und dann wieder ganz woanders hin, zur Lampe, zu den Kindern, zur Arbeit, bis seine Aufmerksamkeit ganz dort ist.

Ich erinnere mich an eine Begleitung, in der ich meine wundervolle Nachbarin in 5 Minuten von einem Menstruationsschmerz, der sich kaum mehr sitzen oder stehen liess in die vollkommen schmerzfreie Zone begleiten konnte.

In 5 Minuten!

Die Dankbarkeit für das, was wir erhalten haben, was gut gelungen ist, oder noch stärker, für alle Kreationen, die zu unseren Gunsten erfolgreich geschehen sind, machen die Freude grösser. Sie machen zusätzlich auch den Fokus darauf grösser, dass Kreationen funktionieren und lassen uns immer mehr erkennen und erfahren, wie mächtig wir sind.

Glimmer

Kürzlich habe ich den Ausdruck «Glimmer» gehört.

Ein Glimmer ist das Gegenteil von einem Trigger. Ein Glimmer ist ein Moment, welcher Dir Freude, Glück, Frieden, Dankbarkeit oder Liebe bringt.

Je mehr Du danach Ausschau hältst, desto mehr wirst Du sie bemerken, und umso weniger Triggern wirst Du begegnen.

Wir sehen mehr von dem, was wir suchen.

Hier ist Platz für Deine Liste der Freuden:
Eigene, Beobachtete und Hörensagen:

_____

_____

_____

_____

_____

_____

_____

_____

_____

_____

_____

Glücksliste

Auch hier ist der deutsche Sprachgebrauch mager – es scheint, das unsere Tradition Glück und Liebe nicht so differenziert betrachtet hat.

Macht nichts – da ist Raum für Forschung.

Der Mediziner und Kabarettist Eckart von Hirschhausen hat sich an die Arbeit gemacht und fünf Arten von Glück isoliert und beschrieben:

1) Das Glück des Zufalls.
2) Das Glück des Genusses.
3) Das Glück der Zufriedenheit.
4) Die Freuden der Gemeinschaft
5) Boh-ey-Glück: die erhabenen Momente.

Er beschreibt die etwas differenzierter wie folgt:

1. Glück der Gemeinschaft
Alles, was mit Liebe, Freundschaft und Familie zu tun hat. Auf Dauer das Allerwichtigste. Die größte Quelle des Glücks - und des Unglücks.

2. Glück des Zufalls
Der Glücksfall ist im engeren Sinne keine dauerhafte Quelle, denn Lottogewinner sind nach zwei Jahren nicht besser drauf als vor dem Gewinn. Und alle, die nicht gewinnen, sind nach dem Lottospielen noch ärmer dran. **Der Einfluss äußerer Lebensumstände wird maßlos überschätzt.**

3. Glück des Momentes

Der Genuss. Wer nicht genießt, wird ungenießbar. Aber wenn etwas gut ist, ist mehr davon nicht unbedingt besser. Genuss wird durch Intensität gesteigert, nicht durch Menge. Ein Glas Rotwein am Abend ist herrlich, drei Tetrapak über den Tag sind es nicht. Ein Stück Schokolade ist schöner als eine ganze Torte. Ein Wellness-Wochenende besser als drei Wochen Massage. Nichts gegen Sex, aber 24 Stunden am Tag?

4. Glück der Selbstüberwindung

Anhaltende Zufriedenheit kommt nicht nur im Moment, sondern hinterher, zum Beispiel nach konzentriertem Tun. Erfüllte, statt totgeschlagene Zeit. Inneren Schweinehund überwunden, stolz drauf. Der Kaiserschmarrn schmeckt auf der Hütte besser als im Tal!

5. Glück der Fülle

Die überwältigenden Dinge des Lebens, über die zu schreiben schwer ist, die aber das Leben erst vollständig machen. Stille, Natur, Musik. Glückseligkeit und Gänsehaut.

Zitat: Aufsatz «Das höchste der Gefühle», Eckhardt von Hirschhausen, 2009)

Einige dieser Glücksarten sind haltbarer als andere. Bei manchen kann man daran arbeiten, dass sich diese zeigen können. Die einen wie Fülle und Gemeinschaften sind eher stiller und beständiger und haben den Charakter eines breiten Flusses. Der Zufall gibt uns eher einen Peak, wie ein Zuckerhoch, der verebbt bald wieder.

Bei allen gilt: Wenn wir mehr und bewusster mit dem Gesetz der Anziehung arbeiten, dann können wir uns genau diese Arten von Glück intendieren und immer öfter manifestieren.

Wo es sonst heisst «*Du hast Glück gehabt*» und damit Herr Zufall mit dazugestellt wird, muss sich Herr Zufall damit öfters einen anderen Job suchen. Oder eher als unser Diener wirken, anstelle zufällig aufzutauchen.

Wenn wir uns dieser Mechanismen bewusst sind, können wir uns diese auch manifestieren. Wir schauen genauer hin, spüren achtsamer, was uns gut tut. Ständige Überraschungen nutzen sich genauso ab, wie zu viel Süssigkeiten, beides stumpft ab.

Du weisst: Wo Du Deinen Blick, Deinen Fokus hinrichtest, davon erhältst Du mehr. Und wenn es schon beim Hinschauen Freude macht, wie ist es dann erst, wenn Du immer mehr solcher Glücks-Vorkommnisse in Dein Leben ziehst und geniesst.

Deshalb folgen jetzt die Listen für die Glücksarten.

Hier ist Platz für Deine Liste des Glücks der Gemeinschaft:
Eigene, Beobachtete und Hörensagen:

Hier ist Platz für Deine Liste des Glücks des Zufalls:

Eigene, Beobachtete und Hörensagen:

_____

_____

_____

_____

_____

_____

_____

_____

_____

_____

Hier ist Platz für Deine Liste des Glücks des Moments:

Eigene, Beobachtete und Hörensagen:

_____

_____

_____

_____

_____

_____

_____

_____

_____

_____

_____

Hier ist Platz für Deine Liste des Glücks der Selbstüberwindung:
Eigene, Beobachtete und Hörensagen:

_____

_____

_____

_____

_____

_____

_____

_____

_____

_____

_____

Hier ist Platz für Deine Liste des Glücks der Fülle:

Eigene, Beobachtete und Hörensagen:

_____

_____

_____

_____

_____

_____

_____

_____

_____

_____

_____

Wenn Du glaubst, der Titel dieses Kapitels sei ein Fehler, dann täuschst Du Dich.

In unserer Erziehung und Schulausbildung, also dort, wo die Bildung ausgetrieben wird, dort wird uns unsere Lebendigkeit und Kreativität meist nachhaltig abtrainiert, oft unter dem Titel «Du störst».

Wenn unsere Eltern und Lehrer uns das oft genug gesagt haben, verinnerlichen das und bilden damit einen Automaten, der, um uns zu schützen, diese Funktion vorsorglich übernimmt. Damit will er uns vor Strafe und Beschämung schützen.

Ich habe einen grossen Teil meiner Lebendigkeit schon kurz nach der Geburt abgegeben und gut dafür gesorgt, dass ich niemanden störe, ein braver Bub bin, mich harmonisch einfüge, keinen Streit beginne oder fortführe, meine abweichende Sicht und Meinung nicht darlege, schön dienstbar und gut zu gebrauchen bin, fleissig lerne, damit ich dort zumindest die Anerkennung von aussen erhalte, die den Schmerz lindert, der dadurch entsteht, dass ich qualifizierte und wiederholte Beihilfe zur Selbstvergewaltigung leiste – was aus meiner Sicht einer der schlimmsten Tatbestände ist, die wir an uns selbst leisten können.

Damit habe ich auch einen grossen Teil meiner Lebendigkeit vergraben, die Freude natürlich gleich mit dazu.

Dank der Plandemie, die ab 2020 weltweit verkündet wurde, konnte ich mir ein grosses Stück dieser Lebendigkeit wieder erwerben, ein grosser Schlüssel dazu war, dass ich mir die Erlaubnis gegeben habe, zu stören.

Ich bin noch weiter gegangen: Ich habe beschlossen, dass ich ein stolzer Störer für dysfunktionale Systeme bin. Ich darf stören. Es ist mein Auftrag. Ich tue das mit Liebe und Klarheit, aber ich weiche

Konfrontationen nicht mehr aus. Sehr unschweizerisch. Und unglaublich befreiend.

Damit ist viel Bitterkeit, Sarkasmus durch ungelebte Wut, welche ihrerseits unterdrückte Lebendigkeit war, wieder lebendig geworden und ins Fliessen gekommen. Ich erfahre mich als sehr viel lebendiger, lustiger und kreativer als vor dieser interessanten Kreation.

Ich lade Dich ein, zu prüfen, ob Du stören darfst, ganz nach dem Motto *«Ich bin der Störungsdienst»*:

Du: *«Guten Tag, stör ich?»*

Angerufener: *«Nein, was kann ich für Dich tun?»*

Du: *«Schade, ich könnte auch später*

anrufen, würde ich dann stören?»

Angerufener: *«Schluck»* (Zitat: Donald Duck, geboren 1934).

Wenn Du damit beginnst, ist zu erwarten, dass Du zuerst Deiner Scham begegnest. Die Kraft, die damit wieder ins Fliessen kommt, ist stärker als die Scham – deine natürliche Autorität kommt zurück, und vor Allem: Du wirst sichtbarer. Wer Dich danach noch liebt, der liebt Dich wirklich, und nicht nur eine Projektion auf eine stille Kreatur, die sich nicht zeigt. Stille Kreaturen erlauben alle möglichen Projektionen. Das Wesen, das meint, Dich zu lieben, liebt die Projektion, die es auf Dich projiziert, nicht Dich.

Und wer Dich danach verlässt, auf den kannst Du verzichten, da werden neue kommen, garantiert, Menschen, die Dich lieben, genauso wie Du bist.

Übrigens: Lebendigkeit ist die mit Abstand attraktivste Eigenschaft. Nicht nur, weil sie so selten ist bei uns - denk zum Vergleich an

Brasilianer, Süditaliener, Spanier – sondern, weil sie schnell Antworten gibt, spontan ist, weil sie genauso schnell vergibt und weitergeht, weil sie Kraft hat und weil sie zum Lachen bringt. Dieser Punkt ist der wichtigste, wenn man Frauen befragt, was Ihnen an Männern gefällt.

Berührungen

Wie in der Übersichtskarte der körpereigenen Glückshormone schon dargestellt ist Kuscheln eine wunderbare Massnahme, das langsame Glück, das nährt in uns zu stärken.

Zu diesem Streicheln gehört auch die Praxis, sich einzucremen. Ich halte nicht viel von Sonnencremé*, aber etwas muss man ihr lassen: Wer das ernst nimmt, streichelt sich beim Eincremen selbst von Kopf bis Fuss. Und diese Wirkung tut uns garantiert gut.

Die Stoffe der Sonnencremé werden durch die Haut aufgenommen und sind 15 Minuten später im Blut nachweisbar – die Pharma hingegen geht davon aus, dass die Haut nichts aufnimmt..

Ein guter Freund von mir hat den begründeten Verdacht geäussert, dass viele Salben unsere Körper süchtig machen.

Ich glaube eher, unsere Seele sehnt sich nach Berührung, Gemeinschaft, Umarmungen, Kuscheln, gehalten werden, körperlicher und seelischer Wärme, die uns wieder orientiert, die unserer Seele wieder den Bezugspunkt in dieser 3D-Welt gibt: Hier ist die 0-Koordinate unser Körper. Hier sind wir zuhause.

Viele indigene Völker binden ihre Babies ein, das ist auf den ersten Blick nichts sinnvolles, vielleicht hilft es noch gegen Mückenstiche.

Der Sinn erschliesst sich erst beim Hinfühlen: Damit wird auf den ganzen Körper Druck erzeugt, das Baby spürt sich.

Diese Massnahme kenne ich von Meditationsseminaren: Dort habe ich mich jeweils in den Pausen auf den Boden gelegt und möglichst viele der schweren grossen Meditationskissen auf mich draufgelegt, von den Füssen bis zum Hals.

Meist bin ich sofort in tiefen Schlaf gefallen, selbst wenn die anderen Teilnehmer rundherum gegessen und geschwatzt haben.

Der Druck hat dazu geführt, dass ich mich selbst gefühlt habe, die Aufmerksamkeit wurde auf meinen Körper gelenkt, weg von den zahlreichen Reizen rundherum.

Neo, ein paar Tage alt

Kurz: Die Berührungen können wir uns selbst geben, das macht uns zeitlich und von anderen Wesen her unabhängig.

Wir können uns diese Sehnsucht mit Tieren erfüllen – vom Kätzchen übers Pferd bis zum Delphin ist das Feld riesig.

Wenn wir uns bewusst sind, wie wertvoll die Berührungen sind, können wir auch erkennen, wie wertvoll eigene Berührungen für andere sind und können diese beginnen anderen zu schenken.

Wenn ich nicht weiss, ob mein Gegenüber umarmbar oder berührbar ist, oder gerade sein will, dann biete ich meine Umarmung aus sicherer Distanz an. Dann kann sich mein Gegenüber entscheiden, hineinfühlen, sich etwas Zeit geben, fühlt meinen Respekt und kann auf seine Weise antworten, mir die Hand hinstrecken oder ebenfalls seine Arme ausbreiten.

Ich war im Jahre 2000 für mehrere Monate in der Humaniversity an der Westküste von Holland. Die Humaniversity ist ein Osho-Zentrum, welches anders als die anderen Osho-Zentren nicht a priori mit Meditation arbeitet, sondern mit Konfrontation.

Für brave Schweizer, die weder auffallen noch nein sagen dürfen, die also ganz viel gut und dick überdeckten Schmerz und unterdrückte Wut in sich tragen, ist das eine grossartige Therapie: Hier wird die betäubende Betondecke aus Anstand aufgerissen und Konfrontation zelebriert.

Die dadurch brach gelegten Wunden werden durch dutzende von Umarmungen täglich langsam und Schritt für Schritt in Heilung gebracht.

Diese Umarmungen dauern mehrere Atemzüge lang, beide gehen etwas in die Knie und berühren sich am Vorderleib von der Brust bis zum Becken.

In dieser Position bleiben beide und nehmen ein paar gemeinsame Atemzüge, so lange, bis der eine von den beiden zu erkennen gibt, dass er nun satt ist.

Das hat eine ganz andere Qualität als Luft-i-Küsschen, Luft-i-Küsschen.

Durch diese Umarmungen wird eine Genährtheit des Kerns nachgenährt, welche die meisten von uns nie erhalten haben.

Je besser dieser Kern gut genährt ist, desto unabhängiger werden wir von Lob und Kritik im Aussen.

Auch diese Art von Umarmungen können wir uns vorstellen. Das Hirn kann nicht unterscheiden zwischen Realität und Fiktion, zwischen Umarmung und der Vorstellung einer Umarmung.

Es hat bei mir etwa 3 Monate gebraucht, bis die unterernährte Sehnsucht nach Berührung in mir sich mehr und mehr aufgelöst hat.

Davor bin ich jeweils davon ausgegangen, dass ich mir Sex wünsche, danach hab ich gemerkt, dass ein Grossteil dieser Sehnsucht der Sehnsucht nach Nähe und Berührung entsprochen hat – diese bezieht sich nicht mehr auf eine Frau, sondern eher auf einen Menschen und sie kann auch mit einem Tier wunderbar genährt werden.

Lächeln und Lachen

Lächeln ist eine der schwierigeren Massnahmen, die ich in diesem Buch beschreibe. Aber weil sie so effektiv ist, darf sie nicht fehlen.

Kurt Tepperwein äussert sich dazu wie folgt: «*Damit die Welt lächelt, müssen Sie zuerst lächeln. Das Spiegelbild kann nicht anfangen. Aber umgekehrt: Wenn Sie lächeln, dann muss das Spiegelbild lächeln, das hat keine Wahl. Die Saat kommt vor der Ernte. Mein Schicksal ist ein Spiegelbild meines So-Seins. Ich muss das Original in Ordnung bringen, der Spiegel macht genau das, was davor steht. Wenn mir irgendetwas in meinem Leben nicht gefällt, muss ich mein So-Sein ändern.*

Kurt Tepperwein

Der russische Forscher Mirksarim Norbekov hat im Detail erforscht, welche Auswirkungen Lächeln auf unseren Körper hat:

Lächeln setzt Dopamin frei, das die Intensität an Vergnügen steigen lässt; weiter wird Serotonin freigesetzt - das hebt die Stimmung.

Prof. Mirsakarim Norbekov, russischer Forscher, Doktor der Psychologie, Pädagogik und Medizinphilosophie

Zusätzlich wird Endorphin ausgeschüttet: Das baut Stress ab und löst Euphorie aus. All das wirkt sich positiv auf unsere emotionelle Gesundheit aus und wirkt sich im Ganzen positiv aufs endokrine System aus.

Beim Lächeln erfolgt ganzheitliche Entspannung, was Stress reduziert.

Dabei weist er an, dass wir so lächeln, dass man alle Zähne sieht – oder wenn man keine mehr hat, das Zahnfleisch.

Er schlägt vor, vor den Spiegel zu treten und ein künstliches Lächeln aufzusetzen und so fünf Minuten stehen zu bleiben: Nach fünf Minuten beginnen Sie, sich zu freuen.

Beim Lachen sind wesentlich mehr Muskeln beteiligt, als man sich gewöhnlich vorstellt: Das sind nicht nur Gesichtsmuskeln, sondern auch die der Bauchpresse und des Zwerchfells.

Darüber hinaus atmen wir beim Lachen besonders tief, wodurch der Sauerstoffbestand in unseren Zellen erhöht wird, Bronchien und Lungen werden grösser und die Atemwege werden frei.

Lachen ist eine wunderbare Gymnastik für eine Stimulierung der Verdauung und aller Organe, die in der Bauchhöhle liegen. Lachen besitzt auch eine schmerzlindernde und entzündungshemmende Wirkung.

Der grössere Bruder von Lächeln ist Lachen.

Lachen sorgt kurzfristig dafür, dass der Level an Stresshormonen sinkt und sich im Körper Glückshormone bereit machen. Wenn wir lachen, vertieft sich die Atmung, der Gasaustausch wird verdreifacht, die Luft mit 100km/h ausgestossen, das Herz schlägt schneller und der Blutdruck wird gesenkt. Während dem Lachen spannen sich etwa 300 Muskeln an, um danach wieder zu entspannen. Wer progressive Entspannung kennt, weiss, dass die Muskeln nach einer Anspannung oft tiefer entspannt sind, als vorher. Während dem Lachen ist es unmöglich, negativen Gedanken nachzuhängen. Nach dem Lachen steigt die Stimmung. Endorphine werden ausgeschüttet und hemmen die Stresshormone Adrenalin und Cortisol, das kann sogar schmerzlindern wirken.

Das Immunsystem wird angeregt, weil Antikörper neu gebildet werden.

Doch lachen wirkt auch auf die Zirbeldrüse:

Über den Lauf meines Lebens bin ich vielen Praxen begegnet, unter anderem Lach-Yoga des indischen Arztes Madan Kataria, den 5 Tibetern, insbesondere dem Sechsten, den im Meditationssitz hüpfenden Schülern von Maharishi Mahesh Yogi, sowie schliesslich Dr. Joe, der mit vollem Namen Joe Dispenza heisst.

Im Lach-Yoga lacht man, und bewegt dabei das Zwerchfell stossweise, dadurch entsteht Druck und Unterdruck auf den Spinalkanal, welcher innerhalb des Rückgrats verläuft. Dieser enthält Liquor, auch Nervenwasser genannt, welcher auch unser Gehirn umspült. Unsere Zirbeldrüse ist Teil des Gehirns und diese wird durch diesen wechselnden Druck und Unterdruck massiert und dadurch aktiviert.

Beim 6.ten Tibeter steht man aufrecht, bückt sich nach vorn und atmet dabei komplett aus und richtet sich danach wieder auf ohne einzuatmen. Dadurch wird ein Unterdruck auf den Spinalkanal erzeugt, es passiert das gleiche, nur nicht stossweise.

Die Schüler vom Maharishi Mahesh Yogi hüpften auf der Bühne im Meditationssitz. Das nennt sich yogisches Fliegen und ist eine eher härtere Variante, den Spinalkanal zu komprimieren und dekomprimieren.

Viele der Schüler sind durch diese Übung in die Glückseligkeit gelangt, diese wird ausgelöst, wenn die Zirbeldrüse DMT ausschüttet, indem sie aktiviert wird.

Und auch Joe Dispenza ruft bei seinen Bühnenshows erfahrene Schüler auf die Bühne, die dann sitzend eine Atmung durchführen, welche stossweise Druck und Unterdruck auf den Spinalkanal ausübt.

Maharishi Mahesh Yogi wurde bekannt, dass er die Auswirkungen seiner Übungen, unter anderem Massenmeditationen akribisch wissenschaftlich untersuchen liess.

Joe Dispenza lässt wissenschaftlich genau die Körper und die Hirnfunktionen seiner Schüler über den Meditationsprozess untersuchen und kann so als erster sehr genau zeigen, welche Massnahmen welche Ergebnisse erzeugen. Damit bringt er als einer der ganz wenigen die eher spirituelle Welt mit der evidenzbasierten wissenschaftlichen zusammen. Damit entfallen ganz schnell Mythen, welche sich über die Jahrtausende in Schichten über Meditations-Verfahren gelegt haben, wie wir es sonst nur aus der Archäologie kennen.

Wenn die Schüler von Joe Dispenza auf der Bühne diese Atmung durchführen, dann scheint jeder dieser Schüler auf seine ganz eigene Art mit Atmung und Tönen sowie dem Verhalten in die Glückseligkeit zu kommen, bei manchen wirkt das so, als hätten sie einen längeren Ganzkörperdauerorgasmus.

Es scheint, dass alle diese Richtungen genau eins bewirken: Unsere Zirbeldrüse wird aktiviert, und die körpereigene Droge DMT damit ausgeschüttet. Diese Droge erlaubt uns die feinstoffliche Welt viel besser wahrzunehmen. Sie wird bei der Geburt und beim Tod besonders stark ausgeschüttet.

Leider wird alles versucht, diese zu verkalken und ihre Funktion zu reduzieren, sei das über die Ernährung, Fluorid im Wasser, in Speisesalz und in der Zahnpasta (ein Nervengift), und viele weitere Massnahmen.

Gute Sklaven sind nicht mehr innerlich verbunden, sondern äusserlich über «Experten» im TV komplett steuerbar, lenkbar, willfährige Marionetten des Meisters hinter dem Vorhang..

Wer sich was Gutes tun will, hat also ganz viele Möglichkeiten: Er kann einen lustigen Film anschauen – manche terminale (also aussichtslose) Patienten haben sich so schon selbst geheilt, er kann die Atmung von Joe Dispenza lernen und so seine Nächte besser nutzen, indem er danach viel lebhafter träumt. Oder er macht morgendliche 5-Tibeter Übungen und bringt so eine sanftere Art der Zirbeldrüsenaktivierung in den Tagesablauf.

Und hier musst Du Dich nicht entscheiden. Du kannst auch, wie bei *«Kaffee, Tee oder Wasser»* lächelnd antworten: *«Ja, gern, in dieser Reihenfolge»*.

Andern eine Freude machen

In den Zeiten, in denen ich sesshaft bin, ist ein Teil meines Morgenrituals, dass ich einen Rundgang durchs Dorf mache. Das beginnt bei der Post – das Postfach leeren, dann geht's weiter zu einem der Läden, und schliesslich zur Tankstelle, wo es oft einen Kaffee gibt.

An jedem der genannten Orte kenne ich die Menschen, die dort arbeiten gut. Wir schauen uns in die Augen, freuen uns, dass wir uns sehen und oft frage ich, wie es dem Gegenüber geht, oder werde selbst gefragt. Dabei geht es nie um «*Gut und Dir?*», sondern darum Schmerz und Freude auszudrücken und Gehör zu finden. Am Postschalter kommt es oft sogar vor, dass hinter uns eine Schlange ist, die Schalterfrauen lassen sich dadurch nicht beeindrucken.

In der Migros dauern die Begegnungen mit dem Chef meist länger, unser Lachen dürfte durch im halben Laden hörbar sein: Er ist neugierig auf meine Erkenntnisse, und ich auf seine.

So sind über die Plandemiezeit ganz viele neue Beziehungen entstanden, die belastbar sind, jedem von uns ist zugestanden, dass er traurig oder frustriert ist, und der andere hört mit Mitgefühl zu. Diese Qualität war mir vorher in vielen Ländern gut bekannt, in der Schweiz eher weniger.

Wenn ich am Morgen aufstehe, dann wünsche ich mir, dass ich auf dieser Tour jemandem eine Freude machen kann. Das tönt wie ein altruistischer Akt, doch da ist auch ganz viel Egoismus dabei: Ich habe gern Kontakt mit Menschen, und wenn es gelingt, jemandem ein Lächeln aufs Gesicht zu zaubern, dann freue ich mich genauso, diese Freude hält oft mehrere Stunden an. Dann ist die Welt in Ordnung, mehr braucht es oft nicht.

Ich erinnere mich daran, wie ich mit dem Velo zur Post gefahren bin und dabei auf einer Sitzbank vor der Post ein Handy gesehen habe. Ganz allein, kein Besitzer weit und breit.

Es war ein altes Handy, ohne Pin und Sicherheitsfunktionen, so, dass ich damit telefonieren konnte. Ich habe die Anrufliste durchgesehen und den früheren Anrufern telefoniert, um sie zu fragen, wen sie zu der betreffenden Zeit angerufen hätten. Vor- und Nachnamen des Besitzers konnte ich finden, doch nicht seine Adresse. Es wurde greifbar, dass er in einer Sozialwohnung wohnt, doch das Sozialamt konnte oder wollte nicht helfen. Also bin ich auf gut Glück zu einer Sozialwohnungsresidenz gefahren und habe nach dem Betreffenden gefragt.

Die Verwaltungsdame hat sofort bestätigt, dass der im Haus wohnt. Ich habe sie gebeten, ihn herzuholen, weil ich ihm das Handy gern selbst geben wollte, doch er war nicht erreichbar. Ich habe es für ihn abgegeben.

Am nächsten Tag finde ich vor dem Postschalter eine Brille und mache die Postschalterfrau darauf aufmerksam. Kurz darauf stürzt ein älterer, aufgeregter Kerl in den Schalterraum und fragt lauthals, ob er seine Brille vergessen hätte, er hätte gestern auch schon sein Handy verloren.

Ich hab ihm die Brille gegeben und ihm gesagt, dass ich auch sein Handy gefunden habe. Er hat über das ganze Gesicht gestrahlt und mir einen Franken gegeben. Es war wohl sein letztes Geld, doch das wollte er mir unbedingt geben. Seither habe ich ihn nie mehr gesehen.

Wenn es mir gelingt, jemanden eine kleine Überraschung oder unerwartete Freude zu machen, dann reist das den Vorhang des normalen, geplanten Tagesablauf auf, das Leben wird spannend und unvorhersehbar. Auf Englisch nennt man das «*random acts of kindness*», also zufällige freundliche Taten.

Oft wünsche ich mir die am Morgen. Wenn sie geschehen, dann freue ich mich doppelt, über die Wunscherfüllung und über die Begegnung.

Eine freundliche Nebenwirkung davon ist, dass das Beziehungsnetz stärker wird und mich mehr Menschen anlachen: Das habe ich mir früher sehnlichst gewünscht, heute ist es Realität.

Etwas reparieren, putzen oder aufräumen

Oft gibt es mir grosse Befriedigung, wenn ich mich, oft am Samstag, entscheide, einen meiner Räume zu klären: Das kann das Auto sein, die Fahrradtaschen, der Keller, der Estrich, die Küchenschublade, die zehntausenden Bilder oder Emails auf der Festplatte oder vieles, vieles anderes mehr. Der Prozess des Aufräumens lässt mich die Zeit vergessen, neue Vorrichtungen zur besseren Ablage ausdenken, ich kategorisiere Bereiche besser, erhalte wieder die Übersicht und schaffe in mir selbst auch Ordnung.

Die Freude über die neue erhalten Ordnung, die höhere Ordnungsstruktur hält oft mehrere Tage an.

Und wenn es vorkommt, dass ich den Einstieg nicht finde, einen grösseren Bereich aufzuräumen, dann beginne ich damit, ganz kleine Dinge zu reparieren, zu putzen oder loszulassen. Und eine Woche später kann ich den gleichen Rundgang machen und finde mehr. Irgendwann ist der Damm gebrochen und ich werde schneller und klarer.

Es scheint, dass Dinge, besonders, wenn sie teuer waren, oder die in sie gesetzten hohen Hoffnungen noch nicht erfüllt haben, schwerer loszulassen sind, als andere. Wenn ich sie aber ein paarmal in der Hand hatte, dann plötzlich geht es doch, und die Bindungsenergie, mit der ich diese festgehalten wird frei, der Raum wird wieder verfügbar, ich habe vielleicht noch Geld verdient und fühle mich freier und leichter.

Ferienmodus

Es gibt gewisse Reizwörter, die Menschen, die mich lieben, besser vermeiden. Das Wort «Ferien» gehört dazu.

Wozu sollte ich irgendwohin fahren, wenn ich gern meine Arbeit mache und diese am Besten zuhause machen kann?

Es gibt aber einen Trick, mit dem ich mir das Ferienfeeling trotzdem möglich machen kann: Ich gehe in eine der benachbarten Städte, Dörfer, Seen oder Flüsse und stelle mir vor, ich wäre in den Ferien.

Damit spielen die Effizient, Zeit und Termine keine Rolle. Ich fange an zu schlendern, gehe unbekannte Wege, setze mich an neue Plätze in Kaffees, betrachte mir Schaufensterauslagen, Fassaden und alte Gebäude, frage mich, warum man damals genauso gebaut hat, was die Rahmenbedingungen waren, suche Aussichtspunkte und bade im See.

Dabei entdecke ich ähnlich viel, wie wenn ich tatsächlich in den Ferien wäre – und ich bin am Abend wieder zu Hause, genährt, erweitert und inspiriert.

In vielen Künsten gilt die Devise «Fake it till You make it!», auf Deutsch: «Tu so, dann wirst Du so!», zum Beispiel in der Schauspielkunst, in der Rhetorik, im Schreiben von Büchern. Damit stürzt man sich mutig in die zu erforschende Welt, wie ein kleines Kind, auch wenn man noch ein paarmal auf die Nase fällt.

So kommt es mir beim Ferienmodus auch vor.

Geld ins Fliessen bringen

Mit Geld gibt es mehrere Möglichkeiten, die Freude wieder ins Spiel zu bringen, ich führe nachfolgend ein paar auf, die mir besonders Spass machen:

1) Wenn ich Rechnungen erhalte, die periodisch kommen, Rechnungen also wie die Miete, die Kreditkartenrechnung oder das Telefonabo, dann bereitet es mir Vergnügen, die jeweilige Rechnung je nach Möglichkeit für den nächsten Monat oder das nächste Jahr vorauszubezahlen. Damit zahle ich einmal, spüre den Schmerz, und freue mich die nächsten 11 Monate darüber, dass ich noch eine Gutschrift habe. Die Rechnungscouverts kriegen so einen ganz eigenen Charme.

2) Manchmal lasse ich bewusst Münzen liegen oder fallen, um jemandem eine Freude zu machen. Kennst Du das? Beim Ticketautomaten greifst Du zuerst in das Münzrückgabefach, um zu prüfen, ob Du Glück hast? Da lasse ich oft extra eine Münze drin, um dem nächsten eine kleine Überraschung zu machen.
Ich erinnere mich an einen Vorfall, als ich eine gute Bekannte in der Reha in Baden besucht habe. Beim Nachhausefahren habe ich genau das gemacht, aber mein Ticket vergessen mitzunehmen. Als ich im Auto vor der Schranke dann mein Missgeschick bemerkt habe, bin ich zurück zum Ticketautomaten – dort hat der nächste schon mit dem Ticket auf mich gewartet: Dass ich bald kommen müsste, das war selbsterklärend. Das Münz wollte er mir auch geben, aber das wollte ich ihm ja unbekannterweise schenken. Dieser Zeitgenosse hat grosse Augen gemacht und wir haben uns gegenseitig bedankt.

3) Das gleiche geht auch mit den Münzen, die man benötigt, um einen Einkaufswagen von der Kette zu lösen: Einfach die

Münze stecken lassen. Wenn ich Zeit habe, geniesse ich auch die Freude mit, die der Finder hat.

4) Wenn der Geldfluss vor lauter sparen und Rappenspalten gestoppt wurde, dann ist es oft hilfreich, diesen zu deblockieren und etwas zu kaufen, was man nicht braucht. Wenn das mit Freude geschieht, dann habe ich oft erfahren, dass der Geldfluss wieder ins fliessen kommt und damit auch zu uns fliesst.

Es hilft, dies ohne Berechnung, und ohne Engegefühl zu tun, sondern mit Freude.

5) Eine vergnügliche Art, jemandem Trinkgeld zu geben, ist ihn nach dem Bezahlvorgang zu bitten, meinen 20er in drei 5er zu wechseln. Meist stutzen die Menschen, sind unsicher, ob ich nicht rechnen kann, oder was das ganze bedeutet – es zerreisst also die Hypnose des ständig sich wiederholenden Normalen – und durch diesen Riss leuchtet das Licht und ein Lachen ist die Antwort.

Beispiel:

Ich hatte mir lange ein einfaches Leben in einer Einzimmerwohnung eingerichtet, die mich wenig Fixkosten und geringen Aufwand zum Reinigen gekostet hat, während ich ziemlich gut verdiente. Das gab mir die Möglichkeit, wenige Stunden pro Tag zu arbeiten und trotzdem mehrere Monate pro Jahr auf Weiterbildungen zu verbringen.

Mit 14 Jahren habe ich begonnen, mein eigenes Geld zu verdienen. Dabei war klar: Je mehr ich arbeite, desto mehr kommt rein. Und auch: Da ich nie weiss, ob das Businessmodell morgen noch Resonanz erzeugt, arbeite ich besser heute das doppelte. Das hat mich, wie viele andere Selbstständige zu Höchstleistungen angetrieben.

Wenn einmal Flaute war, dann habe ich an mir gezweifelt und fleissig Werbung gemacht, und wenn die Flaute dann zu Ende war, dann kam die übliche Welle und die Welle durch die Werbung, was mich dann oft ziemlich überfordert hat. Mit der Zeit habe ich mich an die natürlichen Zyklen gewöhnt und konnte mich etwas auf die Ruhezeiten einlassen. Doch irgendwann einmal kam nach der Ruhezeit keine Welle mehr, und das Geld ging langsam aus. Ich musste also tätig werden.

Ich habe an 10 aufeinanderfolgenden Tagen auf meinem Balkon, in meiner Hängematte, mit dem Vogelgezwitscher in den Ohren mir vorgestellt, wie eine grosse Auftragswelle auf mich zukommt und ich kaum etwas dazu machen muss.

Nach 10 Tagen kam der grösste Telecomanbieter der Schweiz auf mich zu und ich war als externer Mitarbeiter für mehrere Monate intensiv im Einsatz. Mein Wunsch wurde perfekt erfüllt.

Allerdings habe ich nichts weiter spezifiziert, als die Welle selbst – die Qualität der Zusammenarbeit war erbärmlich, die Kommunikation kaum existent. Oft war nicht klar, was der Auftrag ist, und genauso oft wurde etwas ganz anderes kommuniziert, als der Kunde sich gewünscht hat, Ersatzteile durfte ich nicht mitführen und retournierte Ersatzteile wurden geschreddert, wenn etwas beim Kunden nicht funktioniert hat, wurden einfach so viele verschiedene Dienstleister, wie ich hingeschickt, ohne dass einer wusste, was der andere vorher gemacht hat. Lange dachte ich, das wäre einfach schlecht organisiert, doch ich wurde eines besseren belehrt: Das war der wohl am schwierigsten zu verdauende Teil dieser Zeit. Schädigender Vorsatz und Profitgier auf der einen Seite und ahnungsloses, blindes Vertrauen auf der anderen Seite und ich dazwischen.

Es war eine der herausforderndsten Zeiten, und die Erkenntnis, wie diese Firma im Auftrag von allen Menschen in diesem Land diesen wichtigen Auftrag des staatlichen Nervensystems wahrnimmt, hat mich mit heftigen Körperschmerzen ein paar Jahre ausser Gefecht gesetzt.

Seither spezifiziere ich meine Intentionen nicht mehr nur nach Volumen, sondern auch nach Qualität, insbesondere will ich, dass die Freude integrierender Bestandteil ist.

Sungazing

Sungazing ist der grössere Bruder von Sonnenbaden oder «sünnele» wie die Deutsch-Schweizer sagen.

Sungazing geht auf die alten Kulturen (Tartaren), die wir heute gemeinhin als Ägypter, Römer und Griechen beschreiben, der deutsche Ausdruck dafür wäre etwa «*in die Sonne schauen*» - also genau das, was uns die Wissenschaft verbietet. Den Verboten zu folgen ist eine spannende Angelegenheit...

Wer Sungazing macht, steht barfuss auf dem Erdboden und schaut anfangs wenige Sekunden lang bei Sonnenaufgang und Sonnenuntergang in die Sonne, ohne Sonnenbrille und steigert die Dauer danach täglich ein bisschen.

Wer dies auf einem Hügel macht, sieht ein bisschen weiter, die Sonne steht dann also schon tiefer am Horizont und ist damit auch schwächer.

Ich bin bei meinen Experimenten mit Sungazing etwas zu ambitioniert vorgegangen — was dazu geführt hat, dass ich für etwa ein Jahr nicht mehr so gut gesehen habe, wie vorher, weil die Netzhaut sich nicht so schnell anpassen konnte, wie ich es vorgesehen habe. Ein langsames Steigern der Dauer ist also ein guter Plan!

Sungazing hat mich regelmässig mit einer tiefen stillen Freude erfüllt, die sich grundlos und gedankenlos in mir ausgebreitet hat.

In amerikanischen Videos würde jetzt stehen: «*Dont try this at home*».

Im europäischen Raum ist eher «*Nachmachen auf eigene Verantwortung*» angesagt. Quellen zum Vorgehen und Erfahrungsberichte findest Du im Internet.

Selbst im Sommer erhalten wir in Europa zu wenig Sonne auf der nur eingeschränkt sichtbaren Haut, damit wir genug Hormon D3 herstellen können.

Hormon D3 ist gewissermassen «gespeichertes Sonnenlicht», das im Fettgewebe gespeichert wird.

Das Hormon D3 wurde bei seiner Entdeckung als Vitamin verstanden – erst viel später wurde das erkannt – es ist also ein körpereigener Botenstoff, der zwischen den Organen Informationen austauscht.

Jeff T. Bowles hat in seinem Buch «*Vitamin D3 hochdosiert*» auf ausserordentliche intelligente Art Vitamin D3 erforscht: Er hat Meta-Studien gemacht. Das heisst, er viele verschiedene Studien ausgewertet – gewissermassen eine Studie über Studien gemacht. Das geht zuhause am Computer und gibt eine beeindruckende Tiefenschärfe zu einem bestimmten Thema.

Ich fasse kurz die wichtigsten Punkte aus seinem Buch zusammen:

Im Winter gehen die Körper normalerweise in den Winterschlaf, da es naturgemäss im Winter draussen gefährlich ist – wir könnten uns verletzen – und wenig Nahrung hat – die Verletzungen können also schlecht geheilt werden.

Damit die Psyche motiviert wird, zuhause und möglichst im Bett zu bleiben, spüren wir Depression.

Dieser ganze Prozess wird primär durch die Sonneneinstrahlung auf die Haut und sekundär über Vitamin D3 in unserem Körper gesteuert.

Wenn wir genug Sonne erhalten würden, das heisst, wenn wir im Sommer fast nackt viel draussen wären, dann würde der Körper alle möglichen – auch viele chronischen – Krankheiten in sehr kurzer Zeit heilen.

Dies können wir bewirken, indem wir den Vitamin D3-Spiegel entsprechend hochfahren – und zwar viel höher, als die Erdöl- respektive pharmaorientierte Medizin uns weismacht – die offizielle Empfehlung liegt bei 10'000 internationalen Einheiten (IE), Jeff Bowles hat seinen Selbstversuch mit 100'000 IE gemacht.

Für eine Überdosierung sind keine Nebenwirkungen bekannt – der Anteil, der weder verstoffwechselt noch eingelagert, respektive in den Zellen aufgefüllt werden kann, wird einfach wieder ausgeschieden.

Wenn unsere Körper einen zu tiefen Vitamin D3-Spiegel haben, dann kommt der Mechanismus ins Spiel, der uns depressiv macht.

Eine Weile lang kann man das kontern über Arbeit oder Sport, und sich damit kurzfristige Belohnungen generieren und die uns letztlich in ein Burnout treiben, da sie uns nicht wirklich befriedigen, sondern Suchtcharakter haben: Von den 46.2 Millionen arbeitstätigen Deutschen leiden 9 Millionen an Burnout – also über 20%.

Die bessere Variante ist, der Depression, der Trauer oder dem Schmerz auf körperchemischer Seite zu begegnen – wenn es denn nicht möglich ist, sich dem Sonnenlicht so auszusetzen, wie das naturgemäss der Fall wäre.

Damit Vitamin D3 gut verstoffwechselt werden kann wird es mit Vitamin K2 ergänzt.

Wir schaffen mit Vitamin D3 die körperlichen Voraussetzungen, damit wir uns gut fühlen.

Tryptophan und 5-HTP

Tryptophan ist ein natürlicher Stoff, welcher in Nüssen, Kartoffeln und Fleisch, Fisch und Eiern vorkommt.

Unsere Körper benötigen Tryptophan um Melatonin und Serotonin herzustellen.

Melatonin hilft, den Schlaf-Wach-Rhythmus zu regulieren, und Serotonin soll dabei helfen, Appetit, Schlaf, Stimmung und Schmerzen zu regulieren.

Tryptophan wird normalerweise am Abend vor dem Einschlafen genommen.

5-HTP ist ein natürlicher Stoff, welcher unter anderem in Bananen und schwarzer Schokolade vorkommt.

Die stimmungsaufhellende Wirkung von 5-HTP beruht dabei vermutlich auf der Tatsache, dass es im menschlichen Körper zu Serotonin umgebaut wird.

Wenn Tryptophan gemeinsam mit 5-HTP eingenommen wird, dann ergänzen sich die beiden Stoffe – die stimmungsaufhellende Wirkung wird verstärkt.

Wer aufgrund seiner Ernährung von diesen beiden Stoffen zu wenig im Körper hat, dem hilft die zusätzliche Gabe deutlich, seine Stimmung aufzuhellen – das wiederum ist eine gute Voraussetzung für eine starke Manifestationsfähigkeit.

Johanniskrautöl

Ein uraltes Hausmittel ist Johanniskrautöl. Dieses wird als natürlicher Stimmungsaufheller eingesetzt. Oft braucht es dafür 2-3 Wochen, bis die Zellspeicher aufgefüllt sind, und die Wirkung sich zeigt.

Wer Johanniskrautöl zu sich nimmt, verträgt in dieser Zeit die Sonne weniger gut, und erhält eher einen Sonnenbrand.

Johanniskrautöl nimmt man am Besten am Morgen ein, da es zu Schlafstörungen führen kann.

Interessanterweise ist die englische Bezeichnung dafür *«St. Johns Wort Oil»*. Wort ist definitiv kein englisches Wort.

Weitere Stimmungsheber

- **Negative Ionen**: Kommen natürlich in gewissen Höhlen, Kraftplätzen und bei Wasserfällen vor (z.B. bosnische Pyramiden). Diese töten nicht nur Baktieren und Viren sondern stimulieren auch das Glücksempfinden. Salzlampen und Salzwasserbehälter geben ebenfalls negative Ionen ab, zudem gibt es Geräte, die genau dafür konstruiert sind, hohe Mengen an negativen Ionen abzugeben – das ist insbesondere in Innenräumen vorteilhaft, da diese dort durch moderne Einrichtungen und Kunststoffe, beginnend bei den Fensterrahmen reduziert werden.
- **Vitamin B12**: Wer sich das intramuskulär verabreicht umgeht damit auch allfällige Einschränkungen des Verdauungsapparates.
- **Umarmungen**: Umarmungen lösen nach 20 Sekunden ebenfalls Glücksgefühle aus.
- **Schwarze Schokolade** ist ebenfalls bekannt dafür die Stimmung zu heben.

Reines, sauberes, hexagonales Wasser

In einem seiner Bücher beschreibt Uli Kieslich, dass er, wenn er manifestieren will genug klares, frisches Wasser trinkt und gegebenenfalls seinen Urin mit einem Säure-Basen-Test prüft, um sicher zu stellen, dass sein Körper genug basisch ist.

Wenn unsere Körper basisch sind, dann können darin keine Krankheiten gedeihen – sie funktionieren also viel besser.

Unsere Körper sind unsere Raumanzüge auf dieser 3D-Ebene, und sie dienen uns auch als Verstärker für unsere Intentionen und Absichten.

Zusätzlich bestehen zu 70-85% aus Wasser, Wasser dient nicht nur dazu, dass die Nahrungsstoffe in die Zellen und die Abfallstoffe aus den Zellen gebracht werden können, sondern es dient auch als Informationsspeicher, wie Masaru Emoto so schön dargelegt hat mit seinen Kristallphotographien.

Wenn wir also eine Intention fassen und diese immer wieder verstärken, wird auch unser Zellwasser und die Körperflüssigkeiten anfangen, in der Frequenz der Zielbilder zu schwingen. Sie sind dann also die Antennen in der materiellen Welt, welche dies Bilder auch dann festhalten und aussenden, wenn wir nicht bewusst an diese Bilder denken und sie fühlen.

Platz für Deine Superkräfte, die Dich in die Freude bringt.

_____

_____

_____

_____

_____

_____

_____

_____

_____

_____

_____

Freie Aufmerksamkeit

Freie Aufmerksamkeit ist das höchste Gut für mich. Mit unlösbaren Geschichten Energie festzuhalten oder immer wieder hinein- und darin herumzudenken ist unbefriedigend und zieht die Energie nach unten.

Dazu 3 Beispiele:

- **Voraus- oder Sofortzahlung:** Ganz besonders gern bezahle ich voraus, sofort und den gesamten Betrag. Damit ist sichergestellt, dass ich für die Bezahlung, den Rückfluss genau einmal meine Aufmerksamkeit und einzigartige Zeit einsetze. Ich muss nicht einmal im Monat, oder jedes Mal, wenn ich die Sache sehe, wieder Schuldgedanken denken, gegebenenfalls Enge spüren, innerlich Abzahlungspläne durchgehen und vieles mehr. Im Gegenteil: Ich kann mich jedes einzelne Mal, wenn ich mit dem Ding in Kontakt komme, darüber freuen, die Gedanken und Gefühle sind frei für die Freude.
- **Defekte Dinge aussortieren, reparieren oder ersetzen:** Aus dem gleichen Grund repariere, ersetze oder entsorge ich Dinge schnellstmöglich. Wenn ich sie noch lange in dem energiearmen Zustand herumstehen lasse, zieht es mir jedes Mal Energie, wenn ich ihnen begegne, ich kann mich nicht so geschmeidig und schnell durchs Leben bewegen, wie ich das gerne will. Irgendwann muss ich diese Arbeit so oder so machen, also mach ich es lieber gleich und nutze die nächsten Begegnungen mit der Sache für die Freude über den neuen erhebenden Zustand.
- **Automatik:** Ich liebe es, Fahrzeuge zu fahren, die einen hohen Automatisierungsgrad aufweisen, Licht und Scheibenwischer selbst bedienen, keine Schaltung benötigen, leise und kraftvoll auf der Strasse dahingleiten, mir anzeigen, auf welcher Strecke Stau ist, mir die letzte Geschwindigkeitsbegrenzung einblenden und vieles mehr. Dahinter steckt die gleiche Überlegung: Ich will meine gottgegebene Lebenszeit dafür einsetzen, kreativ zu sein,

Gespräche zu führen und Beziehungen zu pflegen oder in der Stille zu sein und die Vögel und Wolken zu beobachten.

Wo es nicht not-wendig ist, dass ich die genannten Verrichtungen vornehme, verzichte ich gern darauf und lasse mir diese von intelligenter Technik abnehmen. Das reduziert den Stresslevel und gibt mir Zeit zum Nachdenken, Wahrnehmen und Fühlen.

Auf längeren Autobahnfahrten, insbesondere Nachts, wenn die Bahn frei ist, und eine tranceinduzierende monotone Trommelmusik mich begleitet, empfinde ich das Kreieren als besonders kraftvoll. Ich habe das Gefühl, mit dem Umfeld eins zu werden, und spüre voraus, wenn ein Hindernis kommt.

Handeln, aber wie?

Aus der Schule, aus Führungs- und Management-Seminaren kennen wir die klassische Zielerreichungsmethode:

- Analyse des Ziels.
- Definition des Ziels.
- Unterteilen des Ziels in kleiner Schritte oder Abschnitte.
- Definition des Zeitrahmens, Projektplanung.
- Definition der benötigen Fähigkeiten.
- Aufgrund von Verfügbarkeit, Kosten und Fähigkeiten die Definition der Verantwortlichkeiten.
- Regelmässige Sitzungen, meist viel zu viele.
- Kontrolle der Ergebnisse mit allfälligen Nacharbeiten.

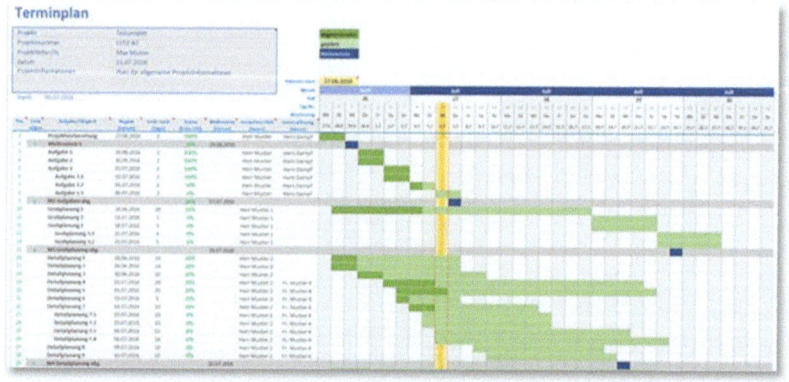

Ein Beispiel für einen solchen Projektplan oder Terminplan

Wer für sich selbst oder mit anderen, in einer Firma, Privat oder in einem Verein mit diesen Vorgehen gearbeitet hat, weiss, dass am Anfang, besonders bei den Impulsgebern, die Motivation hoch ist. Unser Hirn belohnt Neues mit Endorphinen, wir sind wie unter Drogen und stürzen uns ins Abenteuer, alles ist prickelnd, die Vorstellung des umgesetzten Plans lässt uns kaum einschlafen und wir können uns kaum zurückhalten, unseren genialen Plan allen Freunden zu erzählen.

Meist bricht diese Euphorie jedoch schnell ein. Vom Hundertsten kommt man ins Tausenste, man muss sich mit Details auseinandersetzen, die Todo-Liste wird immer länger, Kosten werden generiert – von möglichen Anbietern, Rechtskundigen, von der IT und von den Beratern.

Das Projekt gerät ins Stocken und beginnt uns zu lähmen. Wir arbeiten Überzeit, in der Hoffnung schneller vorwärts zu kommen, das Geld wird knapp, also machen wir noch mehr selbst, bis wir erschöpft stecken bleiben.

Manche Mitmenschen haben einen langen Lebenslauf von angefangenen Projekten, die nie zu Ende gebracht wurden.

Andere geben alles, um die Dinge zu Ende zu bringen und bringen sich dadurch fast ins Grab, und verlieren alle Lebensfreude..

Wenn wir mit dem Gesetz der Anziehung arbeiten, dann gehen wir anders vor.

Was das Handeln angeht, habe ich in allen Quellen folgendes gefunden und auch selbst praktiziert:

Die Hauptarbeit besteht darin, die Vision zu erschaffen, in der allgemeinsten Version, in der wir uns nicht in den Details verstricken, aus der Prozesssicht ist das der erste Schritt.

Dort bleiben wir, verstärken dieses Bild immer wieder, stellen es uns mit allen Sinnen vor, bringen die Gefühle von Freude, Leichtigkeit und Dankbarkeit dazu, malen das Bild, machen ein Modell davon, suchen Artikel, die dazu passen und pinnen die an die Wand.

Manche Quellen berichten, dass sie bis fast ganz zum Schluss ausser dieser Arbeit überhaupt nichts getan haben.

Foodart von Conny Schade

Dazu ein Beispiel:

Ein Paar wollte ein Mehrfamilienhaus bauen, hatte auch ein Bauland, aber weder Geld noch Interesse, sich mit den Plänen auseinanderzusetzen.

Sie haben das Bild immer wieder zusammen stark gemacht und visualisiert.

Eines Tages kam ein Bauunternehmer auf sie zu und hat sie bezüglich des Baulandes und den Möglichkeiten gefragt, ob sie mit ihm zusammenarbeiten wollten. Sie wollten nicht arbeiten, sie haben abgesagt.

Später kam der gleiche Bauunternehmer mit Bauplänen, die er auf einem anderen Stück Land umsetzen konnte, und die zu ihrem Land passten, damit hätten sie sich die gesamte Planung erspart. Aber sie wollten kein Geld aufbringen.

Sie haben die Vision weiter gehalten.

Ein paar Monate später kam der gleiche Bauunternehmer wieder, mit den Bauplänen und einem Finanzierungsangebot.

Alles, was die beiden tun mussten, war noch zu unterschreiben.

Dieses Beispiel zeigt schön, dass es nicht unartig, unanständig und ungezogen ist, wenn wir eine Bestellung, die sich manifestiert, aber noch nicht perfekt ist, zurückweisen. Bärbel Mohr hat das auch erforscht und war nie scheu, falsch gelieferte Bestellungen auch wieder dem Universum zurückzuschicken.

Ich selbst habe das über ein paar Jahre bei der Entwicklung der Vision des weiblichen an meiner Seite gemacht. Manche dieser wundervollen Wesen blieben ein paar Tage, bis ich verstanden habe, wo meine Zielformulierung noch mangelhaft war. Ich habe die

Zielvorgabe schärfer und genauer formuliert, und die betreffende hat ohne Drama wieder ihren eigenen Weg eingeschlagen.

Dieses Beispiel zeigt auch, wie das Paar vorgegangen ist:

- **Aus Sicht der klassischen Projektleitung**: katastrophal.
- **Aus Sicht des braven Kindes**: Undankbar und ungezogen. Wir werden gelehrt, uns für alles zu bedanken, anzunehmen und zu schlucken, was wir erhalten, egal, ob es passend ist oder nicht, und ob wir dabei gesehen werden oder nicht.
- **Und aus Sicht des Gesetzes der Anziehung**: Radikal ehrlich und konsequent.

Im betreffenden Beispiel wird nicht erläutert, wie viel Vorerfahrung dieses Paar mit Manifestieren hat, ich gehe davon aus, dass sie entweder sehr bibelgläubig waren, oder schon viel Vorerfahrung hatten..

Andere Quellen, wie z.B. Abraham Hicks nennen das Handeln, welches wir letztlich in die Umsetzung bringen *«inspiriertes Handeln»*.

Das ist die Art Handeln, bei der Du am Morgen aufwachst, und das Gefühl hast, heute könnte es sinnvoll sein, auf dem Nachhauseweg einmal eine andere Route zu fahren.

Ein Beispiel:

In meinem Vorgarten ist ein kleiner Bereich, welcher mit Marmor-Platten gedeckt ist. Diese Platten sind schmutzig, sie gefallen mir nicht, und der Boden ist nicht eben, was dazu führt, dass der Gartentisch immer auf der höherliegen Seite stehen muss, da er sonst in Schieflage gerät. Die Stühle können auch nicht überall stehen, da sie sonst entweder wackeln oder zu schief stehen.

Ich habe mir Granitplatten angesehen, den Umbau von Gartenbauern offerieren lassen und schon einiges an Gedanken und Vorarbeiten geleistet, bis ich das Projekt zurückgestellt habe. Irgendwann habe ich mir dann ab und zu bei den üblichen Manifestationen diesen Gartensitzplatz dazu genommen.

Eines Morgens habe ich den Impuls, auf Ricardo.ch, einer Handelsplattform im Internet nach Granitplatten zu suchen. Der Quadratmeter kostet normalerweise etwa 100.-. Es hat viele Angebote, doch ich habe mir nur das erste angesehen: Im Nachbardorf schreibt ein Bauer 20 Quadratmeter aus, zu einem Komplettpreis von 260.-. Drei Stunden war ich vor Ort und habe mir die Platten angesehen, 2 Tage später habe ich sie gekauft.

Das tolle ist nicht nur der Preis von 12% des üblichen Preises, sondern auch der kurze Lieferweg von nur 10 Minuten – dieses Gewicht erfordert einen landwirtschaftlichen Anhänger oder Lastwagen, und dieser Bauer hat auch die Liefermöglichkeit.

Das inspirierte Handeln erfolgte hier durch einen Gedanken und dessen Ausführung, punktgenau zur richtigen Zeit. Es hatte nichts damit zu tun, dass ich Offerten einhole, Ladegewichte von gemieteten Anhängern prüfe, mich mit Auflaufbremsen beschäftige und die Kosten einer LKW-Lieferung in Erfahrung brachte.

Das inspirierte Handeln kam rein und klar, nachdem ich das Projekt, und meinen Willen losgelassen hatte. Es gab keinen Terminplan und keinen Druck.

Das Handeln im Gesetz der Anziehung ist also ganz klar nicht das prozessorientierte Abspulen von Zwischenzielen.

Und manche Menschen waren erfolgreich, indem sie bis auf die Unterzeichnung oder die Annahme gar nichts im Aussen getan haben.

In anderen Fällen hat inspiriertes Handeln zum Ziel geführt.

Schwingungstabelle (Map of Consiousness)

Manche Wesen, insbesondere Katzen, aber auch Bäume wie die Eichen, Weiden, Fichten, Ahorn Lärche suchen Stellen mit Wasseradern – also bestimmten feinstofflichen Schwingungen.

Manche Menschen suchen Plätze und Umgebungen mit der **höchstmöglichen** Schwingung.

Wer schon ein Klavier gestimmt hat, weiss, dass zu einer klingenden Saite diejenigen mitklingen, die entweder auf Oktaven drunter oder drüber gestimmt sind, oder die am nächsten dran sind – also die beiden umgebenden Halbtöne.

Wer traurig war und sein Kollege hat die ganze Zeit gejauchzt und getanzt, der hat am eigenen Leib erfahren, wie wütend einem das machen kann – es fühlt sich absolut unpassend an, es ist kaum auszuhalten und erweckt eine Glücksallergie.

Der Trick, der andere abholt, der fähig ist zu begleiten, der verführt ist, mit einem halben Schritt voraus zu gehen. Dazu wählt man – physikalisch gesehen - einen Ton, respektive eine Schwingung, die *etwas* höher ist, als unsere. Da können wir mitschwingen, ohne dissonant zu werden, oder gänzlich unberührt zu sein.

Wir Menschen sind im Gegensatz zu Saiten, fähig unsere Schwingung, unsere Spannung und unsere Resonanz zu verändern und tun das in der Regel auch ständig, in einer bestimmten Bandbreite.

Wenn wir uns oder andere erheben wollen, dann wählen wir bewusst eine etwas höhere Schwingung – über Musik, Singen, Geschichten und heben diese langsam an. Da können wir mitgehen.

Ich halte deshalb wenig von ultrahohen Millionen-Bovis Schwingungen von Plätzen oder Objekten – weil ich diese für nicht anschlussfähig halte.

Map of Consciousness
Developed By David R. Hawkins
English / Original

	Name of Level	Energetic Frequency	Predominant Emotional state	View of Life	Good-view	Process
Spiritual Paradigm	Enlighten-ment	700-1000	Ineffable	Is	Self	Pure Consciousnes
	Peace	600	Bliss	Perfect	All-Being	Illumination
	Joy	540	Serenity	Complete	One	Transfiguratio
Reason & Integrity	Love	500	Reverence	Benign	Loving	Revelation
	Reason	400	Understanding	Meaningful	Wise	Abstraction
	Acceptance	350	Forgiveness	Harmonious	Merciful	Transcendenc
	Willingness	310	Optimism	Hopeful	Inspiring	Intention
	Neutrality	250	Trust	Satisfactory	Enabling	Release
	Courage	200	Affirmation	Feasible	Permitting	Empowermer
	Pride	175	Scorn	Demanding	Indifferent	Inflation
Survival Paradigm	Anger	150	Hate	Antagonistic	Vengeful	Aggression
	Desire	125	Craving	Dis appointing	Denying	Enslavement
	Fear	100	Anxiety	Frightening	Punitive	Withdrawal
	Grief	75	Regret	Tragic	Disdainful	Despondency
	Apathy	50	Despair	Hopeless	Con demning	Abdication
	Guilt	30	Blame	Evil	Vindictive	Destruction
	Shame	20	Humiliation	Miserable	Despising	Elimination

Die Liste der Emotionen mit Boviseinheiten (im englischen Original)
Die Skala ist exponentiell: 100 steht für 10^{100}, 200 für 10^{200}.

Landkarte des Bewusstseins

Entwickelt von David R. Hawkins
übersetzt auf Deutsch

	Name der Ebene	Freq in Bovis	Primärer emotionaler Zustand	Sichtweise des Lebens	Gottes-Sicht	Prozess
Spirituelles Paradigma	Erleuchtung	700-1000	unaussprechlich	Ist	Selbst	Reines Bewusstsein
	Frieden	600	Glückseligkeit	perfekt	Alles-Sein	Erleuchtung
	Freude	540	Gelassenheit	vollständig	Eins	Verklärung
Vernunft und Integrität	Liebe	500	Ehrfurcht	gutartig	liebend	Offenbarung
	Vernunft	400	Verständnis	bedeutungsvoll	weise	Abstraktion
	Akzeptanz	350	Vergebung	harmonisch	barmherzig	Transzendenz
	Bereitschaft	310	Optimismus	hoffnungsvoll	inspirierend	Absicht
	Neutralität	250	Vertrauen	zufriedenstellend	ermöglichend	Freisetzung
	Mut	200	Bejahung	durchführbar	erlaubend	Befähigung
	Stolz	175	Verachtung	anspruchsvoll	gleichgültig	Inflation
Überlebens Paradigma	Wut	150	Hass	feindlich	rachsüchtig	Aggression
	Verlangen	125	Verlangen	enttäuschend	verweigernd	Versklavung
	Angst	100	Angst	beängstigend	strafend	Rückzug
	Trauer	75	Bedauern	tragisch	geringschätzig	Hoffnungslosigkeit
	Apathie	50	Verzweiflung	hoffnungslos	verurteilend	Abdankung
	Schuld	30	Schuldzuweisung	böse	rachgierig	Zerstörung
	Scham	20	Demütigung	elendig	verachtend	Eliminierung

Die Liste der Emotionen mit Boviseinheiten (Frequenz)
Die Skala ist exponentiell: 100 steht für für 10^{100}, 200 für 10^{200}.

Die Hawkins Skala

Die Frequenzen unter 200 sind gewaltvoll und zerstörerisch, die darüber stellen konstruktive Äusserung der uns eigenen Kraft aus.

In den Bereichen unter 200 gilt es als üblich, Käufer zu betrügen, den Feind zu töten oder Hass zu nähren.

In den höheren Bereichen kommen solche Dinge nicht vor.

Ebene 20 – Scham

Scham ist gefährlich nah am Tod und manche Menschen haben den Freitod aus Scham in Erwägung gezogen, andere ziehen einen langsamen Selbstmord auf Raten vor, der durch die Ernährung geistiger und körperlicher Art herbeigeführt wird.

Scham lässt uns den Kopf einziehen, die Hände schützend vor den Kopf halten, so, dass wir nicht mehr gesehen werden, und zusätzlich wird Amnesie angestrebt, welche möglichst die anderen auch anstecken soll, dass sie den beschämenden Vorfall sofort vergessen.

Zusätzlich wird das Herz von den Unterarmen geschützt, die Schultern hängen nach vorne und geben dem Herzen zusätzlichen Schutz.

Auslöser für Scham können frühe Missbräuche sein, insbesondere sexuelle Missbräuche. Jede Verhaltensart kann beschämt werden – indem die -meist grösseren und stärkeren – klar machen, dass diese unangebracht sei.

Die Funktion der Scham ist: Der starke Beschämende macht dem schwachen Beschämten klar, dass das entsprechende Verhalten nicht toleriert werden kann und droht mit Ausschluss der Gruppe.

Entsprechend hat das schwache Wesen – oft Kinder oder andere abhängige Wesen die Wahl, ausgeschlossen zu werden und bei den eigenen Werten zu bleiben, oder zur Gruppe weiterhin hinzuzugehören, aber die eigenen Werte dafür zu vergraben oder zumindest geheim zuhalten.

Aus meinem Verständnis sind wir heute alle mehr oder weniger beschämt.

Scham ist, wie die Angst ein Supertool, um die Schranken einer Sklavengesellschaft durch die Mitglieder dieser Gesellschaft selbst durchzusetzen – Selbstregulation – für die Strippenzieher kostenlos.

Scham ist schwierig zu erkennen, da sie das einzige Gefühl ist, welches uns sofort vergessen oder verdrängen lässt.

Die Heilung ist deshalb etwas schwieriger – da man zuerst die knapp unter der Wahrnehmungsschwelle schwelenden Schambereiche wieder erkennen muss. Das bedingt Stille und achtsamen Umgang mit sich selbst.

Wenn man einen Schambereich findet, dann hilft es, mit diesem Anteil in uns zu reden, so wie wir es mit einem kleinen Kind tun würden:

«*Genau diese Handlungsweise, genau diese Art ist meine Eigenart, das ist mein Wert, gewählt oder gegeben. Heute bin ich nicht mehr abhängig, sterbe nicht, wenn ich ausgeschlossen werde. Wenn diese Eigenart den anderen nicht gefällt, und ihnen das so wichtig ist, dann müssen sie gehen. Ich stehe zu meinen Werten.*»

Dann kann die Würde, die aufrechte, innere Haltung wieder in uns Raum nehmen. Die entsprechende Scham wird noch einige Male kommen, doch auch immer schneller wieder verschwinden.

Ein Teil der Heilbewegung ist also, aus der dunklen Ecke hervorzukommen, sich aufzurichten und Augenhöhe mit den Beschämern zu machen, sich deren Beschämung bewusst zu machen (wer beschämt ist, beschämt auch andere gern), sie zu segnen, sich von ihnen abzuwenden, um den eigenen Weg zu gehen.

Scham kann zu Neurosen führen, sie zeigt sich auch als schüchtern, zurückgezogen und introvertiert. Manche beschämten Wesen kompensieren ihre Scham mit Perfektionismus (auch moralischem) und Rigidität und werden intolerant. Das ist verständlich, weil die Scham so viel Kraft aufwenden muss, um den inneren Raum zu halten – da bleibt nicht mehr viel über, um mit Störungen im Aussen umzugehen.

Beschämte Menschen geben diese Verletzung später gern an andere weiter – oder anders gesehen: Die Schuld wird weitergetragen, wie eine Krankheit, welche die Heilung sucht – also den Menschen, der sich nicht davon anstecken lässt – um dann von ihm die Heilbewegung zu lernen.

Beschämte Wesen können brutal zu Tieren, Pflanzen und anderen Wesen sein – solange sie selbst stärker sind.

Scham verstärkt den Einfluss von anderen negativen Emotionen und führt leicht zu falschem Stolz, Ärger und Schuld.

Ebene 30 – Schuld

Schuld führt zu Selbsterniedrigung, Unfallanfälligkeit (die Selbstbestrafung wird nicht in Verantwortung genommen), Gewissensbissen, man hinterfragt sich immer wieder, und ist anfällig dafür, getroffene Entscheidungen wieder zu überdenken.

Wer sich schuldig fühlt, definiert gewisse Verhalten gern als «Sünde» - manche Firmen, die sich Kirche nennen, nutzen das zu ihrem finanziellen Vorteil. Manche Subkulturen töten Menschen und Tiere basierend auf dem Kontext der Schuld.

Höhere Schwingungs-Ebenen verstehen anstelle der Schuld eher das Gesetz von Ursache und Wirkung, oder dass wir Erfahrungen machen, andere nehmen die Dramaschicht ganz aus dem Spiel und üben sich in Hingabe: «*Es ist, wie es ist*» oder auch: «*Was kann ich aus dieser Situation lernen?*»

Ebene 50 – Apathie

Apathie drückt sich aus durch Armut, Verzweiflung und Hoffnungslosigkeit. Apathie drückt sich in Hilflosigkeit aus – wer davon betroffen ist, ist sich meist auch nicht bewusst, welche Ressourcen ihm oder ihr dienen würden. Apathie ist auf externe Energielieferanten angewiesen – ohne den Willen zu leben, geben sie sich langsam auf.

Viele Obdachlose leiden an Apathie, aber auch viele in den Altersheimen. Apathische Menschen fühlen sich für ihr Umfeld «schwer» an.

Ebene 75 – Kummer

Auf diesem Ebene herrschen Trauer, Verlustgefühle und Niedergeschlagenheit vor. Die meisten sind hier ab und zu, wer jedoch länger hier verweilt leidet an Depression. Es ist der Ebene von gewohnheitsmässigen Verlierern oder Spielern, die sich mit ihrer Sucht abgefunden haben. Der Kummer trauert dem Vergangenen, der Verflossenen nach und kann sich davon nicht lösen.

Der verlorene Geliebte wird verwechselt mit der verlorenen Liebe, anstelle des Menschen, den man loslassen kann, versteht der Betreffende, dass das Gefühl der Liebe für immer verloren ist, oder man derer nicht würdig ist – ein grosses tragisches Missverständnis.

Die Trauer zeigt an, dass wir etwas loslassen müssen. Gewisse Dinge, wie «die Liebe» können wir aber nicht loslassen, da beisst sich die Schlange in den Schwanz, das ist ein Missverständnis.

Richtige Trauer, ohne Missverständnis, die sich darauf bezieht, dass wir einen geliebten Menschen, eine Sache oder einen Umstand verlassen müssen, lässt sich meist in zwei, drei Wochen durchfühlen, wenn wir weder in Taten noch Gedanken ausweichen, sondern uns der Trauer stellen, uns für das erhaltene bedanken und die Schuld für das vermeintlich zu wenig gegebene ebenfalls loslassen.

Eine starke Heilbewegung wird durch das Weinen der bitteren Tränen ausgelöst.

Ebene 100: Furcht

Furcht hat viel mehr Kraft oder Energie, als die vorhergehenden Emotionen. Furcht kann gesund sein – und treibt einen grossen Teil der Welt heute an. Die Gefahr ist, dass man sich mit der Furcht als Hauptemotion in unendliche Aktivitäten stürzt und daraus kaum heraus kommt.

Die Furcht zeigt sich in vielen Farben: Furcht vor Feinden, vor Alter oder Tod, vor der Ablehnung, vor Bestrafung, davor zu wenig gut zu sein oder eine bunte Mischung davon.

Die Furcht lähmt das eigene Wachstum und ist ein schlechter Ratgeber.

Wer Furcht in sich trägt ist auf die Hilfe von anderen angewiesen und sucht Führung.

Ebene 125 – Verlangen

Verlangen hat noch mehr Kraft als Furcht und treibt die Wirtschaft ebenfalls stark an.

An Verkaufstrainings lernt man mit Furcht und Verlangen zu verkaufen:

«Stellen sie sich vor, ohne diese Folien auf der Innenseite der Seitenfenster sieht Ihr Gesicht nach einem seitlichen Aufprall aus, wie ein Hackbraten.

Wenn Sie nun diese einmalige Gelegenheit benutzen und eine der letzten wenigen verfügbaren Folien kaufen, dann kann ihnen das nichts mehr anhaben.»

Zuerst wird also die Furcht vor einem seitlichen Aufprall ins Feld geführt, danach die Furcht, dass es nicht genug Folien hat, wenn man nicht sofort zugreift und am Schluss wird noch das Verlangen geschürt. Damit ist das ganze Stammhirn aktiviert und das Grosshirn kann bestenfalls noch von ferne zuschauen.

Verlangen drängt uns zu grossen Anstrengungen. Verlangen gibt's in verschiedenen Geschmacksrichtungen: Verlangen nach Geld, Prestige, Aufmerksamkeit, Macht oder Sex, etwas Neuem (Shopping), Zugehörigkeit, ewiger Jugend und viele mehr sind im Angebot.

Verlangen kann süchtig machen – dann ist die Erfüllung des Verlangens nur noch für einen kurzen Moment etwas wert – und danach richtet sich das Verlangen schon auf ein neues Zielobjekt.

Verlangen kann also gierig machen.

Aber Gier ist verboten, oder war es zumindest einmal, bevor der Glaube an den *«holy shit»* (Heiliger Stuhl) durch den Glauben an die Wirtschaft abgelöst worden ist: Die Heilung liegt nicht im Verbot, sondern in der Akzeptanz, im Mitgefühl zur auslösenden Verletzung.

Wenn wir seit tausenden von Jahren beschnitten wurden in unserer Macht, der Erkenntnis, wer wir sind, in der Freude des Tanzes zwischen Männern und Weibern und vielem mehr, dann erinnern wir uns unbewusst und subtil an andere Leben, wo das nicht so war. Daraus resultiert der Wunsch, jetzt möglichst viel zu kriegen.

Eine Umlenkung des Fokus darauf, was wir alles schon haben kann uns hier Frieden bringen.

Verlangen ist das Sprungbrett zu höheren Schwingungszuständen.

Lebel 150 - Wut

Wut wird oft in Zusammenhang gebracht mit unkontrollierten Grenzüberschreitungen, mit Mord und Totschlag sowie Krieg.

Doch handelt es sich bei diesen Assoziationen um ein Missverständnis, eine Vermischung: Grenzüberschreitung und Wut müssen nicht gemeinsam auftreten, sie sind im besten Fall flüchtige Bekannte, die von ungeübten Veranstaltern gleichzeitig eingeladen werden.

Wer seine Wut lange nicht geübt hat, der wird sie, wie alles andere auch, anfangs ungelenk und weil lange aufgestaut auch ungestüm ausüben. Das ist der Ungeübtheit geschuldet, der betreffende ist mit dem Gefühl überfordert und hat es solange zurückgehalten, wie es nur ging – oft jahrzehntelang.

Wer also die Wut verbietet – die Kinder dürfen nicht streiten, nicht stampfen, nicht kämpfen, der legt einen Deckel auf diese Lebendigkeit, was dazu führt, dass der Dampfkochtopf explodiert, statt durch das Ventil pfeift. Das ist gefährlich und kann zu grossen Schäden führen.

Hier wäre die Warnung angebracht:

 **Vorsicht, Wut-Ventil nicht blockieren.**
Lebensgefahr.
Jede Haftung wird abgelehnt

Reine Wut kann laut sein, befähigt zu klarem, schnellen Denken und Reden, aber sie muss nicht übergriffig sein.

Die Wut zeigt, dass eine Grenze überschritten wurde und will diese möglichst schnell wieder herstellen. Dabei helfen «Ich»-Sätze. Dabei hilft es, eigene Gefühle und Bedürfnisse auszudrücken.

Wut nährt sich aus dem darunterliegenden Verlangen und ist viel gesünder als Depression, die sich nach innen wendet und selbstzerstörerisch wirkt.

Wer seine Wut zur Gewohnheit gemacht hast, sucht Fehler der andern, ist ein Wutbürger, ärgert sich über seine Schwächen, hackt auf denen von anderen Menschen herum. Das kann zum Langzeitschaden «Hass» führen, der Körper und Seele schädigt.

Wer mir sagt, er kenne keine Wut, bei dem werde ich misstrauisch: Da höre ich, dass dieses Wesen keinen Bezug zur Wut hat, diese also verdrängt hat – und damit auch gänzlich ungeübt ist.

Solche Wut kann bei den richtigen Triggern schnell explodieren und ist dann brandgefährlich. Die Forensik redet dann vom «Affekt».

Ebene 150 - Stolz

Ein guter Ausdruck für Stolz ist das US Marine Corps: Hier kann nicht jeder dazugehören, die Auswahl und die Ausbildung sind hart.

Die «Auserwählten» sind stolz, aufgerichtet, man hat zusammen die Hölle durchschritten und es geschafft. Stolz sieht gut aus und weiss das auch. Stolz hat einen hohen Stellenwert in unserer Gesellschaft, ist aber nach wie vor unter der Ebene 200 – hat also einen negativen Schatten, der lauert: Hochmut kommt vor dem Fall. Der Fall steht also im Raum.

Und wenn der gemeinsame Feind nicht mehr da ist, oder alle merken, dass sie auch auserwählt sind, wenn diejenigen, von denen man sich abgehoben hat, aufgeholt haben, dann löst sich auch der Stolz auf, wird unruhig und sucht ein neues Objekt des Stolzes.

Stolz braucht den Kontrast, definiert sich also über den Vergleich mit andern.

Viele Soldaten sind für ihren Stolz gestorben – der ist aufgesetzt, der kommt nicht aus unserem Kern. Wir kennen den Stolz auch als Nationalstolz- der insofern gesund ist, wenn man seine Wurzeln kennt, sich seiner Ahnenreihe bewusst ist, der aber dann gefährlich wird, wenn man sich über andere Menschen mit anderen Ahnenreihen stellt – dann mutiert er zur Arroganz und Überheblichkeit. Die Heilung von emotionalen Verletzungen wird im Stolz-Modus verhindert, weil emotionale Verletzungen verdrängt werden. Das fühlt sich grossartig an, ist aber eine Täuschung.

Insofern ist Stolz das Beste, was wir bisher gefunden haben, gleichzeitig aber auch eine Falle, in der man hängen bleiben könnte, weil sie sich so erhaben und fehlerlos anfühlt. Die Mathematiker würden hier von einem lokalen Hoch sprechen.

Ebene 200 - Mut

Mit Mut kommt die wahre Macht ins Spiel. Von Ebene 200 an fühlt sich das Leben spannend, herausfordernd und stimulierend an – ganz im Gegensatz zu den Ebenen davor, da waren Hoffnungslosigkeit, Trauer, Angst und Frustration die vorherrschenden Gefühle.

Mut lässt uns neue Dinge ausprobieren, mutige Menschen wollen Chancen und Möglichkeiten nutzen – die Hindernisse, die Menschen unter 200 gebremst oder im Erfolg gehindert haben, werden jetzt zu spannenden Aufgaben, die es zu lösen gilt.

Menschen mit Mut nehmen so viel Energie von ihrem Umfeld, wie sie diesem zurückgeben.

Der kollektive Ebene des menschlichen Bewusstseins war für viele Jahrhunderte bei 190 und ist 1980 auf 200 gesprungen.

Ebene 250 - Neutralität

Unter dem Ebene 250 sind Gegensätze unvereinbar, man nimmt die Welt als schwarz-weiss wahr, wer mit dem Feind verhandelt ist ein Verräter, wer politisch neutral ist, verweigert sich, wer das Opfer unterstützt und nicht die Angehörigen des Feindes auch mitverteufelt, wird selbst als Feind wahrgenommen.

Ab Ebene 250 kommen zwischen den Polaritäten Graustufen ins Spiel, man kann die Welt differenzierter sehen, man muss nicht mehr rigide dastehen mit der Gefahr, gebrochen zu werden, sondern die Flexibilität findet Einzug. Das heisst auch, man wird entspannter, was das Ergebnis angeht – wenn sich die Dinge nicht nach dem eigenen Sinn entwickeln, kann man trotzdem in Frieden ruhen: «*Dieser Partner oder besserer.*» «*Jetzt oder etwas später*». Man wird entspannter. Es ist nicht mehr nötig, alles im Griff zu haben. Güte und entspannende Grosszügigkeit stellt sich ein. Menschen ab dieser Ebene sind an Kampf, Konkurrenz oder Schuld nicht mehr interessiert, sie fühlen sich sicher an, sie lassen sich nicht mehr so leicht aus der Mitte bringen. Auf dieser Ebene will man niemanden manipulieren oder kontrollieren. Menschen auf dieser Ebene lieben ihre Freiheit und schenken die auch andern.

AUCH

Es gibt einen Zentrum in Deinem Leben
das Du wertschätzen musst:
Es heißt AUCH.

Du kannst spüren, dass Du
der dümmste Mensch der Welt bist,
und wenn Dir jemand sagt
Dass Du AUCH sehr schön bist,
musst du auch das akzeptieren.

AUCH lässt dich zwischen schön sein und hässlich sein
hin- und her gleiten
Wenn Du AUCH schätzen lernst,
dann ist das wie ein Versicherung
für die Erleuchtung.

Die Leute neigen dazu, AUCH zu vergessen.
Sie denken, dass es das Eine ist, oder das Andere.
Nein, es ist immer Beides.
Egal, was auch immer kommt.

Du bist hässlich und du bist schön,
Du bist verwirrt und verkrampft
Und du weißt nicht, was du bist,
AUCH.

Du bist AUCH manchmal erregt,
oder es ist absolut unmöglich, mit Dir zusammen zu sein.
AUCH.
Manchmal schwebst du einfach nur,
es ist schön
und es gibt nichts zu sagen.

Schließe niemals etwas aus.
Alles ist immer AUCH.
denn wenn Du etwas ausschließt,
bist Du ein armer Mensch.

Du lässt nicht mehr zu.
AUCH, AUCH, AUCH.
Das bist du.

von Veeresh
Copyright: Humaniversity Foundation 1997
Freie Übersetzung durch den Autor

Ebene 310 - Bereitschaft

Wer auf der Ebene von Neutralität seine Arbeit erledigt, tut das angemessen, wer sie hingegen auf Ebene 310 erledigt, macht diese im besten Sinn und Erfolg bei allen Unternehmungen ist normal und üblich.

Das Wachstum geschieht schnell. Bereitschaft bedeutet, dass diese Menschen ihren inneren Widerstand überwunden haben.

Unter der Ebene 200 sind die Menschen eher verschlossen und aufs bestehende orientiert, über dem Ebene 310 geschieht eine grosse Öffnung, die Menschen werden gütig und grosszügig, was sie anfassen wird zum Erfolg.

Ein Mensch auf Ebene 310 hat keinen Stress, wenn er arbeitslos ist, er gibt seine Liebe und sein Engagement in jede Arbeit und jeden Auftrag oder erfindet sich die Aufgaben selbst. Solche Menschen fühlen sich nicht erniedrigt, wenn sie «niedere» Dienstleistungen übernehmen – sie wollen hilfsbereit sein und der Gesellschaft dienen und ihr Selbstwert ist hoch.

Solche Menschen lernen schnell, erkennen und überwinden innere und äussere Blockaden leicht und geschmeidig – sie sind eine starke Stütze der Gesellschaft.

Ebene 350 Akzeptanz

Auf der Ebene der Akzeptanz wird klar und greifbar, dass wir unseres Schicksals Schmied sind. Die Quelle des Glücks wird im Inneren wahrgenommen, Liebe ist nicht mehr etwas, was geschenkt oder entzogen wird, sondern wofür wir selbst verantwortlich sind.

Akzeptanz darf nicht mit Apathie verwechselt werden. Akzeptanz engagiert sich im Leben, zwingt dieses aber nicht in eine Form. Die Wahrnehmung ist weit. Man kann klar sehen, ohne Projektionen und Verzerrungen, das ganze grosse Bild wird erkennbar. Es geht nicht mehr um wahr oder falsch, sondern darum, wie man Herausforderungen transformiert. Langfristiges Denken nimmt überhand. Selbstdisziplin und Meisterschaft entwickeln sich.

Diese Ebene ist tolerant, es wird klar, dass die Gleichheit der Menschen nicht im Widerspruch zu ihrer Verschiedenheit steht.

Akzeptanz integriert und ist nicht (mehr) trennend.

In Osho's Worten: Just say yes. Sag einfach ja.

Ebene 400 - Vernunft

Intelligenz und Ratio übernehmen ab Ebene 400, die Emotionalität der tieferen Ebenen bleibt ab hier im Hintergrund.

Vernunft ist fähig grosse Datenmengen zu verarbeiten und schnelle, klare Entscheidungen zu treffen – unter Einbezug von Beziehungen, und Verhältnismässigkeit sowie mit einem feinen Urteilsvermögen.

Auf diesem Ebene arbeiten Medizin und die Wissenschaft, wenn sie rein und unmanipuliert sind – auch wenn dieser Zustand zur Zeit ausgesetzt scheint.

Auf diesem Ebene befinden sich hervorragende Persönlichkeiten, z.B. die herausragenden Schriftsteller, insbesondere von Deutschland.

Die Herausforderungen dieses Levels bestehen in der Unterscheidung zwischen den abstrakten Begriffen und Symbolen und dem, wofür sie stehen. Die Gefahr ist, mit intellektuellen Begriffen um sich zu schlagen und die Essenz zu verpassen.

Vernunft ist noch nicht hinreichend, um die Wahrheit zu erkennen. Wer intellektuellen Gesprächen zuhört, findet diese meist überzeugend, was aber noch kein Indiz dafür ist, dass sie wahr sind.

Vernunft ist in der technischen Welt das Mittel der Wahl und hervorragend geeignet, die Herausforderungen zu meistern.

Vernunft ist eine weitere Falle, in der man leicht hängen bleibt, sie fühlt sich sicher an, die Mathematiker würden sie wieder als ein lokales Hoch bezeichnen.

Aktuell überschreiten nur 4% der Bevölkerung diesen Level.

Ebene 500 – Liebe

Ähnlich wie schon auf Ebene 200 vollzieht das Bewusstsein auf Ebene 500 eine gewaltige Wandlung. Es wechselt vom Intellekt zur Seele bzw. vom Wissen zur Liebe. Liebe und Altruismus werden nun zu zentralen Motivationsquellen hinter allen Handlungen und das kreative Potenzial des Menschen erreicht seinen Höhepunkt. Die Liebe der Ebene 500 ist jedoch nicht mit der intensiven Emotion zu vergleichen, die auf niedrigeren Bewusstseinsstufen als Liebe bezeichnet wird. Letztere ist stets durch Projektionen, Besitz- und Kontrollwünsche verunreinigt und reagiert sehr empfindlich auf Kränkungen und Zurückweisungen. Die Liebe der Ebene 500 dagegen ist weniger Emotion als vielmehr Seins-Zustand und somit relativ unabhängig vom Gegenüber. So ist es nicht weiter verwunderlich, dass es nur sehr wenige Menschen gibt, die sich stabil bis auf diese Stufe hin entwickelt haben. Laut David Hawkins sind es etwa 4%.

Menschen, die sich dauerhaft in diesem Bereich befinden, widmen ihr Leben in der Regel höheren Werten und tragen aktiv zum Wohle der Gemeinschaft bei. Jenseits der Stufe 500 findet sich Exzellenz in allen Aspekten des menschlichen Strebens, sei es in Wissenschaft, Sport oder Kunst. Hier entstehen großartige Kunstwerke, Musikstücke sowie Meisterwerke der Architektur und Literatur.

Auf Ebene 500 finden sich viele inspirierende und charismatische Persönlichkeiten, große Lehrer und Anführer sowie Menschen, die andere allein durch ihre Präsenz oder ihr Vorbild motivieren und erheben können.

Dies heißt jedoch nicht, dass sie keine Schwächen und Fehler mehr hätten, doch sind sie sich dieser durchaus bewusst.

Personen auf Ebene 500 und darüber empfinden Dankbarkeit für alles, was ihnen das Leben bringt und akzeptieren die Dinge wie sie sind. Sie strahlen beständige Wertschätzung und wahre Fürsorge gegenüber der gesamten Schöpfung aus, empfinden Ehrfurcht im Angesicht der Schönheiten der Schöpfung und können sich an kleinsten Details erfreuen.

David R. Hawkings hat die Map of Consciousness entwickelt.

Da sie dem Leben nur noch sehr wenig bis gar keinen Widerstand mehr entgegensetzen, erleben sie unangenehme Ereignisse oder Erfahrungen nicht mehr als Probleme sondern als Fakten, denen man sich stellen muss. Im Angesicht dieser Grundhaltung werden sie wesentlich weniger von Sorgen gequält als dies auf niedrigeren Bewusstseinsstufen der Fall ist und sie leben dementsprechend weit mehr im Hier und Jetzt.

Dadurch, dass auf Stufe 500 die Liebe zur Schöpfung zum zentralen Motivationsfaktor wird, kommt auch das ständige Vergleichen und Bewerten zum Ende, das für tiefere Schwingungen charakteristisch ist. Dies wiederum hat zur Folge, dass innere und äußere Konflikte erlöschen und man dazu fähig wird, Core-Zustände (Ruhen im Sein, Innerer Friede, Liebe, Okay-Sein, Einssein) über immer längere Phasen hin zu erleben.

Ebene 540 – Freude, Seligkeit, Ekstase

Während die Liebe bei zunehmendem Ebene auf der Hawkins Skala immer allumfassender wird und dabei immer weniger an irgendwelche Bedingungen geknüpft ist, wird eine an Tiefe und Dauer zunehmende innere Freude erfahren. Diese Freude begleitet alle Handlungen und ist unabhängig von äußeren Umständen.

Menschen, die sich stabil auf dieser Stufe befinden, verfügen über eine außerordentliche seelische Belastbarkeit und können auch im Angesicht von langdauernden Widrigkeiten und Unglück eine positive Haltung aufrechterhalten. Sie strahlen aufrichtiges Mitgefühl aus und haben eine spürbare positive Wirkung auf ihre Mitmenschen.

Sie können die Einheit hinter den Phänomenen erkennen, nehmen die Schöpfung als perfekten Ausdruck der Liebe und Göttlichkeit wahr, sehen in allem wunderbare Schönheit und sind von Energie durchflutet. Sie leben mühelos und haben ihren eigenen Willen unter den göttlichen Willens gestellt.

Ab Ebene 540 finden sich dementsprechend auch nur noch fortgeschrittene spirituelle Sucher und Heiler. Laut David Hawkins erreichen nur noch 0,4 % der Menschheit diese Stufe.

Ebene 600 – Frieden, Seligkeit

Ebene 600 ist schließlich der Punkt auf der Hawkins Skala, an dem die Dualität verschwindet und der Einheitserfahrung Platz macht. Ab hier macht die Seele Erfahrungen, die als Transzendenz, Gnosis, Erleuchtung oder der SELBST-Verwirklichung bezeichnet werden. Ab hier können Dimensionen des Friedens und der Glückseligkeit erfahren werden, die sich andere nicht einmal in ihren kühnsten Träumen vorstellen können. Für den Bereich von Ebene 600 bis 700 steht dabei die reine Erfahrung des Seins im Vordergrund und man identifiziert sich nicht mehr mit dem Körper und dem Ego.

Laut David Hawkins erreicht nur ca. 1 von 10 Millionen Menschen diese Stufe. Dies wären derzeit weltweit also ca. 800 Menschen.

Tatsächlich sind derartige Erfahrungen auch Menschen zugänglich, die sich im 300er und 400er und 500er Bereich befinden. Allerdings ist ihnen der Zugang zu Ebene 600 dann nur für kurze Momente möglich. Dabei gilt generell: je höher sie sich auf der Hawkins Skala befinden, desto länger und tiefer können diese kurzen Besuche auf Ebene 600 ausfallen.

So kann eine Person, die sich auf Stufe 500 befindet, während einer Meditation möglicherweise durchaus für mehrere Minuten in die Non-Dualität eintreten. Für das Energiefeld eines 300ers ist dies dagegen bestenfalls für Sekunden oder in der Gesellschaft eines erleuchteten Meisters möglich.

Ebene 700 bis 1000 – Erleuchtung

Die Ebene ab 700 sind die Bereiche der spirituellen Giganten. Laut David Hawkins befinden sich derzeit etwa 12 Personen stabil in diesen Regionen. Erleuchtung ist dabei als Prozess zu verstehen, der tiefer und tiefer werden kann.

Im Bereich von Ebene 700 bis 800 erfährt man sich selbst als Universum, zwischen Ebene 800 und 900 als göttlicher Urgrund, im 900er Bereich als kausale Leere und auf Ebene 1000 als das Absolute.

Stabil auf Ebene 1000 sind zu guter Letzt solch außergewöhnliche Wesen angesiedelt, wie Jesus Christus, Buddha oder Krishna. Sie haben die Welt durch ihr Wirken verändert und über Jahrhunderte hinweg Milliarden von Menschen durch ihr Vorbild beeinflusst.

Die Beschreibung der Ebenen orientiert sich am Buch von David R. Hawkins, wurde daraus übersetzt, gekürzt und ergänzt.

Søren Kierkegaard, 1813-1855
dänischer Philosoph des Herzens

Wenn ich einen Wunsch frei hätte, würde ich mir nicht Reichtum und Macht wünschen, sondern ein leidenschaftliches Gespür für Potential - ein Auge, das, immer jung und feurig, das Mögliche sieht. Das Vergnügen enttäuscht, die Möglichkeit nie.

Søren Kierkegaard

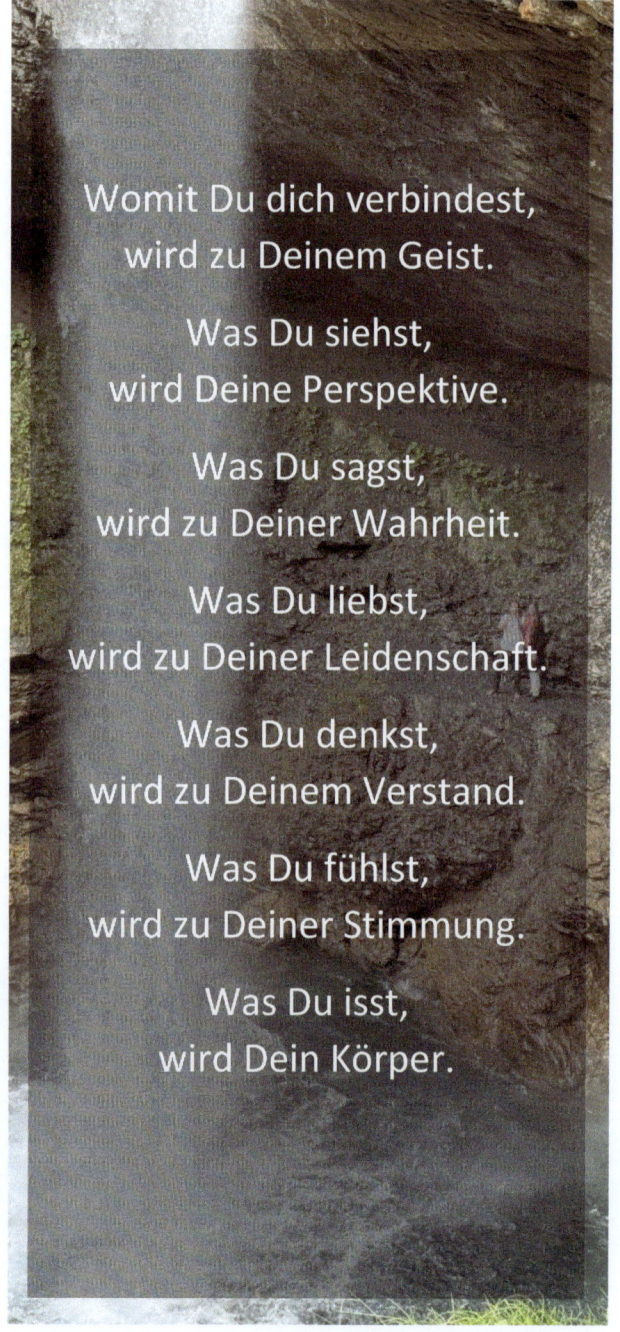

Womit Du dich verbindest,
wird zu Deinem Geist.

Was Du siehst,
wird Deine Perspektive.

Was Du sagst,
wird zu Deiner Wahrheit.

Was Du liebst,
wird zu Deiner Leidenschaft.

Was Du denkst,
wird zu Deinem Verstand.

Was Du fühlst,
wird zu Deiner Stimmung.

Was Du isst,
wird Dein Körper.

6 Häufige Fehler

6.1 Das alte Defekte ins neu Kreierte einbauen

Es gibt eine alte römische Rechtsmaxime, die besagt: *Was im Anfang fehlerhaft ist, kann auch später nicht repariert werden.*

Bei der Zeugung ist es ähnlich: Was gezeugt wird, während die Betreffenden zu wenig Blut im Alkohol- und Drogenkreislauf haben, hat mit dieser Herausforderung sein Leben lang zu kämpfen – egal welcher Art das Gezeugte ist.

Wir arbeiten mit Energien, mit Qualitäten, man könnte auch sagen mit Musik, mit Resonanz oder mit Melodien und negative Vergleiche sind in der Kreationswelt nicht hilfreich, die Ausnahmen erläutere ich auf den nachfolgenden Seiten.

Beispiel: Ich will eine richtig tolle Beziehung, nicht mehr eine so eifersüchtige, nörgelnde wie das letzte Mal.

Besser: Ich will eine richtig tolle Beziehung, eine Frau, welche sich selber liebt, die Wesen liebt, die Menschen liebt, die Männer liebt und mich genauso, wie ich bin liebt.

Im genannten Beispiel schwingt der Schmerz, die Verletzung und der Vorwurf zur alten Beziehung mit. Diese Aspekte binden uns an die alte Energie fest – im Allgemeinen und bringen sie – im Speziellen wieder in die Kreation des Neuen. Da muss der Stachel unter der Oberfläche, das Gift im Nährenden auf seinen Einsatz warten.

Aber wie kann ich das alte wirklich loslassen, wie funktioniert Trennung?

Die beste Art, die ich kenne, um altes, dysfunktionales, oder zumindest zu einem guten Anteil schädigendes loszulassen ist, sich für die gemeinsame Zeit zu bedanken, sich zu bedanken für die schönen Momente und für die Erkenntnis dessen, was wir lieber wollen, zu würdigen, dass wir selbst und der andere das jeweils beste gegeben haben, zu würdigen, dass wir beide nach Liebe und Einheit gestrebt haben.

Es ist hilfreich, zu erkennen, dass wir nicht verantwortlich dafür sind, wenn eine Beziehung nicht funktioniert, dass wir nicht zu wenig gut, schnell, toll oder sexy waren. Zu erkennen, dass Beziehungen nicht ein Leben lang dauern müssen. Zu erkennen, dass wir nicht die Superver-sager des Universums sind, wenn wir den Beziehungsrahmen nicht halten können.

Beziehungen werden von beiden gehalten. Um langfristig erfolgreich zu sein in einer Beziehung hilft es, eine gemeinsame Richtung und eine ähnliche Schrittweite zu haben, das kann geschehen, oder auch nicht – das liegt nicht in unserer Hand.

Wenn wir das erkennen, dann können wir unsere Kreation bewusst dahin lenken, dass unser zukünftiges Gegenüber in die gleiche Richtung, mit einer ähnlichen Schrittweite geht. Ich nenne dies Gefährte oder Gefährtin. Fahrt bedeutet althochdeutsch *«Leben»*, das ist im Wort *«Wohlfahrt»* noch zu erkennen.

Wir können lernen zu beziehen, lernen zu kommunizieren, lernen nachzufragen, wir können lernen, uns verletzlich und nackt zu machen. Wir können uns berührbar machen, mutig sein und unsere Ängste und Unsicherheiten zeigen. Wir können unsere Bedürfnisse ohne Forderung zeigen (Forderung zeigt sich nicht nur in den Worten, sondern vor Allem im Verhalten danach – wenn es eine Strafe gibt, wenn der andere sich nicht wie gewünscht verhält, dann war es eine Forderung, auch wenn der Satz einen Wunsch ausgedrückt hat).

Doch auch wenn wir all dies in Perfektion tun, heisst das noch lange nicht, dass die Beziehung hält. Das Gegenüber trägt seinen Teil gleichermassen dazu bei, und es gibt eine Zeit für alles, das hat schon Salomo erkannt.

Eine andere gute Massnahme um altes loszulassen ist, für die betroffenen Menschen, Situationen oder Beziehungen zu sagen: «**Heil und Segen**».

Andere machen ein Kreuz drüber und gehen weiter.

Die Frontscheibe ist gross, der Rückspiegel ist klein, weil es beim Vorwärtsgehen viel wichtiger ist, nach vorn zu sehen, als nach hinten.

Das Hirn ist ein geniales und mächtiges Organ mit einer interessanten Eigenheit: Es kann nicht unterscheiden, ob etwas passiert ist, oder wir uns das nur vorgestellt oder in einem Film gesehen haben.

Wenn wir uns gewisse Dinge immer wieder vorstellen, dann laufen wir gewissermassen Trampelpfade, die immer breiter werden, und damit einfacher häufiger und schneller befahren werden können. Die Neuronen schalten für diese Verbindungen schneller.

Und damit können wir viel einfacher auf äussere Rahmenbedingungen mit *unseren gewünschten Autobahnen* reagieren, als vorher.

Also hilft Wiederholung und Intensität.

6.2. Freier Wille

Ein weiterer wichtiger Aspekt im Erschaffen von Gedankenformen und dann neuen Realitäten ist die Motivation:

Unser freier Wille ist Gesetz.

Wenn wir ihn einsetzen um andere zu schädigen oder ihnen grobfahrlässig oder mutwillig Schaden oder Verlust zuzufügen, wenn wir die Grenzen von anderen Wesen dabei übertreten, dann wird das Gesetz des Ausgleichs angestossen und wir werden früher oder später unseren Preis dafür zahlen, das ist gefährlich. Manchmal kann man von zwei Übeln nur das geringere wählen und mit Würde und Mitgefühl das in Kauf nehmen, was andere als Schädigung verstehen, so spielt das Leben, ganz vermeiden lässt sich das nicht, wir können aber auch dafür unsere klare Intention festlegen.

Wir können unseren freien Willen in den grösseren Willen des Schöpfers legen, oder nicht, das liegt bei uns. Wenn wir ihn nicht in den grösseren Willen des Schöpfers legen und kurzfristige Ziele verfolgen, die eher uns dienen, als der Gemeinschaft, dann wird das über kurz oder lang zurückschlagen. Der freie Wille hat eine lange Leine, schliesslich geht es darum, dass wir selbst, aus Erkenntnis und freien Stücken, lernen unseren Willen demütig in den des Schöpfers zu stellen, und nicht, dass wir abgerichtet werden, wie kleine Hunde.

Das Abrichten muss zeitnah geschehen, sonst kann das betroffene Wesen seine Lektion nicht erkennen, wenn der Schöpfer also würdige Schöpfertöchter und -söhne in die Verantwortung begleitet, dann gibt er viel Zeit dazu, bis das Gesetz des Ausgleichs den Ausgleich schafft – sonst würde er uns dressieren, und dressierte Kinder kann kein Vater und keine Mutter wollen.

Ich lade Dich ein, nochmals den Text in der Einleitung zum freien Willen zu lesen.

Unser freier Wille ist eines der höchsten Gesetze, die es gibt. Unser «Rechts-»System lässt das etwas durchblicken, indem es den letzten Willen stark betont, unter vielen Einschränkungen, Rahmenbedingungen und Mitgestaltern.

Doch es ist nicht nur der letzte Wille, der hohes Gesetz ist, sondern jeglicher Wille.

Der Schöpfer hat uns den freien Willen gegeben, dieser ist Ausdruck unseres Schöpferseins. Und als Schöpfervatermutter prüft er genau, was wir damit machen. Wir sind frei, doch, je mehr wir lernen, ihn richtig einsetzen, kann er noch viel mehr bewirken, als sonst.

Die Engel haben keinen freien Willen – sie können sich also nicht gegen den Schöpfer wenden. Das ein Aspekt, den ich, wenn ich Hilfe suche und Fragen habe, gern berücksichtige: Die Engel machen keine Deals. Sie haben keine niederen Motive. Das heisst, sie tricksen nicht, machen keine Umwege, damit die Ausbildung länger dauert und sie treiben auch nicht die Kosten in die Höhe, sie machen keine Show, wie ich das oft bei anderen körperlosen Wesen erfahren habe: Die geben sich aus als irgendwas, so wie wir das im Theater machen. Es ist ein Spiel und dient letztlich auch unserer Erkenntnis und unserem Erwachen: Prüfe Deine Lehrer. Auch in der feinstofflichen Welt.

Merke: Die Verführung kommt aus der feinstofflichen Welt und hat genau einen Zweck: Unser Unterscheidungsvermögen und unseren freien Willen zu trainieren, so dass wir immer bessere und verantwortungsvollere Schöpfer werden.

6.3. Mit einer zu spezifischen Manifestation beginnen.

Einer der grössten Anfängerfehler, den ich kenne ist dem prozesshaften Denken geschuldet.

Beispiel:

Der Autoverkäufer fragt die Kundin, was sie den gern hätte, was ihr wichtig sei, und diese antwortet: Das Auto muss praktisch sein, klein und praktisch zum einparken, es sollte eine Rückbank aufweisen, in der auch ein Kindersitz angebracht werden kann, und für meine Oma möchte ich einen einfachen Einsteig auf der Beifahrerseite. Die Bedieninstrumente sollen intuitiv sein, der Verbrauch gering. Da ich nachts nicht so gut sehe, möchte ich ein starkes Fernlicht, und fürs Einparken gern Parksensoren.

So haben wir's gelernt, und so klappt es eher nicht.

Was viel besser funktioniert ist die Klarheit in Kopf und Herz:

«Ein Autöchen, was mir richtig Spass und Freude macht, das mir lange treu dient, und in welchem ich mich sicher fühle».

Das erste Beispiel beim Autohändler geht auf Fakten ein, messbares, abhakbares, Spezifikationen.

Das zweite geht auf die Gefühle ein: Wenn diese Gefühle erfüllt sind, dann klappt es, dann ist alles gut.

Gefühle brauchen etwas länger, bis sie entwickelt sind – etwa so wie alte Schwarzweissfotografie-Entwicklung, die Checkliste abzuhaken, das geht im Sekundentakt.

Wenn ich ratsuchende Menschen begleitet habe, dann war der Hauptfehler, dass die oft schon mit einer langen Liste von Anforderungen gekommen sind und diese nicht manifestieren konnten.

Ihre Fähigkeit zu manifestieren, ihr Glaube, dass das gelingt, der war schwach, und die Liste viel zu lang. Was viel besser funktioniert, das sind kurze Aspekte wie *«Eine Frau, die mich wirklich und genauso liebt, wie ich bin»*.

Und dann verknüpfen wir diese Information – zum Beispiel mit der Mama, die das auch schon geleistet hat. Und der Tante. Damit machen wir dem Unterbewusstsein klar, dass die Umsetzung möglich ist, dass es auch andere schon geschafft haben, oder ich es früher schon geschafft habe.

Damit rückt es näher, die Freude wird grösser, die Möglichkeit präsenter, der Raum der Möglichkeiten beginnt sich zu manifestieren.

Das ist umso wichtiger, wenn wir im betreffenden Thema viele Hindernisse und Glaubenssätze haben, die quer stehen.

Wer sich einen wundervollen Mann wünscht und voller Glaubenssätze gegen Männer ist, der boykottiert sich selbst. Dann ist die Vorarbeit, diese Glaubenssätze zu finden und für jeden einzelnen Gegenbeweise zu finden, ähnlich wie es in *«the work»* von Byron Katie gemacht wird:

«Bist Du sicher, dass es wahr ist?».

Wer sich eine wundervolle Beziehung mit einem grossen, entspannten und liebesfähigen Mann wünscht, und wessen Eltern autistische oder narzisstische Einzelgänger waren, tut gut daran, dieses massgebende Beziehungsbild mit anderen zu ergänzen, die mit Freude und Spass verbindlich miteinander durchs Leben tanzen und ihre Schwächen, Bedürfnisse und Freuden einander gut kommunizieren.

Dabei geht es um das Aufbauen der eigenen Fähigkeiten, eine solche Beziehung zu halten. Das Gesetz der Anziehung kann uns eine solche im Nu manifestieren. Wenn dann unser Selbstwert im Weg steht, wir das Gefühl haben, wir verdienten die Liebe und Aufmerksamkeit nicht, wird innerlich und energetisch zur Maus werden und unser Gegenüber in den Himmel projizieren, wenn wir in der Kommunikation scheitern und nur noch dem Gegenüber den Teppich ausrollen wollen, dann kann die Beziehung keinen Bestand haben.

Und andererseits, wer sich dann selber auf einen Sockel stellt, übergriffig ist in Hilfestellung – also nicht zumuten kann, wer seine Lebensregeln und -erfahrungen über die des andern stellt, oder das Gefühl hat, die totale Kontrolle ausüben zu müssen, damit der andere einen nicht verlässt – der ist bald wieder zurück auf Feld 1: Die Manifestation ist zu gross, grösser, als er oder sie diese nehmen und ins Leben integrieren kann.

Auch diese Fähigkeiten kann man sich manifestieren, doch sind die meist eher im Hintergrund, es sind die Zahnräder unter der Motorhaube, die Liebesfähigkeit, die wir noch entwickeln können – beginnend bei uns selbst.

Wer also genau hinschaut merkt, dass es vielleicht besser wäre, sich die **Fähigkeiten,** eine solche Beziehung zu leben, zu manifestieren.

Also innere Arbeit und Fähigkeiten, statt äussere Dinge und Besitz.

Der Besitz kann einem weggenommen werden, der Lottogewinn, das Fahrzeug, das Haus oder die Gefährtin.

Die Fähigkeit solche Qualitäten in sein Leben zu manifestieren scheint mir um Potenzen wichtiger, insbesondere, da sie nicht unsere Mangel und unsere Angst schürt, etwas zu verlieren, sondern vielmehr unseren Lebensmut stärkt, weil wir die Fähigkeiten spüren, unser Leben zu manifestieren. Damit können wir auch besser loslassen und uns dem Leben voller Neugierde und Lebenslust hingeben.

Die Kunst des Manifestierens ist keine Abkürzung, um Lektionen des Wachstums zu umgehen – im Gegensatz – die Steine im Weg zeigen sich viel schneller, also liegt es an uns, diese auch schneller zu handhaben.

6.4 Spezifizieren des Lieferwegs

Ein weiterer weitverbreiteter Fehler, ist die Spezifikation des Lieferwegs.

Der Lieferweg geht uns nichts an. Wenn wir diesen festlegen, ist die Intention überspezifiziert. Ob Zalando mit DHL, DPD oder der Post liefert, kann uns egal sein, das ist nicht unser Problem.

Es geht, wenn wir in diesem Beispiel bleiben, nur darum, genau das Zielbild zu halten, dazu gehört nicht mal das Öffnen des Pakets, sondern wie wir das gute Stück in der Hand halten, oder uns im Spiegel damit sehen.

Nicht, dass es so nicht funktionieren könnte – aber je komplexer ein Wunsch ist, desto länger wird seine Erfüllung dauern.

Wer also mit Manifestieren beginnt, der fängt besser mit kleinen Kreationen an, um den Mut nicht zu verlieren – und baut dann immer komplexere Manifestationen auf.

Bei Partnern kann es sein, dass der betreffende erst die inneren Lernschritte gehen muss, damit er zu uns passt – dann dauert es ein bisschen länger.

6.5 Ungeduld

Die meisten von uns sind in einem Kollektiv aufgewachsen, welches schwer ist von lähmender Schuld, voller Aspekte ist, welche schambehaftet sind, und in welchem Machtlosigkeit tief verinnerlicht wurde, dann bedingt es einige Arbeit, um diese verinnerlichten Qualitäten zu erkennen und loszulassen.

Eine Änderung ist nicht in 2 Minuten möglich. Die dauert. Die neuen Gefühle und Gedanken, Visionen und Bilder fangen langsam an zu spriessen, wie die Knospen im Frühling, wie die Pilze im Herbst.

Wenn Du dran bleibst, breiten sie sich in Deinem Bewusstseinsnetz immer weiter aus, von Bewusstseinspunkt zu Bewusstseinspunkt. Mir scheint, dass wir jeden Bewusstseinspunkt wie mit unserem magischen Zauberstab neu berühren müssen, um ihn mit der neuen Energie aus den grauen Tönen in die leuchten Farben zu verwandeln. Mit einem Bewusstseinspunkt ist eine spezifische Situation gemeint, z.B. eine, in der wir uns überhört fühlen, oder in der wir uns machtlos fühlen, eine Begegnung mit unserem Vater in einer bestimmten Situation, eine mit der Polizei in einer anderen. Diese Bewusstseinspunkte sind geprägt durch unsere Gesellschaft, die Geschichten in Kino und Fernsehen, wurden uns als Kinder von den Eltern und der Gesellschaft übertragen und die wenigsten haben wir schon mit dem Zauberstab neu eingefärbt, geschweige denn erkannt, dass sie uns beeinflussen und veränderbar sind.

Je weiter unser Zielbild von unserem aktuellen Universum ist, desto länger dauert eine Lieferung: Samen wachsen im Dunkeln, sie treiben zuerst Wurzeln aus, diese sind an der Oberfläche nicht zu sehen – erst dann stösst der Keimling mit durch die Erde an die sichtbare Oberfläche.

In der Natur ist es genauso: Komplexe Organismen brauchen viel länger für ihre Entstehung. Eine einfache Zelle, wobei auch die schon sehr komplex ist, wird in unserem Körper pro Sekunde zwischen 10 und 50 Millionen Mal neu erstellt.

Unser Körper ist nach 9 Monaten lebensfähig und nach 16 (Mädchen) bis 19 Jahren (Jungen) ausgewachsen. Die Kreation jedes Organismus bedingt viele Schwingungsbilder zur richtigen Zeit, am richtigen Ort und für die richtige Dauer und in der richtigen Intensität, welche durch den Geist, das Informationsfeld, oder wie auch immer wir es nennen wollen, gehalten und moduliert werden muss, um den Organismus erfolgreich entstehen zu lassen – jede Substanz, jedes Blutkörperchen wird dadurch an den richtigen Ort im Körper gebracht, und in die perfekte Ausrichtung gebracht, in welcher sie an die zu versorgende Zelle andocken und durch die Kanäle in der Zellwand in diese eindringen kann.

Oder auf den Punkt gebracht: Auch die geniale Natur braucht für einen ausgewachsenen, höchst komplexen Körper 16-19 Jahre zur Fertigstellung, obwohl es schon viele dieser Körper gibt.

Wenn es schon viele Modelle gibt, die unserem Wunsch nahekommen, dann ist die Kreation eines neuen solchen Modells viel einfacher.

6.6 Mangel hat uns an der Mangel

Das Gefühl von Mangel ist meist verboten, speziell in spirituellen Kursen, aber auch bei der Partnersuche. Wer Mangel fühlt und ausstrahlt wird gemieden. Vielleicht versuchen einige, die glauben, dass sie sich die Liebe erwerben müssen, diesen Mangel bei anderen zu stopfen, um geliebt zu werden, doch dieses Modell ist nicht sehr nachhaltig und führt schnell ins Drama der Ko-Abhängigkeit.

Wir sitzen im wunderbarsten Paradies, voller Überfluss, produzieren als Mann 30-60 Millionen Spermien für einen Samenerguss, und haben als Frau 400'000 Eizellen ab Geburt angelegt.

Unsere Erde arbeitet mit einem Überfluss und daraus auch Ausschuss, wie er in jedem Prozess, den wir Menschen uns ausdenken undenkbar ist.

Das Gefühl von Mangel scheint eine Geisteskrankheit oder Wahrnehmungsstörung zu sein, weil es mit den uns umgebenden Umständen nichts zu tun hat.

Diese Wahrnehmungsstörung wird nach meinem Verständnis bewusst durch unsere «Kultur» vermittelt, insbesondere über das zinsbehaftete Bankensystem und durch die Geschichten, welche die katholische Firma sorgfältig endlos wiederholt: Erbschuld, Schuld bei Geburt, Schuld beim Tod, vorne Schuld, hinten Schuld, Immerschuld.

Man hat uns diesen Mangel tief verankert in der sorgfältigen und umfangreichen Geschichtsfälschung, in der ganzen Kultur, im Verhalten, in der Beziehung zwischen Mann und Frau oder Weib: Wir müssen fast alles kaufen, was wir benötigen, suchen uns dann oft das Billigste, wir müssen für Geld 8-10 Stunden pro Tag arbeiten, und falls wir mit anderen zusammenleben, arbeiten auch unsere Partner: So hat es Rockefeller, der Öl-Gigant und Pharma-Gründer, der Finanzierer von vielen Hochschulen geplant und manifestiert.

Er war ein guter Manifestator, das muss man ihm lassen: Eine meiner Entscheidungen ist, von meinen Feinden zu lernen – das ergibt mir eine gute Nebenwirkung: Ich kann nicht mehr so ärgerlich sein über sie.

Auf diese Art arbeiten nicht nur die Männer, sondern ihre Weiber mit – das war der Hauptgrund, weshalb Mr. Rockefeller die Bewegung der Emanzipation gestartet und finanziert hat.

Damit sind beide im Hamsterrad gefangen und kommen nicht zum Nachdenken und Nachfühlen, und die Kindererziehung geht an den Staat. Kaum jemand hinterfragt, warum wir so viel arbeiten müssen: Die Banken erfinden für jeden Kredit das fiktive Geld am Computer, welches es in der Realität vorher nicht gegeben hat. Wir sollen es dann zurückzahlen, mit dem Krediten, den Kontoführungsgebühren, den Kartengebühren, den Kosten für die Monatsabschlüsse und vielem mehr.

Wir zahlen nichts zurück, weil uns nichts ausser einer Illusion gegeben wurde, sondern wir arbeiten in den nächsten Jahrzehnten für diese Bank, anstelle für unsere Nahrung, unser Obdach und den Dingen, die wir kaufen müssen.

Der Zusatztrick ist, dass man mit «Staats-»Geld danach Bauern sub-ventioniert, und Kitas, Erziehungsstätten und Forschungsinstitutionen:
Das ist nicht mega-nett, sondern superpervers, weil diese so alle über die Abhängigkeit fernsteuerbar werden: *«Oh - ihr wollt mehr alternativ Heilungsmethoden erforschen? Sorry, das schliesst leider die Finanzierung aus.»*

Wir wurden also auf sehr intelligente Weise in den Mangel getrieben und in die Mangel genommen.

Diesen Mangel zu fühlen ist in unserer spirituellen Welt unattraktiv, und gleich wie das Gefühl (über-)mächtig zu sein, tabu, obwohl wir doch eigentlich authentisch sein sollten: Gewisse Gefühle sind verboten. Wie sollen sie heilen, wenn wir sie nicht fühlen und zeigen dürfen?

Was können wir zur Heilung beitragen?

Wir können uns von den Systemen, die uns abhängig und schuldig machen zurückziehen, Schritt für Schritt, immer mehr, von den Banken, der katholischen und anderen Firmen, und wir werden uns des immensen Überflusses und der gigantischen Schönheit des Paradieses, in welchem wir wohnen, immer mehr bewusst, angefangen bei unseren Körpern, die uns in perfekter Harmonie auf hauptsächlich unerkannte Weise fast bedingungslos in unserer menschlichen Erfahrungen unterstützen und begleiten. Ein kleines Beispiel zum besseren Verständnis:

- Die Pumpleistung unseres Herzens: Wenn wir unser Blutgefäss-system auf einem Fussballplatz auslegen würden, die Aorta in der Mitte, und darum herum die grossen Adern in die Extremitäten, dann die feineren Gefässen, bis zu den kleinsten Kapillaren, den Haargefässen, dann würden diese das ganze Fussballfeld füllen. Im Durchschnitt schlägt unser menschliches Herz 70 mal in der Minute, oder um die 100'000 mal im Tag. Wenn unsere Blutgefässe in gutem Zustand sind, dann sind sie elastisch, das heisst, bei einem Herzschlag wird eine Welle Blut durch jedes Gefäss gepresst, wobei sich das Blutgefäss erweitert und danach wieder verengt.
Wenn wir mit heutiger Technik ein Fussballfeld voller elastischer Blutgefässe 100'000 mal im Tag aufpressen müssten, dann wäre dafür ein zimmergrosser Generator mit einer starken Pumpe notwendig – der entsprechenden Lärm, Abwärme und unglaublich viel Kalorien in Form von einem Derivat von Erdöl konsumiert. Unser Herz macht das jahrzehntelang, ohne Lärm, mit ein paar wenigen Watt an Energie, mit einem Minimum an Abwärme, die unser Körper gut verwenden kann. Wie genau das funktioniert ist bis heute unbekannt – ein Teil der Lösung ist die superhydrophobe Innenfläche der Blutgefässe.

Wer sich mehr in der Natur aufhält, mehr im Garten arbeitet, wer sich mehr mit der Erde verbindet, der kann diese Geisteskrankheit des Mangels immer mehr hinter sich lassen und erkennt den unendlichen Überfluss der Erde, kann kostenlos von den Früchten essen und orientiert sich immer mehr wieder an den Systemen unserer Natur, die keinen Mangel kennen.

Damit wird auch die Begrenzung in unseren Gedanken und Gefühlen weniger, wir verbinden uns wieder mit dem Grösseren und erkennen die Unendlichkeit seiner Möglichkeiten.

7 Tipps und Tricks

7.1 Vergleichen 1

Eigentlich kann man in der schwingungsbasierten Welt nicht messen:

- Wer liebt mehr, Du oder ich?
- Wer kann Hingabe besser, er oder sie?
- Bin ich schon mehr aufgewacht, als vor einem Jahr?

Meistens führt das nur in Konkurrenz, und letztlich in unsere eigene Abwertung.

Aber: Wir können unsere eigene Verbesserung prüfen, so wie im Dritten Beispiel. Das schreibe ich als Mann, im Wissen, dass wir gerne messen und prüfen.

Dazu hilft das Verständnis, dass wir nicht einzelne Single-Seelen sind, die jede ihren eigenen, privaten Entwicklungsweg geht, sondern, dass wir zutiefst Beziehungswesen sind.

> Zeig mir Deine Freu(n)de und ich sag Dir, wer Du bist
> Quelle, Herkunft: Unbekannt.

Ein Beispiel: Wenn Du mich fragst, wie gut Du türkisch kannst, dann werde ich Dich fragen: «*Wie viele Deiner Freunde können türkisch?*».

Wenn Du mir antwortest: «*Ein ferner Bekannter, Ex-Freund meiner Schwester*», dann werde ich Dir sagen: «*Kaum*».

Wenn Du mir antwortest: «*Drei meiner Studienkollegen*», dann werde ich Dir antworten: «*Ein bisschen*».

Wenn Du mir antwortest: «*Ich lebe in Istanbul, eigentlich alle*», dann werde ich Dir antworten: «*Ziemlich gut.*»

Wenn wir dieses Beispiel auf die spirituelle Schwingungswelt übertragen, und Du mich fragst, wie gut Du manifestieren kannst, dann werde ich Dich fragen: «*Wie viele Menschen kennst Du, die gut manifestieren können?*»

Wenn Du mir antwortest: «*Silvia, meine Freundin, die hat Dein Buch über Gesetz der Anziehung gelesen.*», dann antworte ich Dir: «*Kaum.*»

Wenn Du mir antwortest: «*Meine besten Freunde gehen seit einem Jahr regelmässig in Dein Seminar und haben schon erstaunliches damit kreiert.*», dann antworte ich Dir: «*Grossartig, es scheint, dass Du auf gutem Weg bist.*»

Und wenn Du mir antwortest: «*Eigentlich alle meine Freunde, sogar mein Kaminfeger ist begeisterter Kreator*», dann antworte ich Dir: «*Du hast es schon so integriert, dass Du nicht mehr weisst, wie es ohne wäre.*»

Warum ist das so? Wir leben in energetischen Schwingungsfeldern.

Das grossartige an dieser Tatsache ist, dass Du dies **machen** kannst – es muss nicht geschehen. Du kannst bewusst an Orte gehen, wo es viele Menschen hat, die sich mit diesem Thema auseinandersetzen.

Du kannst Interviews mit Menschen machen, die sich mit dem Thema erfolgreich vertieft haben.

Du kannst bewusst Freundschaften mit guten Kreatoren aufbauen und schaffst Dir dabei ganz automatisch ein tragendes Dich umgebendes Schwingungsfeld.

Beispiel Strandakademie: In Tunesien gibt es die Strandakademie. Da ist es sehr wahrscheinlich, dass Du als Frau oder Weib, egal wie alt, am Strand von einem waschechten Tunesier in perfektem

Deutsch angesprochen wirst. Die haben Deutsch von ihren Liebhaberinnen gelernt. Diese Kerle umgeben sich mit deutschen Frauen, das macht es ihnen einfach, Deutsch zu lernen.

7.2 Vergleichen 2

Wenn Du etwas möchtest, was andere schon haben, dann fallen wir, kulturell und geschichtlich bedingt in den Mangel. Den kann man freundlich würdigen, dann wird der Widerstand dagegen kleiner und man kann ihm mit Mitgefühl begegnen, dafür, dass er bewusst herbeigeführt wurde, indem man uns von allem Überfluss getrennt hat.

Wir können die Selbstverantwortung darüber übernehmen, indem wir erkennen, dass wir nicht nur getrennt wurden, sondern das auch zugelassen haben. Und wir können uns ganz bewusst darauf ausrichten, den Überfluss und die Grosszügigkeit der Schöpfung jeden Tag besser erkennen zu lernen: Die wärmende Sonne, deren Strahlen die Informationen für das Leben in sich tragen, den kühlenden Wind, die fruchtbare Erde, unsere wunderbaren Körper und vieles mehr. Dieser letzte Schritt hilft uns, die Gedanken von Verbindung mit dem Überfluss zu stärken.

Wenn wir also mehr Mitgefühl entwickeln möchten, und wir jemanden finden, der darin sehr stark ist, dann können wir uns entscheiden, über diese Falle von Eifersucht und Neid zu springen und dieses Wesen zu **bewundern**.

Das geht ganz einfach: Wir treten mit ihm oder ihr in Kontakt, zeigen das, was wir erkannt haben, und hören zu, was das andere Wesen dazu sagt. Fast alle Menschen reden gern über ihren Weg, der sie zu einer solchen Kompetenz geführt hat, das bringt uns in Kontakt, und Kontakt mit diesem Menschen, bringt uns automatisch in sein Energie- und Kompetenzfeld. Die Freude, die dabei entsteht, hilft uns, das aufzunehmen, was der Andere kann, so wie es die Tunesier am Strand machen.

Deine Ausrichtung vermehrt.

Worauf wir uns ausrichten, was wir ins Auge fassen, davon gibt's mehr in unserem Leben:

Wenn wir uns, z.B. durch unsere Lebensumstände auf «Schwangerschaft» ausrichten, erkennen wir plötzlich überall Schwangere.

Wenn wir uns auf Lichtnahrung ausrichten, hören wir plötzlich von allen Seiten von Lichtnahrung.

Wenn wir uns bewusst auf die Suche nach Freude machen, dann poppt diese auf alle Arten und von allen Seiten auf uns zu.

Wir begründen damit eine neue Gewohnheit, ganz bewusst,

Unterstützung durch unsere Begleiter

Wenn ich meine geistigen Begleiter um Unterstützung bitte, dann ist deren Reaktion ganz verschieden:

Wenn ich mir weltliche, vergängliche Dinge wünsche, die mir in der Entwicklung sogar abträglich sein könnten, dann ist die Reaktion sehr verhalten, so in etwa sagt der eine: «*Ich hab jetzt keine Zeit, ich muss mir wieder mal die Fussnägel schneiden.*». und der andere: «*Ich kann unmöglich, meine Ersatzwinterjacke muss dringend gewaschen werden.*» (Es ist Sommer).

Es ist nicht so, dass sie nichts tun, aber ihre Begeisterung und ihr Einsatz sind mehr als überschaubar.

Wenn ich hingegen um Erkenntnis bitte, um Erwissen, Erweisheit*, um Mitgefühl und Güte, dann fällt oft fast der Tisch um, an dem sie sitzen, weil sie alle gleichzeitig aufstürmen und sich engagieren.

Es ist aber auch eine gute Idee, den grossen 7/24 Einsatz unserer geistigen Helfer zu würdigen, sich immer wieder bei Ihnen zu bedanken.

Wenn ich wieder einen Durchbruch geschafft habe, oder tolle Erkenntnisse gemacht habe, lade ich diese ein, sich mit mir zu freuen.

*-er: von Innen heraus, wie in erleuchten, erkennen.
be-: von Aussen, wie in beleuchten, bedienen.

7.3 Manifestieren ohne Mangel

Wie oben schon beschrieben ist Mangel keine gute Voraussetzung für die Manifestation. Unser Energiekörper ist klein, eingedellt, und unsere Energie ruht nicht in unserer Mitte, sondern will das greifen, was draussen ist – energetisch gesehen müssen wir in dem Zustand aufpassen, dass wir nicht aus dem Fenster fallen. Wer sich so mit anderen Menschen trifft, ist schwer als das zu erkennen, was er ist – weil er ist energetisch gar nicht zu Hause.

Die Frage ist also, wie wir das ändern können.

Ein guter Plan ist, unseren Reichtum schon zu fühlen, sich seiner bewusst zu sein, und das Kreieren, das Manifestieren dafür zu verwenden, um diese Fähigkeit zu üben und anderen Wesen, die in diesen Fähigkeiten noch nicht so erfahren sind, zu zeigen, was möglich ist, ähnlich, wie ein guter Gastgeber, der seine Gäste bekocht und neugierig macht, wie man so gediegen kochen kann, so wie ein grosser Bruder seine kleinen Geschwister motiviert, mit dem Drachen im Wind auch so tolle Kunststücke zu machen wie er.

Eine limitierte Version, sich den Reichtum vorzustellen wäre, sich einen Haufen von Banknoten vorzustellen.

Eine wesentlich wirkungsvollere Massnahme ist, sich seines schon vorhandenen Reichtums bewusst zu werden:-

- Wenn Du Zeit hast, ist das das kostbarste Gut, die meisten erfolgreichen Menschen wünschen sich genau das: Zeit.
- Wenn Du viele Freunde hast, ist auch das eine Form von Reichtum.
- Wenn Du grosse Räume zur Verfügung hast, dann werde Dir bewusst, dass auch dies eine Form von Reichtum ist.
- Wenn Du Dich frei bewegen kannst, dann bist Du einer der wenigen, die meisten können das bestenfalls vor der Heirat und nach der Scheidung, oder wenn die Kinder ausgezogen sind: Die

meisten wirklich wohlhabenden sind voll mit Terminen, die sie erfüllen wollen.

- Wenn Du ein Stück Land hast, dann nimm Dir mal eine Stunde Zeit, lege Dich auf den Erde und nimm einfach einmal wahr, was da alles ist an Steinchen, kleinen Pflanzen, Moosen und wie viele Käfer, Würmer, Spinnen und andere Tiere da sind.

Das ganze lässt sich auch auf einer höheren Stufe wahrnehmen:

- Du bist gesund? Das ist eine der grössten Ressourcen. Wenn Du zusätzlich in einem westlichen Land lebst und eine gute Ausbildung hast, ein warmes Bett und fliessendes Wasser – dann gehörst Du damit zu den Auserwählten auf dieser Erde.
- Wenn Du Dir der Schönheit des Sonnenaufgangs bewusst wirst, der Sprache der Tiere, Bäume und Pflanzen, den ewigen Rhythmen der Erde, Sonne und den Sternen, dann wirst Du Dir immer mehr gewahr, wie reich Du bist – und Du bist mit all dem direkt verbunden.

Wer sich dieses Überflusses bewusst ist, wird früher oder später eingedeckt werden von allem Guten dieser Erde, weil er mit diesen Qualitäten verbunden ist.

Mit anderen Worten: Beginne zu realisieren, wie reich Du schon in vielen verschiedenen Lebensaspekten bist und dehne dieses Gewahrsein immer mehr aus – z.B. indem Du die erkannten Aspekte täglich aufschreibst und merkst, wie sie sich vermehren.

Ein ganz einfacher Plan, reich zu werden ist, wenn Du Dir bewusst wirst, welche Ressourcen und Fähigkeiten, Möglichkeiten und Beziehungen Du hast und was Du damit anfangen kannst.

Ich hatte lange Zeit ein zweites Auto in der Garage stehen, bis ich mir genau diese Gedanken gemacht habe. Als ich begonnen habe, alle meine Ressourcen zu aktivieren, hab ich mir überlegt, wie ich dieses besser nutzen kann, habe mir Vermietungsmodelle angeschaut, Firmen die dies für mich tun, Kästchen, die dies einfach möglich machen und vieles mehr – zusätzlich habe ich das Gesetz der Anziehung angewendet.

Ein paar Tage ist ein guter Freund auf mich zugekommen und meinte, er suche ein neues Auto, seines würde es nicht mehr lange machen.

Wir haben einen Weg gefunden, das Fahrzeug so in Verwendung zu bringen, dass die Versicherung nicht höher ist, als wenn ich es selbst verwenden würde, und er zahlt für die Nutzung einen monatlichen Betrag.

7.4 Die Ziele nicht wichtig nehmen

In den vorherigen Kapiteln ist immer wieder die Rede davon, dass wir die Kreation loslassen, oder dem Schöpfer übergeben.

Loslassen oder übergeben meint genau das, was es ausdrückt: Loslassen.

Das ist für viele von uns schwierig: Wenn es uns nicht wichtig wäre, hätten wir nicht darin investiert, oder?

Das Problem ist: Je mehr wir etwas wollen, desto schwieriger wird es, das umzusetzen, dazu ein Beispiel:

Wenn ich ein Tennisspiel gewinnen möchte, und mein Gegenüber ist ein geübter alter Tennishase, der entspannt im Flow jeden Ball zurückspielt, dann gibt es einen Trick. Dieser Trick wird ihn in den Kopf bringen, und der geht so: Ich frage meinen Gegenspieler, wie er es macht, dass er so gut spielt, was seine Massnahmen sind, wie ihm das gelingt. Wenn ich ihn verleiten kann, darüber nachzudenken, dann ist die Wahrscheinlichkeit gross, dass er aus dem Kopf heraus beginnt, sich zu analysieren – dann ist er nicht mehr im Fluss und beginnt Fehler zu machen. Er ist nicht mehr im Moment.

Ein anderes Beispiel: Wenn Du etwas ganz tolles gekocht und wunderbar dekoriert hast, mit allen Mitteln der Kunst und Du diese wunderbare Kreation zu Deinen Gästen bringst, auf die Du Dich schon seit Jahren gefreut hast, alle sind weiss angezogen, Du auch, es ist ein Fest. Du weisst: Jetzt musst Du vorsichtig sein, perfekt sein und darfst Dir keinen Fehler erlauben.

In dieser Anspannung liegt eine grosse Einladung, über irgendetwas zu stolpern, zur Not helfen Dir Haustiere, Kinder, Deine hohen unbequemen Schuhe, die Unsicherheit, ob Dein Haus genug gut aufgeräumt ist. Diese Anspannung will sich entladen, Uli Kieslich nennt diese Kräfte Ausgleichskräfte, sie sind wie Blitze, sie entladen die aufgebaute Energie auf dem direktesten Weg.

Das Beste ist, diese Kräfte nicht erst entstehen zu lassen.

Manche Menschen machen sich diese zu Nutze: Ich kenne jemanden, die steif und fest behauptet, man können sie nicht anlügen. Jedes Mal, wenn es jemand versucht, dann verrät er sein Geheimnis durch einen Versprecher. Ihre Intention ist so stark, dass die Ausgleichskräfte auch über die andern zurückwirken.

Und andere Menschen arbeiten im Heilbusiness. Sie sind sich gewohnt, dass ihre Kunden krank, etwas verpeilt daherkommen, dass sie etwas massgebliches in ihrem Leben übersehen. Wenn ich mit so jemandem in Kontakt komme, dann passiert es mir, dass ich den Termin verpasse, nicht zurückrufe, oder zu spät komme. Das fühlt sich an wie ein Fremdeinfluss. Das ist die Wirkung von Ausgleichskräften.

Eine gute Massnahme ist, diese nicht erst aufkommen zu lassen. Und wenn das nicht gelingt, im zwischenmenschlichen Bereich, diese auszudrücken: *«Ich bin etwas angespannt, weil es mir so wichtig ist, dass es gelingt»*. Dann lachen beide und die Spannung ist aufgelöst.

Wenn wir dabei sind, unsere Kreation zu machen und diese für uns so wichtig ist, dass wir uns daran festklammern, und damit *«fast zum Fenster unseres inneren Hauses herausfallen»*, dann müssen wir dieser Kreation ganz bewusst die Wichtigkeit nehmen, da hilft das gleiche Verfahren, welches auch bei Eifersucht hilft – die effektiv das gleiche ist:

Wir holen uns mit aller Entschiedenheit in den Moment, in unseren Körper und in unser Herz zurück: Dazu kannst Du Dir vorstellen, dass Du Deinen Fokus, welcher auf diese Kreation gerichtet ist, langsam und bewusst zurücknimmst, so als würdest Du einer Libelle zuschauen, die auf Dich zufliegt. Du spürst, wo Du stehst, Du bist Dir

Deines Atems bewusst, Du fühlst den erhöhten Pulsschlag, Du bringst Deinen Fokus ganz zu Deinem Herz zurück und fühlst die Erregung. Wenn Du in Deine Gedanken ausweichen willst, bringst Du den Fokus zurück ins Herz, fühlst Deine Aufregung und bist damit. Die darf sein, Du kannst sie einladen, sich zu zeigen. So verweilst Du, bis die Aufregung sich auflöst.

Gewohnheitsmuster haben wir oft über Jahrzehnte, wenn nicht über viele Leben gebildet. Die verschwinden in dieser 3D-Welt üblicherweise nicht per Fingerschnipp.

Aber: Je öfter wir denen bewusst begegnen und sie durchfühlen, desto seltener kommen sie, desto länger bleiben sie weg.

> **Beispiel:** Ich erinnere mich an ein sehr heftiges Gewohnheitsmuster des Selbstvorwurfes, welches durch Verlassenwerden getriggert wurde. Das kam am Anfang jeweils nach ein paar Minuten wieder. Ich konnte es durchfühlen, dann hat es sich aufgelöst, nur um ein paar Minuten später wieder aufzutauchen. Nach ein paar Wochen ist es noch einmal im Tag aufgetaucht um sich dann komplett aufzulösen.
>
> Es ist ein paar Jahre später bei einem ähnlichen Thema nochmals aufgetaucht: Dort konnte ich es mit wenigen gezielten Aktionen ebenfalls auflösen.

Eine andere Möglichkeit um das Klammern zu entspannen ist, dass Du Dir vorzustellst, wie sich das vorgestellte örtlich von Dir wegbewegt. Es wird kleiner und bedeutungsloser. Das kannst Du jedes Mal tun, wenn es Dich wieder reitet wie ein Teufel: Du nimmst das ganze Paket und lässt es von Dir weg fahren, wie ein Zug, dem Du nachsiehst, bis er verschwunden ist. Dann spürst Du die Leere, die Du neu füllen kannst, Deine Aufmerksamkeit ist wieder frei,

Deine Lebendigkeit ist zurück, der Irrtum, dass Du nur mit dem betreffenden Paket frei und lebendig sein kannst ist entlarvt.

7.5 Die Kraft der Entscheidung

In unserer Gesellschaft wird die Kraft des Willens hochgelobt, was unsere männliche Seite angeht.

Mit dem Willen, den ich hier bezeichne, meine ich die Kraft, welche über eine lange Zeit ein Ziel verfolgen kann, egal wie hoch die Widerstände im Innen und Aussen sein mögen.

Und wenn es um die weibliche Seite geht, dann wird die Kraft der Liebe als eine der grössten, wenn nicht die grösste im Universum verstanden.

Es gibt aber noch eine, die nicht minder stark ist:

Die Kraft der **Entscheidung**.

Ich will dazu ein Beispiel machen:

> Vor einigen Jahren wurde es mir zu anstrengend, nach einer Beziehung oder weiblichen Kontakten zu jagen. Also habe ich **eine einzige** Entscheidung getroffen, welche noch zusätzlich entgegen der Biologie war. Diese Entscheidung war: *«Ab sofort kommen diejenigen Frauen auf mich zu, die ernsthaft an mir interessiert sind, ich werde sie nicht mehr jagen»*.
>
> Diese Entscheidung hat sich innerhalb von 3 Tagen das erste Mal ausgewirkt und wirkt seither.
>
> Dieser Entscheidung, dieser Kreation standen in mir keine Widerstände oder hinderlichen Erfahrungen gegenüber, entsprechend schnell hat sie sich umgesetzt.

Die Kraft der Entscheidung hat auch einen Nachteil, der meines Erachtens weit über ein Menschenleben hinausgeht:

Wo wir uns für etwas oder gegen etwas entschieden haben, wirkt diese Entscheidung bis auf Widerruf.

Haben wir uns entschieden, dass Geld nur für Ganoven verfügbar ist, und zusätzlich, dass wir keine Ganoven sein wollen, dann werden wir ohne Geld bleiben.

Haben wir uns entschieden, dass Frauen, Männer, Schwarze oder Gelbe, Hunde oder Spaghetti gefährlich und deshalb zu vermeiden sind, wird das Leben entsprechend einsamer und langweiliger.

Der freie Wille ist das höchste Gut, auch wenn man uns weis macht, dass dies erst um den Tod mit dem letzten Willen so sei: Das stimmt, aber das ist viel zu klein gemacht: Der freie Wille zählt immer.

Er zeichnet uns als Kinder des Schöpfers aus.

Wer in früheren Leben Verträge gemacht hat – auch ein Ausdruck des freien Willens, auch wenn die damals richtig und wichtig waren, der könnte heute noch daran gebunden sein – und seine Vertragspartner genauso: Oft wurden solche Verträge zwischen Leibeigenen und Leibeignern auf **immer und ewig** geschlossen.

Auch bei Partnerschaften tönt das heute noch romantisch.

Darum prüfe wer sich bindet.

Und noch vielmehr, wer das auf unbestimmte Zeit macht!

Das wirkt.

Spirituelles Vertragsrecht und Vertragsauflösungen sind aber nicht das Thema dieses Buches. Für unsere Freiheit, insbesondere bei sich wiederholenden Mustern sind sie es aber auf jeden Fall wert, genauer überprüft zu werden.

7.6 Schlechte Gewohnheiten deaktivieren

Gewohnheiten sind brutale Angewohnheiten, oft basieren sie auf Glaubenssätzen, selten auf unseren eigenen.

Ich erinnere mich an eine Liebschaft in Hawaii: Ich hatte mich nach allen Regeln der Kunst vorbereitet, ihr vor unserer Begegnung auf geheimnisvolle Art jeden Tag Blumen geschickt, meine Sicht auf ihre Schönheit und Fähigkeiten jeden Tag geübt, so wie ein Gärtner seinen Garten kultiviert. Sie hat mich am Flughafen abgeholt. Sie kam zu spät, hat mit Stirnrunzeln auf meine Lederhosen geschaut und mich darauf aufmerksam gemacht, dass die in Hawaii nicht gut ankommen würden.

Die Liebschaft war nach 5 Tagen vorbei, am 7. Tag bin ich schmerzvoll ausgezogen, bin im Regen mit Rollkoffer losgezogen, habe mir ein altes Auto gekauft, um mobil zu sein und ein Dach über dem Kopf zu haben.

Die nächsten 3 Wochen hatte ich heftige körperliche Schmerzen, doch, was viel schlimmer war, das war der seelische Schmerz. Bald hatte ich verstanden, dass ich nicht an der Trennung litt, denn so liebevoll war diese Dame nun auch wieder nicht.

Und wenn ich erkenne, dass es nicht *die* sein muss, dann kann ich mit dem Satz «Die, oder eine bessere» schnell mein festhaltendes inneres dazu bringen, leichter zu werden, loszulassen und sich für das zu öffnen, was kommen will.

Die reine Trauer, der Trennungsschmerz könnte, wenn er gefühlt und beweint würde eine, zwei oder vielleicht drei Wochen dauern, dann sind die bitteren Tränen geweint – in diesem Fall eher eine Woche als drei.

Das, was mich so dermassen geschmerzt hat, das war mein Selbstvorwurf, dass ich es nicht geschafft hatte, diese Beziehung zu halten, das Gefühl, dass ich unwert sei, die Vorstellung, dass, wenn ich eine Beziehung nicht halten könne, ich versagt habe.

Da die gemeinsame Zeit mit dieser jungen Frau ziemlich überschaubar war, war es für mich einfach, jeden Moment, jede Begegnung, meine Gefühle und ihre Antworten oder Verhalten wieder auf den Schirm zu holen.

Ich kam während der betreffenden Zeit nie in eine Überreaktion, geschweige denn eine Reaktion, ich habe aus meiner Mitte gehandelt und gesprochen, ich war grosszügig, witzig und gütig. Ich hatte Unklarheiten angesprochen, und Irritationen so weit wie möglich geklärt.

Ich hatte mir nichts vorzuwerfen, ich würde es wieder so machen.

Als ich diesen Vorwurfs-Automatismus, diese uralte Gewohnheit in mir entdeckt habe, bat ich sie zum Gespräch an den Tisch und habe gefragt, wo *genau* ich was *genau* falsch gemacht hätte, und wie *genau* ich es besser hätte machen sollen.

In diesem Augenblick ist der Vorwurf verschwunden, besser gesagt: Er hat kurz Pause gemacht. Zwei Minuten später war er wieder da. Also habe ich zwei Minuten später wieder an den Tisch gebeten. Verschwunden. Er bleibt weg für drei Minuten und kommt wieder. An den Tisch. Verschwindet für fünf Minuten.
Nach drei Wochen kam er noch alle paar Tage zu Besuch.

In Bezug auf Mann-Frau-Beziehungen habe ich diesen Vorwurf erwischt und wegtrainiert.

Es hatte ein paar Jahre gedauert, bis ich gemerkt habe, dass dieser Mechanismus auch andern Beziehungen, als Vereinsvorstand, in der Zusammenarbeit mit anderen Männern greift. Doch das Erkennen ging viel schneller und das Loslassen dieser Gewohnheit hat mich vier Stunden gekostet.

Die damals in Hawaii erworbene Fähigkeit zum brechen einer schädlichen und schmerzhaften Angewohnheit hat also Früchte getragen.

Die Massnahme funktioniert für alle Gewohnheiten.

7.7 Ketten brechen und wieder lebendig werden

Wir sind gut ausgestattet, in unserem Erwusstsein gibt es die Fähigkeit zur Mustererkennung. Wenn sich ein Muster häuft, erkennen wir es.

Gefällt es uns, wählen wir es erwusst, wenn es uns nicht gefällt, dann vermeiden wir es.

Wenn Du als Mann von den letzten 3 Beziehungen enttäuscht wurdest, und alle diese Frauen waren blond. Dann könnte das Mustererkennungsprogramm Deines Unterbewusstseins entscheiden, dass blonde Frauen nichts zu Dir passen und Du entscheidest, dass Du nie mehr eine Beziehung mit blonden Frauen haben willst.

Dein Leben wird ein Stück vorhersehbarer und langweiliger.

Interessanterweise haben wir bei solchen Entscheidungen nie auch nur den geringsten Zweifel, sie manifestieren sich sofort, der Verlust an Lebendigkeit genauso.

Wenn Du nun diese falsche Mustererkennung brechen willst, kommst Du nicht dagegen an mit *«Nein, nein, alles ist gut, ab jetzt will ich wieder blonde Frauen in meinem Leben haben.»*.

Du musst Dir das Muster brechen, und das geht so:

Du suchst Dir die Unterschiede zwischen den Beziehungen:

- In welchem Jahr fanden die statt?
- Wie hiessen die Partnerinnen?
- Wie gross waren sie?

- Wo waren die zuhause?

In dem wir viele Unterschiede finden, kann die Mustererkennung nicht mehr greifen – die ist ziemlich primitiv. Und wenn der Mechanismus erkannt hat, dass dies kein Muster ist, dann gibt er seinerseits die Programmierung auf.

Das gleiche gilt auch für ein gutes Einkommen, man hat uns in der Arbeiterklasse klar gemacht, dass Geld stinkt, dass man nur zu viel Geld kommen kann, wenn man unlautere Geschäfte macht, und vieles mehr.

Aus diesen Glaubenssätzen haben uns die Medien dann den Nachweis erbracht und wir haben über die Mustererkennung den Glaubenssatz bestätigt. Der wirkt nun, auch ohne Zweifel.

Den brechen wir genauso – wir suchen musterbrechende Beispiele.

Ich habe dafür eine handvoll Menschen interviewt, die vermögend waren und habe sie nach Verhalten, Geschichte und Fähigkeiten befragt. Die Antworten waren weniger wichtig als ihr Verhalten. Die Antworten wurden wichtig, wenn ihr Verhalten dem entsprach, was sie gesagt haben.

Das Verhalten ist massgebend, nicht das, was jemand sagt.

Dadurch habe ich drei Fliegen mit einer Klappe erwischt:

- Ich habe mit wohlhabenden Menschen eine tiefere Beziehung erzielt – für die Kreation von eigenem Wohlstand reicht die Anzahl und die Tiefe der Beziehung aus – und wer es nachhaltiger will, der geht öfter in die Lokale einen Tee trinken, in welchem Geld keine Rolle spielt, das kostet dort kaum mehr als anderswo, wenn Du nicht handverlesenen Pu-erh-Tee bestellst, der bei Vollmond gepflückt wurde.
- Ich habe mir das Muster gebrochen, dass Geld stinkt, reiche Menschen gierig seien und unlautere Geschäfte machen oder

grenzüberschreitend sind - die Negativbilder sind also verschwunden.

- Anstelle der Negativbilder sind Positivbilder getreten: Manche wurden wohlhabend, weil sie geerbt haben, oder weil sie zum rechten Zeitpunkt am richtigen Ort waren (also gut eingetunt), weil sie es sich manifestiert oder kreiert haben (gute Vorbilder), oder weil sie eine Innovation erkannt haben (gut eingetunt) und diese achtsam und erfolgreich umgesetzt haben – was Beziehungs- und Kommunikationsfähigkeit bedeutet – beides keine Fähigkeiten, welche wir mit unlauteren Absichten verbinden.

Gebrochene Kette. Bild von Sophia Hilmara (Pixabay)

7.8. 80 : 20 – ein Trennungsgrund?

Um etwas neues anzuziehen – egal ob es Beruf oder Partnerschaft ist, kommen wir nicht darum, das alte loszulassen.

Wenn etwas komplett im Argen ist, das Auto nicht mehr fährt, Ölflecken hinterlässt, sich die Scheiben im Schneesturm nicht mehr schliessen lassen und die Klimaanlage im Hitzesommer heizt, statt zu kühlen, dann ist es einfach, loszulassen.

Wenn das Auto aber gut aussieht, einem viel Anerkennung einbringt, der V8 röhrt, dass die brünstige Elchkuh unruhig wird, und gleichzeitig säuft der Wagen viel zu viel und man kann an den Ölflecken erkennen, wo Deine Lieblingsparkplätze sind, dann ist es schwieriger. Es gibt gemischte Gefühle. Ein Teil von uns will halten, der andere loslassen, wir sitzen in der Falle.

Hier kannst Du mit Deinem Willen, einer Buchhaltertabelle mit Aktiva und Passiva dagegen wirken und einen Entscheid fällen, die Gefühle werden Dir hier nur Verwirrung stiften.

Bei Beziehungen mit Menschen oder im Beruf ist es dasselbe.

Die Berufe, bei denen man sich am meisten kompromittieren muss, werden am Besten bezahlt. Es sind die besten Fallen, denn ehe man sich's versieht, hat man ein Einfamilienhaus, eine Ferienwohnung, eine Frau und drei Kinder – und man *braucht* das Einkommen. Wenn das Herz dabei nicht glücklich wird, hat man nichts gewonnen und das wertvollste verloren: Lebenszeit, in der man das macht, was einem selbst und andere glücklich macht, oder im schlimmeren Fall die Würde:

Auf was sollen die Kinder einmal stolz sein?

Auch hier hilft meines Erachtens das Buchhalter-T, die Bilanz und der Entscheid.

Ich hatte hier früher einen Massstab, wie es sich für einen Ingenieur gehört: 80:20. 80 Prozent passt, 20 sind im argen oder zumindest ungenügend.

Wirtschaftlich mag das grad tragen, für die Freude ist es zu wenig.

Die 20 Prozent sind normalerweise zu wenig, um eine Beziehung aufzulösen, wenn man die Aspekte benennt, wird das Gegenüber versuchen, diesen zu entsprechen – für 2 Wochen, und danach zurückfallen.

Wenn man die Beziehung (Partner, Arbeit, Material) aber weiterführt, dann bedingt das entweder die Gabe über die fehlenden Aspekte grosszügig hinwegzusehen – manche können das – oder man leidet täglich unter den fehlenden Aspekten.

Ich gehöre zur zweiten Kategorie – und entsprechend habe ich gelernt, aufzuräumen und weiter zu gehen.

Wenn ich solche Beziehungen hinter mir zurücklasse, dann begründe ich das nur noch über die mangelnde Freude, andere Begründungen verletzen unsere Gegenüber und machen damit die Bindung wieder grösser, leichtes loslassen wird so erschwert.

Ich habe mich neu entschieden und bin heute viel eher bei 95:5. Das scheint sehr anspruchsvoll zu sein. Aber es gelingt: Dieser Geschäftspartner, oder ein besserer.

Diese Frau oder eine bessere.

Dieses Auto oder ein besseres.

Dieses Geschäft oder ein besseres.

Der zweite Weg ist, sich bewusst, jeden Tag, noch mehr auf die positiven Aspekte zu fokussieren. Noch genauer auf das zu schauen was funktioniert, dieses zurückzugeben, zu verdanken, zu beachten, die Achtsamkeit dahin auszudehnen.

Und der dritte Weg ist, was als *«the work»* (Byron Katie) bekannt ist: Die Aspekte, die uns stören, die uns mangelhaft erscheinen auch bei uns zu erkennen, sie zu vergeben, damit weich zu werden und zu lernen, sie zu lieben, ihre verborgenen Geschenke zu erkennen und ihre Geschichte zu würdigen, die Verletzung dahinter wahrzunehmen und den Moment der Verletzung in einem grösseren Kontext zu erkennen, im Kontext von Ausgleich, die Rollen von Opfer und Täter aufzulösen und zu erkennen, dass die gar nicht getrennt werden können.

In der westlichen Spiritualität wird das Schwert, wie es der Erzengel Michael hat, wenig beachtet, in der Arbeiterklasse gar verschwiegen. Nein zu sagen ist nicht in und nicht spirituell. Nichts soll getrennt werden, Einheit wird über alles gestellt – was eine Verwechslung der Ebenen bedeutet: Die oberste Einheit war immer, ist und wird immer sein. Und in den unteren Ebenen ist passendes oft für die Weiterentwicklung hilfreicher, als störendes.

So sind aus meiner Sicht alle drei Wege gehenswert, wer immer nur trennt, ist gut beraten, die anderen Wege kennenzulernen und so seine Werkzeugkiste besser zu bestücken.

Wer immer alles gut gutheisst und sich alle Grenzen überschreiten lässt, den lade ich ein, seine Wut zu fühlen und auszudrücken und das Schwert und den inneren Täter einmal genauer anzuschauen.

Und wer sich möglicherweise über *«the work»* eine gewisse spirituelle Erhabenheit und Unberührbarkeit erlangt hat, dem empfehle ich, das Schwert kennenzulernen und in die direkte Rede zu gehen. Das macht berührbar. Und kann, im schlimmsten Fall sogar Spass machen.

Man kann alles mit einem Schraubenzieher tun.

Aber manchmal ist es einfach der Hammer, noch einen Schrauben-schlüssel dabeizuhaben.

7.9 Loslassen nach der Trennung

Bei der Trennung – in Beruf oder privat hat es derjenige leichter, der die Trennung herbeiführt. Er hat sich damit auseinandergesetzt, hat ein Ziel und das Gegenüber wird oft überrascht.

In der ersten Phase ist es hilfreich, den Schock wahrzunehmen und die Trauer zuzulassen, sonst verbleiben diese Gefühle in unserem Körper, genauer in unseren Muskeln. Wer das verpasst hat, kann sie später wieder hervorrufen und dann auflösen, eine dafür geeignete Massnahme ist EFT (Emotional Freedom Technique von David Bercelli) oder SE (Somatic Experiencing von Peter Levine).

Wer danach noch im Schmerz hängt, für den könnte das folgende Vorgehen hilfreich sein:

1) Werde Dir bewusst, dass Du das Beste gegeben hast. Das heilt den Selbstvorwurf, nicht gut genug gewesen zu sein.
2) Werde Dir bewusst, dass nichts für ewig hält. Das heilt den Selbstvorwurf, dass (Du) es nicht für ewig gehalten hast.
3) Werde Dir bewusst, dass nicht alles zusammenpasst. Das heilt den Vorwurf, dass Du es nicht geschafft hast, zu halten.
4) Bedanke Dich für alles, was Du erhalten hast, alles, was gut war und alles, an dem Du wachsen und lernen konntest.
5) Segne das, was nicht so toll war und die anderen Beteiligten Menschen, wünsche Ihnen das Beste für die Zukunft und lass alle noch verbleibende allfällige (Über-) Verantwortung los, die Du noch für sie getragen hast.

Und das Wichtigste:

6) Werde Dir der Lücke bewusst, wie beim Aufräumen. Hier eröffnet sich ganz viel Raum für Neues: Du hast mehr Zeit, musst nicht mehr rapportieren, wen Du geküsst hast, wie lange, und mit welchen Gefühlen. Du musst nicht mehr

pünktlich zum Essen sein, auch wenn Du keinen Hunger hast. Du kannst wieder, friedvoll und ausführlich den weiblichen Wesen auf der Strasse nachkucken, genauso wie es Dir gefällt.

Du kannst bei Dir übernachten oder nicht, niemand macht Dir einen Vorwurf, schaut vorwurfsvoll oder redet für eine Weile nicht mehr mit Dir.

Du kannst Deine ganze Lebendigkeit wieder fliessen lassen.

Du hast wieder ganz viel Raum, den Du neu verwenden kannst, so wie es sich *heute* für Dich richtig anfühlt.

7.10 Bewundern, nicht beneiden

Stell Dir folgende Situation vor:

Du, Mann, sitzt in einem Kaffee an einer Kreuzung. Von weitem hörst Du einen Bass hämmern. Der Bass wird lauter, die Quelle kommt offensichtlich näher. Vor Deinen Augen hält die Stereoanlage an, sie ist in einen roten Porsche 911 eingebaut. Drin sitzt ein lässiger junger Kerl mit Gelfrisur und Sonnenbrille. Neben ihm sitzt die blonde Stadtschönheit, die ihre Argumente gut in der Auslage präsentiert. Beide scheinen Spass zu haben. Er der Held, sie die Holde, die ihm ganz vertraut.

Damit kannst Du auf 2 Arten umgehen:

Du stehst auf, und lässt Dich auf den Rhythmus des Basses ein, schwingst Deine Hüften und beginnst mit dem Kopf so zu wackeln, wie ein ausgewachsener Erpel beim Gehen: Vor- und zurück, vor und zurück. Du winkst den beiden zu, zeigst mit dem Zeigfinger auf den Porsche und dann mit den Daumen nach oben, lachst, und wenn Du besonders frech bist, wirfst Du der Blondine ein zufriedenes Lächeln zu, so, als wäre sie eine alte Bekannte.

Die alternative und zurzeit noch etwas verbreitetere Variante ist:

Du fluchst leise in Richtung Porsche und lässt Dir vor dem geistigen Auge alle Glaubenssätze zu Geld, Blonde und Gelfrisur durch den Kopf gehen: *Der freche Rotz muss das geerbt haben oder Drogenhändler sein; Wer so blond ist, hats auf und nicht im Kopf; Ganz klar, der Porsche vom Papa; Alles nur geleast; Wo ist der nächste Strassenkleber? und so weiter.*

Nun die Preisfragen, für die es keine Waschmaschine zu gewinnen gibt:

- Welche Tendenz hast Du?
- Welches Verhalten erzeugt mehr Freude, für Dich, die beiden im Porsche und die anderen Anwesenden?
- Welches Verhalten verbindet Dich mehr mit den beiden im Porsche?

Wenn wir Dinge ins Leben ziehen wollen, dann ist eine der stärksten und einfachsten Massnahmen, die wir ganz praktisch vornehmen können, dass wir uns mit Menschen verbinden, welche diese Ziel schon erreicht haben.

Ich habe das gemacht, indem ich jeweils 10 Menschen oder Paare interviewt habe, welche die Betreffende Anziehung gemeistert und das Betreffende in ihrem Leben schon manifestiert haben: Tolle Beziehungen, Wohlstand, Entscheider und Menschen, die aufgewacht sind.

Bei diesen Interviews ist die Ebene von Frage und Antwort hilfreich, als Struktur. Doch ausschlaggebend ist die tiefere Ebene: Was wird gesagt, und was verschwiegen? Wie äussert sich der eine über den andern, wenn dieser nicht da ist? Wie geht man mit Störungen um? Entspricht das Gesagte dem Umgesetzten? – Auf Englisch: «*Does he walk his path?*», antwortet sie für ihn, oder er für sie? Wie gehen sie mit den Schwächen des jeweils andern um?

2 Jahrzehnte davor habe ich gewählt bei einem meiner ersten langjährigen Lehrer Harald Wessbecher viele Seminare zu besuchen. Anders als die anderen Teilnehmer, die fleissig Blöcke vollgeschrieben haben, war ich extrem entspannt, bin oft auf meinem Stuhl eingeschlafen oder habe hinten im Raum gelegen, mit ihm Mittag gegessen und gern auch im Seminarraum geschlafen.

Ich habe trotzdem jede Menge mitgenommen, weniger die Worte und die Satzbildung, als vielmehr die Lebens-Haltung dieses genialen Kerls. Aus der Haltung kann sich der Rest in meinen eigenen Farben entfalten, ihn zu kopieren wäre viel anstrengender und könnte nie authentisch werden.

7.11 Zweifel

Zweifel stoppt den Kreationsvorgang und annulliert die Bestellung – würde Bärbel Mohr sagen.

Wenn Du mit Zweifel zu kämpfen hast, dann ist es ein guter Plan, zu erforschen, wo dieser Zweifel herkommt.

- Traust Du es Dir nicht zu?
- Hast Du es nicht verdient?
- Hast Du Angst vor Deiner Macht?
- Glaubst Du, diese Prinzipien könnten nicht für Dich arbeiten?
- Hattest Du in früheren Zeiten Macht, und das hat sich für Dich schlecht geäussert, z.B. in einer schlechten Lebenserwartung?
- Hast Du Bilder in Dir, welche mächtige Menschen in den Kontext von Missbrauch, Übermacht, Gier oder ähnliches stellen?

Je nachdem, wo der Saboteur sitzt, ist die Vorgehensweise anders.

Eine der wichtigsten Schaltstellen, die ich gefunden habe, ist einfach zu bedienen: Es ist die Erlaubnis.

Nachfolgende Sätze kannst Du prüfen, ergänzen, erweitern, Dich jedem einzelnen stellen und in Dich hineinfühlen, was die Antwort ist.

Es sind Möglichkeiten, Angebote - Du wählst, wie Du sie spielen willst:

- Ich erlaube mir, mächtig zu sein.
- Ich erlaube mir, Entscheidungen zu treffen, im Wissen, dass ich die später, wenn ich es besser weiss, auch wieder neu treffen kann.
- Ich nehme die Konsequenzen für meine Handlungen, Entscheidungen und meine Macht in Kauf.

- Ich traue mir zu, Zugang zu der not-wendigen Weisheit, zur Liebe und zur Güte zu haben, die mir den richtigen Umgang mit der Macht gelingen lässt.
- Ich habe es verdient, mächtig zu sein, weil ich ein Sohn des Schöpfers bin.
- *Oder auch:* Ich muss es mir nicht verdienen – das ist mein Geburtsrecht.
- Ich entwickle meine Macht Schritt für Schritt, wachse langsam in diese grossen Schuhe hinein, so dass sie mich nicht überfordert und niemanden schädigt.
- Ich entwickle meine Macht zusammen mit meiner Liebe und meinem Mitgefühl, so dass sie dem Gesamten dient und meine Demut gleichermassen mitwächst.
- Ich erlaube mir, mächtig zu sein, und bitte meinen Schöpfer, mich in dieser Macht zu (beg)leiten.
- Ich bitte darum, dass sich meine Macht, meine Demut, Erkenntnis und Weisheit gleichermassen entwickeln.
- Ich entscheide mich, aus dem Opferdasein auszutreten und in meine Macht und Verantwortung zu treten. Ich bin mir bewusst, dass das mich auch zur Projektionsfläche macht.

Nachfolgend eine Kategorie von tröstlichen Sätzen – die wir wohl am Liebsten von unseren Eltern oder Partnern hören würden. Doch wir können uns diese auch selber schenken, schliesslich wissen wir selbst es am Besten. Dieser Satz bringt viel Vergebung und Mitgefühl in unser Herz. Die meisten von uns haben unrealistisch hohe Ansprüche an sich selbst, an unsere Leistung in spiritueller und weltlicher Hinsicht:

Dieser Satz ist das Magnesium dafür, dass wir nicht einen Krampf erhalten:

Der magische, tröstliche Satz heisst: *Ich habe mein Bestes gegeben,* und zwar..

- als Kind,
- mit den Haustieren,
- den Geschwistern,
- in der Schule,
- in der Ausbildung,
- mit meinen Freunden,
- den Nachbarn,
- mit den Eltern,
- in Bezug auf meine Grösse,
- mit meiner Geduld und meiner Liebe,
- auf meiner Suche nach Verständnis,
- mit meinem Mut zu sprechen,
- .. und zu schweigen,
- in der Lohnverhandlung,
- im Widersprechen gegen den Chef, den Partner, die Eltern
- im Stehenbleiben vor der Polizei und dem Gericht,
- darin, Projektionen auszuhalten,
- meinen Weg unbeirrt weiterzugehen,
- kurzfristigen Versuchungen zu widerstehen,
- dran zu bleiben,
- immer einmal mehr aufzustehen, als hinzufallen,
- langsamer zu werden, statt aus der Wut zu agieren,
- die Wut zu zeigen, ohne Übergriff oder Zerstörung,
- Liebe zu lernen, zu vertiefen, zu praktizieren,
- Klarheit zu lernen, zu vertiefen und zu praktizieren,
- mit meiner unmöglichen Familie,
- immer wieder das Gespräch zu suchen,
- mein Herz auch nach 1000 Verletzungen wieder zu öffnen.

Hier fängt Deine Liste an:

Du hast Dein Bestes gegeben:

_____

_____

_____

_____

_____

_____

_____

_____

_____

_____

Doch Zweifel ist nicht nur schlecht. Ich wünsche mir, dass Menschen, die sich dystopische Hollywoodfilme anschauen diese Visionen voller Zweifel annullieren. Ich wünsche mir, dass wir, wenn wir die neusten Virenprognosen (sprich Planung) über die Affenpocken, die Vogelgrippe HN25N oder Corona 2035 der WHO hören, diese Vision voller Zweifel sofort wieder annullieren. Ich wünsche mir, dass wir bei Krebs-, AIDS-, und anderen Diagnosen den Zweifel einsetzen und die damit verbundenen schädliche Visionen annullieren, sie da belassen, wo sie herkommen und uns ganz entschieden zu unserer eigenen Vision hinwenden oder, falls wir diese noch nicht entwickelt haben, diese zu träumen beginnen.

Zweifel ist ein Werkzeug, welches uns gute Dienste leisten kann. Zweifel basiert auch nur auf Glaubenssätzen, nicht mehr und nicht weniger.

Meist hat dieser Glaubenssatz etwas mit Machtlosigkeit zu tun, dem Widerstand, demjenigen Macht zu geben, der etwas äussert – auch uns selbst. Diese Gewohnheit ist es wert, genauer angesehen zu werden, so, dass wir die Macht über diese Schaltstelle zurückholen, und uns nicht von dieser dummen Gewohnheit, die wir meist nicht mal selbst entwickelt haben, steuern lassen.

Unsere tiefste Angst

Unsere tiefste Angst ist es nicht,
ungenügend zu sein.
Unsere tiefste Angst ist es,
dass wir über alle Maßen kraftvoll sind.

Es ist unser Licht, nicht unsere Dunkelheit,
was wir am meisten fürchten.

Wir fragen uns, wer bin ich denn,
um von mir zu glauben, dass ich brillant,
großartig, begabt und einzigartig bin?

Aber genau darum geht es,
warum solltest du es nicht sein?

Du bist ein Kind Gottes.
Dich klein zu machen nützt der Welt nicht.

Es zeugt nicht von Erleuchtung, sich zurück zu nehmen,
nur damit sich andere Menschen um dich herum
nicht verunsichert fühlen.

Wir alle sind aufgefordert, wie die Kinder zu strahlen.
Wir wurden geboren, um die Herrlichkeit Gottes,
die in uns liegt, auf die Welt zu bringen.

Sie ist nicht in einigen von uns, sie ist in jedem.

Und indem wir unser eigenes Licht scheinen lassen,
geben wir anderen Menschen unbewusst die Erlaubnis,
das Gleiche zu tun.

Wenn wir von unserer eigenen Angst befreit sind, befreit unser
Dasein automatisch die Anderen.

*Dieser Text wird häufig Nelson Mandela zugeschrieben, er
stammt aber von Marianne Williamsen, geb. 1952, basierend
auf den Lehren „Ein Kurs in Wundern"*

7.12 Ganz in den Moment kommen

Die spirituellen Meister sagen uns: «*Wer in der Vergangenheit verweilt fühlt Trauer, wer in der Zukunft verweilt, fühlt Angst –nur wer ganz im Moment verweilt spürt stille Freude.*»

Beide – Vergangenheit und Zukunft sind nicht real – und das Verweilen in beiden bindet freie Aufmerksamkeit, die uns dann nicht in der Gegenwart zur Verfügung steht. Fehlende freie Aufmerksamkeit äussert sich in fehlender Lebendigkeit.

Wer mehr freie Aufmerksamkeit hat, ist also lebendiger und freudvoller.

Wer freudvoller ist, kann schneller manifestieren, die Dinge setzen sich schneller um.

Doch wie kommen wir in die Gegenwart?

Zum einen ist es gut zu wissen, dass das Verweilen in der Vergangenheit oder Zukunft auch nur eine Gewohnheit ist. Und wie man Gewohnheiten brechen kann, habe ich gezeigt. Sie sind wie Unkraut: Am Anfang muss man sich mehr darum kümmern, und je länger, man damit arbeitet, desto mehr verblassen sie.

Zum andern gibt es gute erprobte Massnahmen, die wir immer dann, wenn wir uns ertappen, aus dem Moment zu gleiten, anwenden können:

- Was wir in der Meditation lernen, gilt auch im Alltag: Wenn Gedanken kommen, dann lassen wir die ziehen, wie die Wolken am Himmel, ohne ihnen Bedeutung zu schenken.
- Wir entscheiden uns für radikale Neugier, indem wir Babies Eyes verwenden.

Schritt für Schritt vom Dunkeln ins immer hellere Unbekannte.

7.13 Bösen Gedanken eine gute Richtung geben

Wenn wir manifestieren, dann stören uns destruktive Gedanken. Manche davon verfolgen uns. Wenn wir zu lieb und nett drauf sind, dann kommt der Gegenpol und will zerstören, schickt überall sein Gift, seine Pfeile und seine Kritik hin.

Da kann es uns helfen, diesem zweiten Pol, dem Yin zum Yang, dem Licht zum Dunkel mehr Ausdruck zu verleihen. In unserer zivilisierten Welt, in der alles um Aufbau, Erhalt, Versicherung und Rückversicherung geht fehlt uns die Kali, die Energie, die gerne zerstört und zerlegt, vernichtet und hinweg fegt.

Wenn diese Qualität von uns verdrängt wird, dann schwitzen wir die aus allen Poren, unbewusst und ungelenk. Wir machen Unfälle, die uns dummerweise passieren. Wir sagen verletzende Dinge, die wir – bewusst – so nicht meinen und ausdrücken wollten. Dieser Zustand ist unbefriedigend und gefährlich.

Manchmal hilft es schon, Holz zu hacken, mit voller Hingabe. Das daraus entstehende Brennholz ist ein netter Nebeneffekt.

Oder wir räumen auf und geben alles fort, was wir nicht mehr brauchen, machen aus diesen toten Energien, die Aufmerksamkeit binden wieder freie Energie.

Der Tacho der Gefühle:

Wut zeigt uns eine Grenzüberschreitung an.
Trauer, dass wir etwas loslassen müssen.
Bitterkeit, dass wir etwas Älteres noch nicht losgelassen haben.
Freude zeigt uns an, dass alles in bester Ordnung ist.

Oder wir brauchen diese Energie der Klarheit, oft auch der Wut genau für das, was sie am besten kann: Abgrenzen.

In unserer Kultur wird uns abtrainiert, uns abzugrenzen. Wir werden schon als Kinder darauf trainiert, uns für Dinge zu bedanken, die wir nicht bestellt haben, und die uns nicht zusagen. Wir müssen also die Kunst des Abgrenzens wieder lernen.

Abgrenzen kann sich darin äussern, dass man Geschenke, die man erhalten hat, und die einem nicht zusagen, wieder in den grossen Kreislauf gibt.

Abgrenzen kann sich darin äussern, dass man Aussagen von Dritten nicht mehr auf sich bezieht, sondern als Deklaration dessen, was dieser Mensch denkt, und wie er in die Welt schaut: *«Das lass ich bei Dir»*. *«Danke, dass Du mir zeigst, was Du erkennst.»*

Abgrenzen kann sich darin äussern, dass wir als Besucher dann gehen, wenn wir genug haben, freundlich und klar.

Abgrenzen kann sich darin äussern, dass wir Zusammenarbeiten beenden, die uns keine Freude mehr machen. Und das genau damit begründen, ohne den anderen in seinen Persönlichkeitsaspekten zu zerlegen, diffamieren und klein zu machen. Es passt nicht, und wir müssen es nicht passend machen.

Abgrenzen kann sich darin äussern, dass wir Angriffe in der gleichen Öffentlichkeit, in der sie geschehen sind, aufs klarste zurückweisen. Zur Not und falls die Worte fehlen, hilft uns da schon Knurren oder Brüllen, es geht nur darum, dass die Energie zurückgegeben wird und nicht bei uns hängen bleibt. Das hat nichts mit Rechtfertigung zu tun, sondern mit Energieausgleich, es hat nichts mit intellektuellen Fähigkeiten zu tun, sondern mit unserer Lebendigkeit aus dem Bauch. Wenn der Energieausgleich gelingt, dann wird es danach sofort still. Wenn er zu stark war, dann muss der andere zurückschlagen. Und wenn er zu schwach war, dann fallen uns über die nächsten Monate intelligente Konter ein.. also nur noch Kopf-kino, und wir fühlen uns kümmerlich und klein.

Und auch die Überabgrenzung ist gut bekannt: Als Mann hast Du vielleicht schon oft ein «Nein» von einer Frau erhalten. Das ist oft eine Überabgrenzung, die angemessenere Variante wäre oft: *«Ich kenne Dich noch gar nicht, das ist mir zu schnell, bitte langsam!»*

Wer Abgrenzung gut kann, wer mit seiner Wut gut vertraut ist, der wird lebendig, der kann sofort und angemessen abgrenzen, dann entfällt die Überabgrenzung und die Unterabgrenzung, dann wird es weich und verspielt.

Das Gute ist: «Böse» Gedanken alleine haben keine Kraft. Dazu brauchen sie schon Fokus, das Unterbewusstsein, respektive die Gefühle mit dazu und das Ganze mit klarer Absicht gehalten für eine bestimmte Zeit.

Das ist das Schöne an der Erde: Die Materie ist verlangsamtes Licht. Oft ist das schmerzhaft, weil wir uns an die höherschwingende, schnelle Realität erinnern. Der Vorteil dieser Langsamkeit liegt aber auf der Hand:

Wenn wir uns in einer höherschwingenden Realität bewegen, dann werden auch unsere Intentionen, Kreationen und Manifestationen viel schneller zur Realität. Solange wir noch mit vielen Schmerzen, Opfergefühlen und falschen Glaubenssätzen schöpfen wollen, ist es hilfreich, wenn die Manifestation dauert, wenn wir immer wieder in diese Bilder einsteigen müssen, sie in unserer Vorstellung und mit allen Sinnen halten müssen.

Stell Dir vor: Eine freundliche Politesse (engl. polite = freundlich) nervt Dich gewaltig, Du wolltest nur kurz die Öffnungszeiten des Ladens auf der anderen Seite der Strasse prüfen, hast eigentlich gar nicht geparkt, aber die Busse ist schon in Bearbeitung. Wenn Deine Emotionen, deine inneren oder äusseren Donner, Blitze und Pfeile auf diese Politesse sich sofort umsetzen, dann würde sie das vielleicht nicht überleben.

Unsere Sicherung – auch und insbesondere vor dem entsprechenden Karma, dem Ausgleich ist, dass solche Pfeile und Blitze nicht sofort wirken, sondern wir schon ein bisschen länger und fokussierter, mit allen Sinnen daran arbeiten müssen.

Sonst wären wohl die Politessen schon lange ausgestorben.

Die Trägheit unserer 3D-Welt hat also auch Kindergarten-Charakter. Es erlaubt uns Dinge auszuprobieren und schützt uns vor dem heissen Herd und dem Stromschlag.

Eine weitere Möglichkeit mit solchen unbewussten Ausgleichs-energien umzugehen ist im folgenden Kapitel beschrieben.

7.14 Umdeuten, Umlenken

Umdeuten wird im NLP auch Reframing genannt, doch es ist viel älter. Wir können es auch als geistiges Aikido verstehen und trainieren:

Im Aikido wird die Kraft es Angreifers bewusst umgeleitet: Wir gehen nicht in den harten Widerstand und lassen diese entgegenkommende Kraft ihre Zerstörung verrichten, für die sie uns geschickt wurde, sondern wir gehen dieser Kraft weich wie Bambus geschickt aus dem Weg und lassen sie ins Leere laufen, so, dass der Angreifer dadurch aus dem Gleichgewicht gerät.

Genauso können wir es mit unseren destruktiven Gedanken machen:

Aus «*Wieso muss dieser Idiot vor mir jetzt auf die Bremse treten?*»

wird dann: «*Ahh, der hat etwas gesehen, was mir entgangen ist. Gut, dann nehm ich es etwas gemütlicher. Heil und Segen für diesen Autofahrer*».

Aus «*Schon wieder diese Polizei, die wollen doch nur abkassieren – wissen die eigentlich nicht, dass es schon lange keine Beamten mehr gibt? Das ist Amtsanmassung! Na wartet!*»

wird dann «*Ohh, die sind bemüht, uns Menschen vor Schaden und Verlust zu bewahren, die beschützen mich. Wunderbar. Schön, dass es so mutige Menschen gibt. Mal schauen, ob ich die kennenlernen darf.*»

Aus «*Diese Alte sieht schrecklich aus, hält die eigentlich nichts auf sich?*»

Wird dann: «*Oh, die sieht traurig aus, ob sie mein Lächeln empfangen kann?*»

Damit entfällt die Schädlichkeit dieser Gedanken, die uns immer zuerst selbst verletzen. Sie verbinden uns mit den Menschen um uns, sie finden etwas Gutes, sie wünschen Heil und Segen, Frieden und Freude.

Und natürlich geht «*umdeuten*» nicht nur mit Menschen, sondern auch mit Situationen. In manchen Verkaufstrainings wird das als «*Genau deshalb*» oder «*Boomerang*» trainiert. Es geht auch hier darum, die Gedankenrichtung dahin umzuleiten, wo sie nicht nutzlos zerschellt, sondern etwas Kreatives schafft.

Beispiel: Ich habe gestern intensiv Kreationen gemacht, verstärkt und nach allen Regeln der Kunst gearbeitet, doch es ist heute nichts erkennbar. Wer ungeduldig ist, der könnte daran scheitern, die Energie würde nutzlos zerschellen und eine kleine Narbe in der Seele, im Mut hinterlassen. Wir können dem begegnen, frei nach Spock und Data mit:

«*Ahh interessant, offensichtlich dauert das etwas länger.*»

oder «*Der richtige Zeitpunkt ist noch nicht gekommen, ich bin neugierig, wann sich das fügt.*»

oder auch «*Die richtige Partnerin braucht auch noch einen Moment, bis sie für mich bereit ist.*»

So gelingt es dem Morgenmuffel auch am Morgen, sich selbst wieder in die Freude und Verbindung zu bringen.

7.15 Militante Widerstandskämpfer unter der Schwelle

Es gibt einige hartnäckige Gegner für Entwicklung und Befreiung – diese sitzen tief in uns und im Kollektiv.

Den kollektiven Teil können besser erkennen, wenn wir in anderen Ländern gereist sind: Südamerika, Russland, Indien oder Afrika kennen Lebensfreude und Spontanität, dort darf man Fehler machen, man darf fremde Menschen grüssen und mit ihnen lachen. Da sind unsere kollektiven Überzeugungen im deutschsprachigen Raum viel verhaltener.

Manche beschreiben dies als Druck, Kälte, Effizienz oder Getriebenheit.

Wer sein Heimatland nie verlassen hat, für den ist es schwieriger, das wahrzunehmen.

Der kollektive Teil ist über die Ahnen zu uns geflossen – und wer Familienstellen oder systemisches Stellen kennt, der weiss, dass die Ahnen geehrt gehören – sie waren zuerst da. Die normale Bewegung für Nachkommen ist, dass sie sich nicht über ihre Ahnen stellen wollen – wer diesen Teil erkennt und hinschaut, dem fällt es viel leichter darüber hinaus zu gehen.

Solche kollektiven Überzeugungen, Glaubenssätze, Primaries, Grundsätze, Verhaltensregeln sind oft in Sprichworten enthalten, viele sind noch subtiler, und damit auch schwerer zu erkennen – was ihnen entsprechend grosse Macht verleiht.

Beispiele dafür sind:

- Was Du heute kannst besorgen, verschiebe nicht auf Morgen. Dass das nicht alle Menschen teilen, das erkennst Du, wenn Du am Montagmorgen im Park spazieren gehst: Meist kannst Du da alle Sprachen ausser Deutsch hören.
- Nur wenn ich etwas leiste, werde ich geliebt.

- Ohne Fleiss kein Preis.
- Ich darf andern nicht zur Last fallen / Ich muss es selbst schaffen.
- Ich muss mich bescheiden hintenan stellen.
- Alle andern kommen zuerst / Ich komme zuletzt / Ich bin unwichtig / Ich bin unsichtbar (Zeugungsverletzung, falls unerwünscht).
- Ich muss tapfer sein.
- Ich muss sparsam sein.
- Ich darf nicht angeben mit dem, was ich kann, bin oder habe.
- Ich darf meine Gefühle ausser Freude und Gelassenheit nicht zeigen (Wut, Trauer, Ärger).
- Ich kann niemandem trauen.
- Mir wird nichts geschenkt.
- Ich bin nicht gut genug.
- Ich kann das nicht verstehen.
- Ich kann das nicht / Ich schaffe das nicht.
- Männer wollen nur das eine.
- Frauen wollen nur das andere.
- Ich darf nicht spielen, verweilen, ziellos sein.
- Ich darf nicht tagträumen.
- Ich darf nichts übersehen.
- Ich muss mich entspannen. («muss» und «entspannen» - eine interessante Kombination).
- Geld stinkt.
- Ich darf nicht geniessen. Ich darf erst nach getaner Arbeit, nach der Pensionierung geniessen.
- Geld stinkt.
- Und viele, viele mehr, in allen Lebensbereichen.

Wenn wir uns diese Sätze über die Erziehung, die Kultur, über Filme, über die Literatur, die Schule und die Ausbildung einverleibt haben, dann wirken diese hypnotisch, ob wir es merken oder nicht.

Wenn wir ärgerlich werden, ohne zu wissen warum, dann wurde oft einer dieser Sätze getriggert. Diese lassen sich auch nicht argumentieren.

Wenn die Antwort auf eine Rückfrage lautet: «*Das war schon immer so.*», «*So macht man das*». «*Mach es einfach*» (Zitat: BAG) oder ähnlich, dann haben wir eine dieser tiefen Überzeugungen angetroffen. Meist geht die Scham, respektive die Beschämung damit Hand in Hand, auch schon für das Hinterfragen: Diejenigen, die es übernommen haben, haben es unter Androhung von Scham übernommen, sie kennen den Hintergrund, die Gründe selbst nicht, und sie geben es unter Androhung von Scham weiter.

- Hände waschen! *(oder besser den Mund mit Desinfektionsmittel spülen? Angeblich macht das lustige Seifenblasen.)*
- Absitzen beim Pissen. *(Oder die Verantwortung dem Besitzer übergeben?)*
- Hast Du heute schon geduscht? *(Egal, ob man es riecht oder nicht: Das gehört sich nicht. Angeblich).*
- Hast Du etwa ins Bad gepinkelt? *(Warmes Wasser reizt zum Loslassen – wer nicht darauf vorbereitet ist – Kinder zum Beispiel – können da heftig in die Falle laufen – insbesondere, wenn der begleitende Erwachsene dieses Schuldgefühl noch in sich trägt)*
- Ziehst Du auch jeden Tag neue Unterwäsche an? *(Nein, ich nicht)*
- Lässt Du etwa die ungewaschene Wäsche liegen? *(mit lauten Hintergedanken: Du bist ein Schwein)*
- Du lässt doch nicht das Geschirr ungewaschen stehen? *(Das macht man nicht – wer ist eigentlich «man»?)*
- Hast Du Dich auch bedankt? *(für etwas, was Dir nicht zusagt)*
- Du solltest dankbar sein, schäm Dich! (Gefühle auf Befehl – ein sehr interessantes Konzept.)
- Hast Du ihr keinen Tee angeboten? *(mit entrüstendem Ton)*

- Hast Du nicht aufgegessen? Mit einem Gruss an die armen Kinder in Afrika. *(Die haben garantiert nichts davon, wenn Du Deinem Körper Gewalt antust und Deine Gefühle missachtest.)*

Wir sollten dies und wehe, wir werden erwischt, wenn wir es nicht tun.

Wir sollten das eine fühlen (Dankbarkeit), nicht fühlen (*«Beruhigen Sie sich!»*), nicht ausdrücken (*«Sei still!»*), authentisch sein (*«Zeig Dich und Deine Gefühle, jetzt!»*) und vieles mehr.

Solche Glaubenssätze haben eine Eigendynamik: Ursprünglich sind sie für uns vielleicht die Stimme von Papa oder Mama, doch nach einer Weile übernehmen wir diese genauso und gegen uns – die Sprüche sind automatisiert und übertragen sich so von uns auf andere – so wie eine ansteckende Krankheit.

Wer weiss, wie Gefühle funktionieren und was sie sind – Indikatoren z.B. Wut für Grenzübertritt, Trauer für Loslassen, Freude für alles in Ordnung, Ärger für Dinge, die wir hätten früher loslassen sollen – der versteht auch, dass wir nicht auf Befehl und Instruktion Gefühle fühlen können, es ist genau anders herum.

Für viele Dinge gibt es idealerweise (für die Drahtzieher des Systems) zwei Glaubenssätze – wir können dann machen, was wir wollen, und werden uns so auf jeden Fall schuldig fühlen.

Ein Glaubenssatz sagt: *«Sei authentisch»*, der andere *«Zeige Deine Wut niemals!»*.

Bei all diesen subtilen und mächtigen Manipulatoren hilft nur eins: Erkennen der Glaubenssätze und Auflösen. Einen nach dem Andern.

Ich habe mit 18 Jahren erfahren, wie super-effiziente Werbung gemacht werden kann:

Wir besitzen verschiedene Kanäle, die uns erreichen: Optische Kanäle, Auditive Kanäle, Riech-Kanäle, Fühlkanäle, intuitive Kanäle und andere.

In den 1960er Jahren wurden in den Hauptfilmen in den Kinos, kurz vor der Pause einzelne Bilder der 24 Bilder pro Sekunde ersetzt mit einem Bild von leckerem Eis, einer Cola, oder anderem, was es in der Pause zu konsumieren gab.

Bewusst hat keiner der Zuschauer diese Bilder wahrgenommen – dafür ist 1/24 Sekunde viel zu kurz.

Aber das Konsumationsverhalten in den Pausen überstieg alles vorher Dagewesene.

Diese Technik nennt sich Subliminal – «*Sub*» heisst darunter, «*Limes*» ist die Grenze, das Wort heisst also «*Unter der Grenze*» und gemeint ist damit, dass man Botschaften unter der Wahrnehmungsschwelle übermittelt.

Wenn man Botschaften knapp unter der Wahrnehmungsschwelle übermittelt, dann wird das Bewusstsein umgangen: Wir haben für die vielen Eingangskanäle genau eine Instanz, die zurückweisen kann. Die triggert aber nur, wenn etwas genug langsam kommt, wenn es verständlich ist und vom Bewusstsein entziffert werden kann.

Wenn diese Kriterien nicht erfüllt sind, oder die Zurückweisungsschranke schon beschäftigt ist mit der Analyse oder der Zurückweisung auf einem anderen Kanal, dann gehen die Informationen ungefiltert direkt ans Hirn. Angriffe übers Internet erfolgen nach ähnlichen Mustern.

Eine alternative Möglichkeit, auch unter der Wahrnehmungsschwelle, ist, dass man ein Bild im Bild macht: Die Firma Disney macht dies äusserst oft und vermittelt den Kindern pädophile Botschaften, die man bewusst erst erkennt, wenn man die Bilder kritisch betrachtet.

Die Migros hat früher Werbung für Glacé (Speiseeis) so gemacht – die Eiswürfel, die um das Bild tanzten haben mit etwas zugekniffenen Augen das Wort «sexy» ergeben.

Sex sells. Auch subliminal, und auch Speiseeis.

Sex auf der Skittles-Verpackung – unten das weisse S im roten und EXplosion dahinter.

Auch Gilbeys Gin hats gemacht: Im Glas, rechts der Flasche bilden die Eiswürfel von oben nach unten die Buchstaben «S E X».
Um das Urheberrecht des Herstellers zu schützen wurde der Rest des Bildes unscharf gemacht.

Alle unsere Eingangskanäle können dafür missbraucht werden, dass man uns Zusatzbotschaft zufliessen lässt – dazu haben auch die Geheimdienste (mindestens) in den USA, in England und Australien viele Experimente gemacht.

In Australien hat man damit bewusst Amokläufer gefördert – um dann Antiwaffengesetze durchzusetzen – in den USA hat man mittels Funk Gedankenmuster über Städte geschickt, in welchen ein Gedanke verstärkt und verteilt wurde, z.B. *«Ich gehe jetzt an den Strand.»*

Da haben sich dann also viele Menschen am Strand getroffen und keiner wusste, warum er da war..

Als ich das damals gehört habe, war ich zuerst zutiefst deprimiert über diese Machspiele mit Ahnungslosen.

Nicht lange –dann habe ich den Spiess umgedreht. Ich habe mir am Computer eigene Subliminals aufgenommen, mit denen ich mir Glaubenssätze überschreiben und ergänzen wollte – diese habe ich umgedreht (backward masking- bekannt aus der Pop-Musik), und dann mit reduzierter Lautstärke zu meiner Lieblingsmusik gemischt.

In den Pausen oder in stillen Takten der Musik war die rückwärts gedrehte Sprache als Störgeräusch wahrnehmbar, zu verstehen war sie nicht – und genauso hat sie auch die bewusste Zurückweisungsschranke des Bewusstseins umgangen.

Was war der Effekt?

Wenn ich solche Musik gehört habe – die mich sonst erfreut und entspannt hat, war ich sofort genervt und irritiert. Es war schwer, diese Musik länger zu hören – die Originale hörte ich stundenlang.

Diese Irritation, dieses Genervt-seins war der Ausdruck der kognitiven Dissonanz, des Zusammenprallens von 2 widersprüchlichen Glaubenssätzen.

Ich gebe zu, ich habe mir starke Glaubenssätze aufgezeichnet – wer das für sich auch machen will, dem empfehle ich Glaubenssätze, die mit Güte und Grosszügigkeit kommen, dann ist die Dissonanz geringer, oder entfällt ganz.

Was Du **heute** kannst besorgen, schiebe ganz **entspannt** auf morgen.

Denn was Du heute kannst **erleben**.. kann Dir **morgen** keiner geben!

Kamene Kugle, Bosnien

7.16 Entscheider

Ich wollte lernen über Geld und Beziehungen, Erfolg und Aufwachen. Also habe ich Menschen interviewt, welche in diesen Angelegenheiten erfolgreich waren.

In Bezug auf Geld und Reichtum, sowie weltlichen Erfolg habe ich mir Menschen ausgesucht, die erfolgreich grosse Firmen geführt haben.

Dabei hat sich eine interessante Erkenntnis ergeben: Diese Menschen hatten keine Scheu, zu entscheiden.

Die meisten von uns, ganz besonders die, welche in der Arbeiterklasse aufgewachsen sind, welche in Schulen waren, in denen man fragwürdige Geschichtsfiktion nacherzählen gelernt hat, sind nicht trainiert darin, Entscheidungen zu treffen. Wir scheuen uns davor, haben Angst, falsch zu entscheiden und dann schlecht dazustehen, beschämt zu werden, so wie früher in der Schule vom Lehrer und dann vor der Klasse.

Wir haben für diesen Fall nichts auswendig gelernt, also bleiben wir vor der Entscheidung stehen, wie der Esel am Berg.

Gute Verkäufer wissen das und führen ihre Kunden über die Schwelle der Entscheidung, zum Beispiel indem sie fragen: «*Wollen Sie das gute Stück sofort mitnehmen, oder sollen wir es schicken?*». Egal, wie der Käufer antwortet – beide Antworten implizieren, dass er es kauft. Die meisten Käufer sind dankbar, die wenigsten überlegen sich eine eigene Antwort.

Wir scheuen vor Entscheidungen zurück, ausser wir holen uns das zurück, springen über die Scham der möglicherweise falschen Entscheidung und lassen uns nicht mehr von der Angst einschüchtern.

Bedeutung geben oder Bedeutung suchen:

Was hat *das* zu bedeuten?

«Das» steht für etwas Äusseres, einen Vorfall, ein Zeichen, einen Zu-Fall, eine Koinzidenz

Dazu gibt es so viele Antworten, wie wir Menschen – Weise, Ärzte und Rechtsanwälte - um Rat fragen. Das Ergebnis ist verwirrend, nimmt uns aus unserer Mitte und lässt uns ratlos zurück. Oder wir hören auf unser Herz.

Die Entscheidung zur Macht ist Deine Entscheidung,

dem, was sich zeigt, in Worten oder aus der Stille, in Tat oder Verharren, die Bedeutung zu geben, für die wir uns entscheiden: Verwunderung, Freude, «Interessant», Bestätigung.

Du entscheidest, welche Bedeutung Du gibst.

Beispiel: Wer einen Traumfänger oder ein Schild (Amulett) gestaltet, wählt selbst, welche Bedeutung die Zeichen, Verzierungen, Federn und Symbole haben, die er dahinein webt.

Wer das verstanden hat, wird die von der **weisen, liebenden Oma** gestrickten Socken für das Neugeborene nie mehr mit den alten Augen sehen können. Und er wird sie niemals mehr hergeben für weisse Socken aus dem Kaufhaus. Die einen sind (gefühls-)leer, die anderen gefüllt mit liebevoller Intention, die über lange Zeit achtsam eingewoben wurde.

Die Firmenführer, die Unternehmer heissen aus gutem Grund auch «Entscheider». Sie treffen Entscheidungen auch dann, wenn sie noch nicht alle Grundlagen, Daten und Erkenntnisse haben. Sie tun einen mutigen Schritt nach vorn, im Wissen, dass sie, falls alle Stricke reissen, auch wieder eine neue Entscheidung treffen können.

Sie holen sich mit dieser Entscheidungskraft auch ganz viel Unterstützung aus dem feinstofflichen Bereich.

Manche sagen, dass wir mit jeder Entscheidung die Anzahl der Zeitlinien verdoppeln.

Wenn wir das Gesetz der Anziehung in unser Leben, in den Alltag einbauen wollen, wenn wir damit Beruf, Gefühlslage, Beziehungen und Überraschungen steuern wollen, und somit das Ruder übernehmen– dann werden wir wieder Entscheider werden.

Das damit einhergehende Risiko macht uns lebendiger.

Und Lebendigkeit ist das attraktivste Attribut in der Partnerwahl – egal ob es um Business, Liebe, Sex oder eine andere Partnerschaft geht.

Die Entscheidung, Entscheider zu werden, lohnt sich also auf jeden Fall.

Dazu kommt der Rat eines langjährigen Begleiters: Entscheide – und dann tu es. Überdenk es nicht mehr. Vorwärts Marsch.

Also: Bring keinen Zweifel rein. Zieh es durch. Gib alles, gestalte es, stell Dich dem Leben, sei die Galionsfigur auf Deinem Schiff und spür die Wellen, den Wind, die Gischt, sieh die Sterne in der stillen Dunkelheit und fühl die Magie des Windes.

7.17 Das Negative fokussieren

Grundsätzlich fokussiert man als Manifestierer und Kreator auf das, was man will.

Aber wie du vielleicht schon gemerkt hast: Wenn das eine wahr ist, ist auch das andere wahr. Es kommt nur darauf an, wann und unter welchen Umständen.

Ein paar Beispiele:

- **Brav sein:** Stören ist schrecklich, das wurde uns abgewöhnt, schon als wir kleine Kinder waren.
  Aber Stören ist auch wichtig: Ich verstehe mich als aufrechter Störer, der mit Liebe und Klarheit dysfunktionale System stört.
- **Zum Licht:** Wir streben in unserer spirituellen Tradition alle nach dem Licht, je nachdem, welcher Meister gechannelt wird, sind die Farben anders.
  Meine tiefsten Wahrheiten habe ich aber in einem Dunkelretreat erfahren.
- **Sei nie bedürftig:** Bedürftigkeit ist was ganz Schlimmes, das dürfen wir nicht fühlen, und wenn, dann müssen wir es verstecken, bei der Arbeit, in der Beziehung, im Ausgang. Das Ergebnis ist für den, der mitfühlt eher irritierend.
  Bedürftigkeit ist der Schlüssel zur Verletzung dahinter, und solange die nicht gefühlt und anerkannt wurde, wird sie weiter schmerzen, wuchern und schliesslich schmerzhaft ausbrechen, um auf sich aufmerksam zu machen.

Wir fokussieren also normalerweise auf das, was wir wollen.

Doch wann fokussieren wir auf die Störung?

Diese eine Ausnahme ist so selten, dass sie mir erst nach ein paar Jahren Forschung ins Auge gesprungen ist: Stell Dir vor, Du bist barfuss unterwegs, bist am Telefonieren und freust Dich über den wundervollen Mischwald. Plötzlich merkst Du ganz viele Stiche im Fuss. Du siehst nichts, weder am Fuss noch am Boden und gehst weiter. Die Stiche werden mehr, an beiden Füssen, Du hängst auf und fokussierst nun ganz auf die Störung. Du erkennst, dass hier Marroni-Schalen vom letzten Jahr am Boden liegen, und die vielen kleinen Stacheln sich in Deine Füsse gebohrt haben.

In diesem Falle weiter zu singen, zu lachen und die schöne Vision zu halten, ist nicht praxisgerecht, der Schmerz ist stärker, der holt sich die Aufmerksamkeit über das Stammhirn, und dieses *muss* das Grosshirn übertönen, sonst könnten wir nicht überleben.

Wenn Jane einen Tiger und den Tarzan sieht, dann muss sie sich zuerst mit dem Tiger auseinandersetzen, sonst wird sie von Tarzan nichts haben. Die unmittelbare Gefahr muss alles andere übertonen.

In diesem Fall ist es angesagt, einen Platz zu finden, an dem wir uns hinsetzen können, die Füsse reinigen und wir mit Lupe und Pinzette jeden Millimeter unserer Fusssohle konzentriert und ungestört absuchen.

Dieser Einsatz ist kurz und konzentriert, er tritt selten auf. Aber wenn er auftritt, hat er Vorrang.

In der Psychologie heisst es: «*Störungen haben Vorrang*». Das gilt auch hier.

7.18 Vorbilder finden

Was hattest Du für Vorbilder als Du ein kleiner Junge warst, ein kleines Mädchen?

Wenn wir Dinge merken oder visualisieren wollen, dass sie dem Unterbewusstsein bleiben, dann hilft es, wenn diese folgende Punkte erfüllen:

- Komisch oder lustig, Emotionen auslösend
- Mit allen Sinnen wahrnehmbar
- Mit bestehenden Bildern verknüpfen

Wenn wir für unsere Manifestation Vorbilder finden, die etwas schon haben oder können, was wir manifestieren wollen, dann verknüpft sich die Vision in die gelebte Realität, das beschleunigt den Vorgang. Je besser wir diese Vorbilder kennen, desto einfacher können wir sie nachahmen.

Die stärkere Alternative ist, dass wir uns daran erinnern, dass wir das Gewünschte auch schon selbst manifestieren konnten.

Vor einer Generation wurden solche Menschen Idole genannt, sie waren der Vater, die Mutter, der Onkel, Neil Armstrong, Nelson Mandela oder Jacky Chan, Tina Turner oder Emma Watson.

Zusätzlich werden uns von der Unterhaltungsindustrie Rollenbilder vorgegeben wie Old Shatterhand, James Bond und Indiana Jones, wobei man in der Rückschau sieht, dass jedes dieser geschaffenen Vorbilder eine gewisse Weltsicht ins Massenbewusstsein bringen wollte und das auch geschafft hat.

Unter all dem liegen die christlichen Rollenbilder, die je nach Zeit und Laune der Drahtzieher mal den einen oder den anderen Protagonisten ins Zentrum rücken, allzeit beliebt ist der Retter, die Mama, die schwanger wird durch ein geistiges Prinzip und mit dem Herz diesem auch verbunden bleibt, der Mann an ihrer Seite, der für das Einkommen sorgt, der Sünder der gerettet wird und noch ein paar Andere. Wer für sich ein anderes Rollenmodell wählen will, der muss sich dieses sehr bewusst über Idole und Vorbilder herholen – wer diesen Raum nicht bewusst für sich betritt und pflegt, der wird gemäss einem der genannten Rollenbilder durchs Leben gehen und sich trotzdem für selbstbestimmt halten.

Hinweis: Nicht alle Vorbilder, die wir finden, wenden das Gesetz der Anziehung bewusst an. Manche sind sich dessen nicht bewusst, und es funktioniert trotzdem prima. Was wir in Vorleben gelernt haben, ist uns oft intuitiv – also über die Gefühle - gut zugänglich, aber nicht über den Verstand greifbar.

Die wahre Reise besteht nicht darin, neue Horizonte zu finden,
sondern mit neuen Augen zu schauen.

Zitat: Marcel Proust

Die wichtigsten Anliegen

Ich war über mehrere Jahre an vielen Seminaren und auf Kreuzfahrten bei Esther und Jerry, respektive Abraham Hicks.

Die Seminare von Abraham haben fast immer die gleiche Form:

Am Anfang erörtert Esther, das Medium, respektive Abraham als Quelle ein Thema, basierend auf dem, was sich aus den Anliegen der Teilnehmer ergibt.

Und im zweiten Teil ruft Abraham Teilnehmer auf die Bühne, wo sie ihre Fragen stellen können.

Über die Jahre hat sich ein interessantes Bild über die wichtigsten Anliegen der Menschen ergeben:

Das wichtigste Thema: Als junger Mann ohne eigene Kinder war es lehrreich, zu erkennen, dass das wohl bewegendste Thema der Menschen das Mama-Sein betrifft.

Dazu gehörte die Frage: *«Was kann ich machen, damit ich eine bessere Mama bin?»* (und zwar für alle Alter von Mamas und deren Kindern).

Auch die Frage *«Wie kann ich mein Kind loslassen?»* gehörte zu den Top-Ten.

Das zweitwichtigste Thema: Danach kamen Beziehungsfragen aller Art, von Singles, unerfüllten Partnern, zu viel, zu wenig, zu lang und zu kurz, zu nah, zu weit weg, zu langweilig und zu bunt.

Das drittwichtigste Thema: Alles rund um die Gesundheit.

Das vierte grosse Thema: Die materielle Welt: Arbeit, Chef, Mitarbeiter und Kunden sowie Geld, Einkommen, Erbe und so weiter.

Zu den wichtigsten Anliegen folgen nun ein paar Inspirationen:

1) Mein Platz im Leben

Eine wichtige Frage wurde in dieser Art nie gestellt, doch weil sie mir so zentral erscheint, beginne ich damit und schliesse ans Vorwort an, an die Stelle, wo es darum geht, dass wir Frieden in unserem Leben erfahren, wenn wir unseren Platz einnehmen.

Für diese Absicht scheint mir folgender Satz hilfreich zu sein:

> *Die unendliche Weisheit offenbart mir meinen richtig Platz im Leben, an dem ich meine Begabung auf wunderbare Weise verwirklichen kann. Ich werde der klaren und sehr deutlichen Fügung folgen, die mir nun zuteil wird.*
>
> ***Quelle:*** *Dr. Joseph Murphy, Forscher und Autor im Bereich des Gesetzes der Anziehung*

Wer systemische Aufstellungen oder Familienaufstellungen gemacht hat, weiss, dass ins System Ruhe einkehrt, wenn jeder und jede ihren richtigen Platz einnimmt.

Und als junge Schöpfer ist das zentrale Lehrstück, nachdem wir gelernt haben, dass wir den freien Willen haben, diesen unserem Schöpfer unterzuordnen: «*Dein Wille geschehe.*» Gott hat es gegeben, Gott hat es genommen, gelobt sei der Name Gottes.

Mit Gott ist hier grundsätzlich der gütige, allmächtige Schöpfer gemeint.

Die für mich heilsame Erkenntnis ist, dass ich jeden Umstand, jedes Vorkommnis darauf untersuchen will, was ich damit lernen kann.

Das ist die Potentialsicht. Und die entspannt.

Grundsätzlich.

2) Mama-Sein

Ich hatte mich früh im Leben entschieden, in dieser Runde keine Kinder zu zeugen. Ich habe ebenfalls früh entdeckt, welche Qualitäten die meisten Mamas schnell entwickeln:

- Die Perfektion tritt zurück, an ihre Stelle tritt ein entspannender Pragmatismus.
- Mamas wissen, dass Pünktlichkeit an zweiter Stelle kommt – ihre Zeitpläne geraten ständig durcheinander. Und wer das erkannt hat, schenkt auch seinem Gegenüber Spielraum.
- Mamas lernen zu lieben, was wünscht man(n) sich mehr?
- Mamas nutzen jede Sekunde ihrer 2 Stunden Auszeit pro Woche, keine Ablenkung.
- Mamas freuen sich, wenn ich komme und sind kaum ärgerlich, wenn ich gehe.
- Mamas rufen Dich nicht alle 10min an und schicken Dir nicht 100 Vermiss-Nachrichten, wenn sie ihr Alleinsein nicht aushalten.
  Klammeräffchen @ sind also eher selten.
- Eine Mama hat einen Lebensinhalt und fühlt Sinn. Den muss sie nicht bei Dir suchen.

Durch diese Geschenke der Mamas habe ich diese wundervollen Weiber dann zu meiner Zielgruppe gemacht und viel von ihrer wunderbaren Liebe erfahren, aber genauso gut ihre Schmerzen wahrgenommen.

Der grösste Schmerz, der immer wieder aufgetaucht ist, ist derjenige, nicht die perfekte Mama zu sein für die Kinder. Dieser Schmerz scheint nicht individuell zu sein, sondern sehr verbreitet.

Oft lindert schon diese Erkenntnis den Schmerz markant, doch es kommt noch viel besser:

Die Aufgabe für Eltern, wie ich sie sehe, ist ein Set und Setting zu geben, welches stabil und sicher ist. Und zwar nach den Eltern-

Werten. Dazu gehört eine sicherer Platz, Nahrung, ein Schlafplatz, Vertrauen, Verlässlichkeit der Eltern. Das ist need-to-have, also Voraussetzung.

Und dann kommt nice-to-have, also das schöne: Beziehungszeit mit den Kindern. (Die Kinder suchen Qualitätszeit, nicht Quantitätszeit)

Dazu gehört Spiel, Spass, Ausflüge, Geburtstagspartys und vieles mehr.

Die Indigenen betreuen ihre Kids viel weniger, als wir das tun und fördern damit deren Selbstständigkeit und Teamfähigkeit untereinander. Die Kids beginnen im Haushalt kleine Aufgaben selbstständig zu übernehmen.

Wenn die Eltern Wölfe sind, dann werden sie jagen, füttern, Nachwuchs zeugen und pflegen, wo wie das Wölfe tun. Sie können dann nur authentisch auf Wolfsart das Nest hegen und pflegen. Wenn die Kinder Giraffen sind, also ganz anders geartet, dann werden diese, bis sie flügge sind, so tun, als wären sie Wölfe, und das auch glauben. So sorgen sie dafür, dass sie Futter und Schutz kriegen. Irgendwann an einem stillen Teich werden sie merken, dass sie einen zu langen Hals für einen Wolf haben und beginnen sich selbst zu entdecken. Meist viel, viel später.

Als Wolfs-Mama ist es unmöglich, Giraffen-Mama zu spielen. Dieses Unterfangen ist aussichtslos...

Die Tochter oder der Sohn hat sich die Eltern schon ausgesucht, bevor die Samenzelle mit der Eizelle verschmolzen ist. Es hat gewusst, auf was es sich einlässt.

Dieser Ebenenwechsel ist sehr entspannend und ein Grundprinzip im Gesetz der Anziehung: Wenn es zu eng ist, wenn wir zu stark unter Druck sind, dann hilft immer der Wechsel auf die höhere Ebene, uns zu entspannen. Da lösen sich lokale und kurzzeitige Widersprüche auf, da fliesst Güte und Verständnis ein, da geschieht

Vergebung ohne Anstrengung und ohne «*the work*». Der Vorwurf löst sich auf.

Eine neue Generation übernimmt immer neue Aufgaben: Die Generation unserer Eltern hat in Bezug auf die Ahnenreihe unge*ahn*te Sprünge gemacht: Sie konnten sich das erste Mal scheiden lassen – die Gesellschaftsmoral hat das zugelassen und die finanziellen Möglichkeiten ebenfalls.

Sie konnten in der Mitte ihres Lebens eine neue Berufsausbildung machen – das konnten unsere meist bäuerlichen Vorfahren sich nicht mal vorstellen.

Und schliesslich konnten sie Urlaub oder Ferien machen – oft mehrmals im Jahr – nicht um beim Heuen zu helfen, sondern um sich die Zeit in fremden Ländern zu vertreiben.

Das war ein Quantensprung!

Und während wir noch Kinder waren hat sich ein riesiges Werkzeuglabor an spirituellen Heilmethoden entwickelt, die unsere Eltern noch nicht kannten – von systemischen Aufstellungen zu den 5 biologischen Naturgesetzen, von Reiki zu Geistheilen, von kaltem Tee aus Südamerika zu einheimische Pilzheilkunde, die Jahrhunderte lang nur von den «Eliten» verwendet wurden, von gewaltfreier Kommunikation zu Traumaheilung und TRE und viele, viele mehr.

Das war ein zweiter Quantensprung nur eine Generation später, woher wird die nächste Generation springen?

3) Beziehung

Meine Voraussetzungen, was erfolgreiches Beziehen angeht wurden perfekt in der Kindheit angelegt, und zwar durch eine Lücke.

Ich habe sehr deutlich mitgekriegt, was nicht funktioniert. Das war einer der Gründe, mich unterbinden zu lassen. In den Jahren zwischen 20 und 40 habe ich nachbezogen, was die Eltern an Dynamik vorgelebt haben und alle möglichen Kurse und Seminare besucht, um eine Basis für erfolgreiche Beziehung zu legen.

Eine massgebliche Erkenntnis war, dass ich Weiber nicht verstehen muss, aber lieben kann – und das war entspannend aber der Sekunde, in welcher mir dieser Einsicht gekommen ist.

Eine andere Einsicht war, dass ich in intimen Situation mich einfach entscheiden kann, dass meine Hände ihr zusätzlich zur Verfügung stehen beim Liebkosen: Das hat ebenfalls innert Sekunden eine jahrelange dramatische Spannung aufgelöst: Davor war es zu schnell, zu langsam, zu stark oder zu wenig, es war selten richtig, und wenn, dann nicht lang. Das zieht zusammen und macht eng, es beschämt, wenn sie es sagt und hat mich fast zur Verzweiflung gebracht.

Die einzige Entscheidung, die das in Heilung gebracht hat, war, dass meine Hände ihr zu Diensten sind. Und dann hab ich sie laufen lassen und mir dabei zugesehen. Manchmal habe ich erstaunt nachgefragt, ob ihr das gefällt und sie hat genickt...

Auf meiner Suche, wie ich besser beziehen kann, habe ich irgendwann gemerkt, dass mir die Vorbilder fehlen. Also habe ich bewusst begonnen Vorbilder zu suchen. Am ersten Abend fiel mir niemand ein. Am zweiten Tag ein, zwei Menschen und schon bald hatte ich ein Dutzend Menschen, die glücklich, erfolgreich und entspannt zu beziehen schienen. Ich habe mir die Zeit genommen, diese Menschen zu interviewen, ihnen alle Fragen zu stellen, die mir einfielen.

Was die Menschen in solchen Interviews antworten ist eher sekundär, wie sie sich verhalten umso interessanter. Sie haben nicht schlecht übereinander geredet, manche wollte nicht beginnen, solange der Partner nicht da war, sie haben ausschliesslich mit Wertschätzung voneinander geredet. Und jeder Einzelne hat die Beziehung nicht gebraucht, um eigene Mängel zu kompensieren, sondern hat gut für sich gesorgt, und ist aus dieser guten Versorgung in die Begegnung gegangen.

Oder wenn ich das etwas überspitzt formuliere: In dramatischen Abhängigkeitsbeziehungen, in welcher eine gegenseitige dringende Abhängigkeit besteht, der eine braucht will dringend das Alleinsein vermeiden, die andere unbedingt Geld, der dritte will unbedingt Status, die vierte sucht Macht, der fünfte muss unbedingt gehört werden, die sechste dringend gehalten werden.

Wer solche Deals macht erfährt am Anfang in den Flitterwochen die grosse Erfüllung und danach, dass das Gegenüber zu wenig gibt.

Das sorgt dafür, dass die ganze Nachbarschaft die dramatische und aufreibende Beziehung mitkriegt. Einziehen, ausziehen, verlassen und wieder Versöhnungssex, drohen, entziehen, bestrafen gehört zum Arsenal der Waffen, die Herzen werden verletzter und Intimität zwischen den Herzen immer weniger, da es viel zu gefährlich ist, sich verletzlich zu zeigen.

Wer das drehen will, entscheidet sich radikal, also von der Wurzel auf, für sein Leben, seine Erfüllung, seine Bedürfnisse und Wünsche die eigene Verantwortung zu übernehmen. Das ist nicht immer so romantisch und gediegen, wie wenn das Gegenüber das macht – aber es macht uns unabhängig.

Wenn wir uns beide dann aus diesem genährten und grundversorgten Raum begegnen, dann ist das gewissermassen das

Dessert, der Nachtisch, das Sahnehäubchen, die Kirsche auf der Torte.

Das grösste Missverständnis in Beziehungen, das ich kenne ist die Idee, man müsste sich gleich sein (*I like You – ich bin gleich wie Du*).

Die Entspannung kommt dann, wenn beide ihre Bedürfnisse, ihre Anliegen verletzlich auf den Tisch legen können und würdigen können, mit Mitgefühl und Respekt. Das schafft eine tiefe Verbindung.

Eine Beziehung, sagen manche, ist etwas, das man zusammen trägt.

Ein alter Bauer und sein Weib haben mir ein Geheimnis erzählt: Sie beziehen sich gegenseitig ein in das, was sie über den Tag beschäftigt.

Ich habe ihn mit Filmen und IT unterstützt – das war überhaupt nicht ihr Ding – und er hat ihr jeweils kurz erzählt, was wir zusammen gemacht haben. So hat sie es auch gehalten. Die beiden waren ca. 50 Jahre ein Paar, bis er vor ihr den Körper verlassen hat.

Und sie hatten einen grossen Vorteil: Auf einem Bauernhof hat es genug Platz. Da kann man sich vertun, mit Arbeiten auseinandersetzen und die Energiefelder sind nicht ständig vermischt, wie bei einem Paar im Homeoffice in einer Einzimmerwohnung.

Dafür sind wir, nach meiner Wahrnehmung definitiv nicht gemacht.

Männer laden sich auf bei ehrlichen, tiefen Männerbegegnungen.

Und Weiber laden sich in ihren Frauenzirkeln auf.

Danach sind beide mit ihren Energien geladen und freuen sich darauf, diese wieder miteinander auszugleichen.

4) Arbeit, Chef

Eine gute Idee, wenn man Arbeit sucht, oder weiser ist und Einkommen sucht, ist, das Bild zu prägen «*nützlich zu sein*», oder «*nützlich für Wohlhabende zu sein*», oder «*nützlich in Dingen zu sein, die viel Gegenwert erzeugen*», oder am Besten seinen Platz im göttlichen Gefüge einzunehmen: «*Lieber Schöpfer, bitte zeige mir meinen Platz, wo ich glücklich bin.*»

Fehler, die man bei Arbeitssuche machen könnte sind: Jemanden zu ersetzen, clevere Deals, die jemand anders und damit letztlich mir schaden, die Überspezifikation der Arbeit, der Dauer, des Beginns, des Büros, der Firma und **die Freude vergessen.**

Wer tiefer geht, mag sich der Frage stellen: «*Ist es wirklich Geld und Reichtum, was wir suchen?*»

Oder ist es tiefe Gelassenheit und Ruhe, so dass man die Schöpfung, die Bäume, die Tiere aus entspannter Seele wahrnimmt und sprechen hört?

Oder ist es Freude und eine nie endende Entdeckungsreise, die uns lebendig hält, so wie die Kleinkinder, die noch beim Spielen einschlafen?

Wenn Du auf dem Totenbett liegst, nichts mitnehmen kannst, Deine letzten Atemzüge zu röcheln beginnen, die letzten Treuen sich um Dich versammelt haben, was war dann von Wert?

Wenn ich nochmals beginnen könnte

Wenn ich nochmals beginnen könnte,

möchte ich es wagen, mehr Fehler zu machen.

Ich möchte entspannt sein, warm und wilder werden als
diesmal.

Ich möchte nur noch wenige Dinge wirklich ernst nehmen.

Ich möchte mutiger sein.

Ich würde mehr Berge besteigen,

mehr Flüsse durchschwimmen

und mehr Sonnenuntergänge geniessen.

Ich würde mehr Eis essen und weniger Bohnen.

Ich würde mich mehr um richtige Probleme kümmern

und weniger um eigebildete.

Verstehst du?

Ich bin eine von denen, die prophylaktisch gelebt hat,

vernünftig und nett, Stunde um Stunde, Tag um Tag.

Doch, doch, ich habe meine guten Augenblicke gehabt.

Aber wenn ich das Ganze nochmals beginnen könnte,

so würde ich dafür sorgen, dass sie viel häufiger wären.

Eigentlich möchte ich probieren, nichts anderes zu haben

als Augenblicke im «Jetzt», einen nach dem andern,

statt so viele Jahre lang immer der Zukunft entgegen zu leben.

Ich war eine von denen, die nirgends hinging ohne Thermometer,

Gurgelwasser und Wärmeflasche, Mantel und Regenschirm.

Wenn ich neu anfangen könnte,

würde ich mit weniger Ballast reisen.

Ich würde früher im Jahr barfuss gehen

und länger im Herbst noch.

Ich würde öfter Karussell fahren

und immer wieder mein Glück versuchen,

mehr Menschen grüssen, mehr Blumen pflücken und viel öfter tanzen.

Ja, wenn ich nochmals anfangen könnte, aber du weisst, das kann ich nicht.

8 Arbeit in Gruppen

8.1. Boostern

Die Frage, die sich Uli Kieslich gestellt hat, war, wie er Intentionen in bemerkenswertem Masse verstärken kann.

Die Antwort lautet: Nachträglich. Man macht einer erneute Kreation, die lautet: «*Die erste Kreation hat besonders stark gewirkt.*»

Dadurch muss die erste Kreation, der Imprint in die universale Kraft nicht schon die ultimative Erfüllung erschaffen, sondern wir können ihn achtsam und genau formen und ihm später, beliebig oft, immer mehr Kraft schicken.

Dies kann ich selbst immer wieder machen, und zwar wahlweise mit der Ursprungskreation, oder auch mit der letzten Verstärkung, falls die gut gelungen ist – also im Sinne einer Kette.

Falls eine Verstärkung nicht gut gelungen ist, weil man zittrig war, unkonzentriert, gestört, unsicher, oder im Zweifel, dann bezieht man seine nächste Verstärkung einfach auf die vorletzte Verstärkung.

Nachfolgend der Vergleich zwischen den beiden Varianten:

Ursprungs-Kreation	Booster Nr.1	Booster Nr.2	Booster Nr.3	Booster Nr.4	Verstärkung	Verfahren
1	10	10	10	10	10000	In Kette multiplizieren (potenzieren)
1	10	10	10	10	40	Jeweils die Ursprungskreation verstärken

Erklärung: Die Spalte ganz links bezeichnet in dieser Tabelle die Kraft der Ursprungskreation, im Beispiel beide Male 1.

Die folgenden Spalten sind die nachfolgenden Booster – mit jeweils einer Kraft von 10.

Im ersten Fall auf der oberen Zeile boostet der Booster Nr.1 die Ursprungskreation, wird dann selbst von Booster Nr. 2 verstärkt, welcher seinerseits von Booster Nr.3 verstärkt wird, welcher von Booster Nr.4 verstärkt wird. Die Verstärkung entspricht also der Multiplikation von 10*10*10*10 = 10'000.

Im zweiten Fall auf der unteren Zeile verstärken wir mit jedem weiteren Booster die Ursprungskreation, so wird diese das erste Mal um Faktor 10 verstärkt, im zweiten Boosterdurchgang um zusätzliche 10, bis sie zum Schluss um Faktor 40 verstärkt wird.

Das ist auch ein grossartiges Ergebnis, aber das erste ist noch viel besser.

Beispiel: Ich habe mich an meinen stillen Ort zurückgezogen, die Tür hinter mir geschlossen, das Handy auf Flugmodus gestellt, meinen nächsten gesagt, dass ich ungestört sein will, meine Augen geschlossen, in mein Herz gefühlt, meine Sehnsucht nach Freude gespürt, diese in jede Zelle ausgebreitet, und dieses Feld bewusst grösser gemacht.

Nach einer Weile bin ich damit zufrieden, übergebe die Kreation meinem Schöpfer, bitte ihn, dazuzugeben, was es noch braucht und wegzunehmen, was nichts taugt.

Und dann, nach ein paar Minuten der Stille, entscheide ich mich, die erste Kreation zu boostern:

Ich mache es mir wieder bequem, fühle in mein Herz und fühle mit jeder Zelle, wie ich der ersten Kreation Kreations-kraft schicke, so, dass diese zehnmal mehr Kraft erhält.

Dieses Bild halte ich mit voller Konzentration entspannt fest und lasse es wirken.

Das Ganze wiederhole ich am gleichen oder am nächsten Tag. Wenn ich darüber Buch führe, und dazu schreibe, welche Kreation welche Qualität hatte, dann kann ich schlechte Booster-Sessions überspringen und statt der letzten die vorletzte boostern.

Eine Alternative ist, das zu Zweit zu tun:

Der erste hält sich seine gewünschte Kreation vor Augen, fühlt sie mit allen Sinnen, spürt die Freude und Dankbarkeit darüber. Wenn er ent-scheidet, dass der Imprint, die Zeugung stark genug ist, dann lässt er sie los, und übergibt sie dem Grösseren.

Danach nickt er seinem Gegenüber zu.

Dieser kann jetzt die erste Kreation boostern, nickt wieder, wenn er damit fertig ist. Und so lassen wir es hin- und her gehen, vielleicht 10, vielleicht 20 mal, bis der Kreator entscheidet, dass es gut ist.

Dann können die beiden die Rolle wechseln.

Natürlich geht das auch mit mehr Menschen, doch wenn es zuviele sind, dauert der Prozess immer länger, und für meine eigenen Kreationen möchte ich Menschen dabei haben, die voller Elan sind.

Eine Variante könnte sein, dass man im Kreis mit 10 Menschen boostert, aber die Anzahl Wechsel bei einer geringen Anzahl hält.

Und eine weitere Variante könnte sein, dass die eine Hälfte der Gruppe mit dem Kreator zusammen boostert, während die andere Hälfte der Gruppe die Zwischenschritte boostert.

Hier ist die Kreativität Deine Grenze.

Quelle: Uli Kieslich, Buch: Intentionen Boostern.

Die Kraft der Gedanken:

Zahlreiche Untersuchungen zur Beschaffenheit des Bewusstseins, die im Laufe von über dreissig Jahren weltweit in angesehenen wissenschaftlichen Instituten durchgeführt wurden, zeigen, dass Gedanken alles beeinflussen können, von den einfachsten Maschinen bis hin zu den komplexesten Lebewesen. Dieses Beweismaterial lässt vermuten, dass Gedanken und Absichten der Menschen tatsächlich ein physikalisches «Etwas» sind mit der erstaunlichen Kraft, unsere Welt zu verändern. Jeder Gedanke ist eine konkrete Energie, die transformieren kann. Ein Gedanke ist nicht nur ein Ding. Ein Gedanke ist ein Ding, das andere Dinge beeinflusst.»

Quelle: Lynne Mc Taggert – Buch: Intention, VAK Verlag

Kreation sind zarte Samen.

Im Garten wissen wir: Die Samen setzt man mit vollem Bewusstseins ins Dunkle, da werden sie wachsen und erst nach einer Weile ans Licht kommen.

So sind auch geistige Samen zarte Wesen, die ich am Liebsten für mich behalte. Dazu gibt es eine Ausnahme: Wenn ich sie laut, mit Menschen teile, die diese nicht mit Zweifel anreichern, sondern mir ihren Kreationsraum ebenfalls zur Verfügung stellen, dann hilft das, diese Kreation schon im Ursprung viel stärker zu machen. Wenn ich dabei nur einen Zweifler habe, wird die Kreation geschwächt.

Hollywood macht uns das vor: Hier werden Zielbilder visualisiert und Millionen von Zuschauern über die Augen und Ohren in ihre inneren Kreationsräume gegeben. Das manifestiert nicht schnell, aber doch relativ zuverlässig über die grosse Anzahl – und es wird von den Unterstützern sogar noch bezahlt. Kaum jemand kommt auf die Idee, dazu Zweifel zu äussern, da es «*nur ein Film ist*».

Wenn wir zu zweit boostern, so müssen wir unserem Gegenüber nicht mitteilen, was wir erschaffen haben. Wir nicken einfach, wenn wir mit dem Zielbild fertig sind, wenn der Zeugungsakt vollendet ist.

8.2 Manifestationskreise

Eine andere Möglichkeit, schnell gute Ergebnisse zu erzielen hat Lynne McTaggert präsentiert. Sie ruft Kreise von einigen Menschen zusammen und einer nach dem andern präsentiert der Gruppe seine Intention.

Ursprünglich waren es jeweils 8 Menschen – doch die Zahl hat sich als nicht bedeutsam herausgestellt.

Danach geht der, welcher an der Reihe ist, als Empfangender ganz in sein Herz und wird still.

Der Rest der Gruppe setzt die Intention für 10 Minuten, dass genau das, was der Empfangende intendiert, sich manifestiert.

Die meisten dieser Manifestation werden sehr schnell kreiert, da die Gruppe einen enormen Verstärker darstellt und diejenigen, welche die Vision halten, keine Einschränkung fühlen, dass sie es nicht wert sind oder nicht verdienen, die Hauptgründe, bei dem wir uns selbst an der Kreation hindern entfällt.

EEG-Messungen bei Teilnehmern von Manifestationskreisen ergeben völlig andere Aktivierungen als bei Meditation: In einer Meditation verstärken sich gewisse Hirnwellen, aber bei den Teilnehmern des Manifestationskreises kam es zu einer Abnahme in den Scheitellappen – die sind dazu da, damit wir uns im Raum orientieren können und sie lassen uns unterscheiden zwischen ich und nicht-ich.

Auch die Aktivität des rechten Stirnlappens hat abgenommen. Der rechte Stirnlappen ist zuständig für Sorgen, Zweifel und Negativität.

Andrew Newberg von der Universität Pennsylvania hat die Gehirnwellenaktivität beim Chanten und beim ekstatischen Gebet von buddhistischen Mönchen erforscht und erkannt, dass diese vergleichbar ist mit der Erfahrung bei den Manifestationskreisen.

Bemerkenswert ist, dass die Intentionen derjenigen Menschen, die an solchen Kreisen teilnehmen - selbst wenn sie immer Sender waren – einfach in Erfüllung gehen und diese von einem ausgeglicheneren, zentrierterem und zufriedenerem Leben berichten.

Senden lohnt sich also – für den Empfänger zuerst und für die Sender ebenfalls. Dies scheint eine gesunde Art der Hilfestellung zu sein – wenn sie mit dem Empfänger abgeglichen und diesem angeboten und nicht aufgedrückt wird, - wenn es sein darf und die Zeit reif dafür ist.

Was, wenn es nur darum geht, Freude zu haben?
Bild: Silvio Grogg

8.3 Spezialfall Gruppenmanifestation

Ein Spezialfall ist die Gruppenmanifestation. Normalerweise arbeite ich in meinen Seminaren im Kreis: Dabei arbeiten wir mit den Fragen und Intentionen der Teilnehmer. Jeder Teilnehmer hat dabei sein eigenes Leben, in welches er Manifestationen einbringen oder verbessern möchte. Wenn die Intention schon erste Erfolge gezeigt hat, prüfen wir, wo sie noch schwächelt. Manche Teilnehmer nehmen sich zu ernst, andere können einfach nicht loslassen, wie Bulldoggen ihren geliebten Knochen.

Dabei lade ich die Menschen ein, ihre Manifestationen zuerst ganz Allgemein zu formulieren und danach, Schritt für Schritt und über die Zeit spezifischer zu machen: Je mehr der Glaube und die Gewissheit über ihre Manifestationskraft zunimmt, desto spezifischer können sie werden.

Ganz anders ist es, wenn wir in einem Kreis etwas gemeinsames manifestieren wollen.

Sobald mehr als ein Mensch von einer gemeinsamen Manifestation betroffen ist, müssen die Begriffe geklärt werden: Ein Hotel ist für den einen etwas ganz anderes als für den andern.

Wenn die Begriffe nicht geklärt werden, können sich die inneren Bilder derart widersprechen, dass kein Ergebnis zu erzielen ist.

Wenn der Begriff geklärt ist, gehen wir zum nächsten Schritt: Wir prüfen, ob das, was der eine manifestieren will, für die anderen widerspruchsfrei funktioniert, sonst werden sie es sabotieren, bewusst oder unbewusst.

Wenn ein Widerspruch auftritt, dann klären wir, langsam und genau, was diesen Widerspruch auslöst und suchen das, was für alle

Gewissheit und Freude (*need to have* und dann *nice to have*) auslöst.

Hier bleiben wir fast immer auf der allgemeinsten Ebene, also der Ebene der Gefühle:

Wenn die Gruppe ein gemeinsames Projekt hat, dann könnte der erste Schritt sein, dass sie manifestiert: «*Wir haben gemeinsam Freude und einigen uns auf ein gemeinsames Ziel*».

Oder, wenn sie zusammenziehen wollen: «*Wir fühlen uns gemeinsam geborgen, sicher, ergänzen uns und finden den idealen Platz, an dem alle in ihr höchstes Potential entfalten können.*»

Ich bin immer wieder Gruppen begegnet in meinem Leben, die zusammenwohnen oder arbeiten wollten. Die meisten dieser Gruppen standen auch noch nach vielen Jahren auf Feld 1, oder wieder auf Feld 1.

Der Hauptfehler war, dass sie zu schnell zu spezifisch wurden und damit um widersprüchliches gestritten haben, oder sie wollten ganz schnell viele Mitglieder haben – ohne zu definieren, was deren Qualität sein sollte: «*Wir brauchen noch jemanden im Vorstand*» - das ist ein Satz, bei dem ich das Weite suche. Sofort.

Oder «*Wir brauchen jetzt nur noch viele Mitglieder.*». Wenn diese dann auch noch ein Stimmrecht haben, dann sucht man sich lieber einen Liegestuhl, als mitzudiskutieren – da wird meist das Grundanliegen der Zugehörigkeit erfüllt, Qualitäten oder gar eine klare Richtung ist damit hinfällig.

Damit man solche Gruppen in einem frühen Stadium gut steuern und auf das Gemeinsame hin ausrichten kann, gilt das gleiche wie bei Paaren: Damit man einen guten Weg miteinander finden kann, hilft es, die Vorzüge der anderen zu erkennen und die Gemeinsamkeiten zu sehen: Beides fördert Liebe und Beziehung.

Wenn ich Paare begleite, die sich verliebt haben, die sich also in ihre Projektionen verliebt haben, denen Liebe passiert ist (*fall in love*), also ein passiver Akt, die nie gelernt haben Liebe zu kultivieren, dann ist die Faktenlage nach 3 Monaten identisch, die Sicht dazu hat sich jedoch verändert: Beim Kennenlernen waren sie noch in der Allgemeineren Sicht und haben erkannt: «*Wir mögen beide gern Ferien. Toll, wir passen zueinander!*»

Und: «*Wir suchen beide einen Partner fürs Leben: Super, das passt!*»

Und: «*Wir arbeiten beide in der Immobilienbranche: Dann können wir auch die Weiterbildungen zusammen besuchen!*»

Nach 3 Monaten, bei Menschen, die nicht gewohnt sind, Beziehungen aufzubauen und Liebe zu kultivieren, höre ich dann zu den Fakten plötzlich die Unterschiede, grad so wie bei den Suchbildern, in welchen wir die 7 Unterschiede suchen:

Wir mögen gern Ferien, aber er will ans Meer und ich in die Berge.

Wir wollen beide einen Partner fürs Leben, aber er will Kinder und ich habe schon welche und will keine mehr.

Wir arbeiten zwar beide in der Immobilienbranche, aber er baut Städte und ich ländliche Überbauungen.

Wenn es gelingt, trotz der verschiedenen Details, die uns das Leben bringt, einen gemeinsamen Nenner zu entwickeln, in dem wir auf die Wünsche dahinter schauen, dann gelingt Beziehung plötzlich wieder:

Er will ans Meer, weil er da an der Sonne liegen kann, und sie in die Berge, weil sie da bergsteigen kann. Also suchen sie sich einen grossen See oder eine Ecke eines Meeres, mit Strand und steilen Klippen, an denen sie klettern und er sich in der Sonne braten kann.

Beide wollen einen Partner fürs Leben, und sie hat schon Kinder: Wenn er Liebe kultivieren kann, sich mit ihren Kindern auseinandersetzt, dann kann es gelingen, dass er ihre Kinder so begleitet, als wären es seine eigenen.

Beide arbeiten in der Immobilienbranche und sie finden eine neue Ausschreibung, die ihren Wunsch nach viel grünem Umschwung genauso erfüllt, wie seinen nach technischen Herausforderungen.

Genauso prüfen wir die Wünsche in einer Gruppe, die etwas gemeinsames manifestieren will: Wenn wir zu einer Aussage oder einem Begriff keine Einigkeit erhalten, dann finden wir die Motivation dahinter, welche durch den Wunsch erfüllt sein soll – diese Motivationen sind viel weniger im Widerspruch miteinander: Ein guter Verkäufer macht es genauso.

Wenn wir mit dieser Genauigkeit arbeiten entsteht auch Langsamkeit. Die Langsamkeit hilft, dass wir besser fühlen können: Gefühle brauchen Zeit zum Entstehen.

Und zu guter Letzt lernen wir uns kennen, wir gleichen die Werte ab, wir fragen: «Was meinst Du mit guter Küche?» und erfahren, dass diese vor allem hell und modern sein muss.

Wer die Werte seiner Mitmenschen kennt, braucht Vertrauen nicht mehr leichtfertig und wagemutig zu verschenken, um danach enttäuscht zu werden, sondern er weiss genau, wer was kann, wie er Situationen beurteilt und kann entsprechend Aufgaben oder Verantwortungen übergeben, ohne eine Ent-täuschung zu provozieren.

9 Quellen

Die nachfolgende Liste stellt eine kleine Auswahl dar:

Napoleon Hill: Denke nach und werde Reich

George Winslow Plummer: Consciously creating circumstances

Neville Goddard: The Law And The Promise
Seedtime And Harvest
The Search
The Creative Use Of Immagination

und 9 weitere.

Catherine Ponder: The dynamic Laws of prosperity

Bärbel Mohr: Bestellungen beim Universum

Manfred Mohr: Bestellung nicht angekommen

Lynne Mc Taggart: Das Nullpunkt-Feld
Die Kraft der Acht

Uli Kieslich & Marc Kettenbach: Intentionen Boostern

Rhonda Byrne, Bob Proctor, Joe Vitale, John Assraf, Jack Canfield..
Film: The Secret

Abraham, Jerry & Esther Hicks: A new beginning
The law of attraction
Ask and it is given
The Vortex
Karten, Videos, und vieles mehr.

Auch die Luterbibel eignet sich als Quelle:

Matthäus 7:7: Vom Vertrauen beim Beten
Bittet, dann wird euch gegeben; sucht, dann werdet ihr finden; klopft an, dann wird euch geöffnet.
Mt 7:8: Denn wer bittet, der empfängt; wer sucht, der findet; und wer anklopft, dem wird geöffnet.
Mt 7:9: Oder ist einer unter euch, der seinem Sohn einen Stein gibt, wenn er um Brot bittet
Mt 7:10: oder eine Schlange, wenn er um einen Fisch bittet?
Mt 7,11: Wenn nun schon ihr, die ihr ~~böse~~ unvollkommen seid, euren Kindern gebt, was gut ist, wie viel mehr wird euer Vater im Himmel denen Gutes geben, die ihn bitten.
Mt 21:22: Und alles, was ihr bittet im Gebet (in meinem Namen), so ihr glaubt, werdet ihr's empfangen.

Sacharja 4,6: Zebaoth an Serubbabel: *«Es soll nicht durch Heer oder Kraft, sondern durch meinen Geist geschehen»*

Johannes 14:13 und 14: Ihr dürft in meinem Namen (Jesu's) um alles bitten und ich werde eure Bitten erfüllen, weil durch den Sohn der Vater verherrlicht wird.
Bittet um was ihr wollt, in meinem Namen, und ich werde es tun.

10 Inspirationslieder

Unter Spotify und Youtube findest Du mit dem Suchbegriff «Law of attraction» eine grosse Anzahl von Liedern, die erhebend sind, und helfen, Deinen Fokus zu behalten und die einladen, mitzusingen.

Hier ist eine kleine Auswahl:

Titel	Künstler
It's a wonderful life	Marshmello
Good Life (with G-Eazy & Kehlani)	G-Eazy
Happier	Marshmello
Your Words Matter	Fearless Soul
Don't You Worry Child - Radio Edit	Swedish House Mafia
I Believe in Miracles (Inspirational Speech)	Fearless Soul
Already Enough	Fearless Soul
Spirits	Fearless Soul
Thank You	Fearless Soul
Que Sera	Justice Crew
Never Giving Up	Fearless Soul
Within You (Motivational Speech)	Fearless Soul
No Playing Small	Fearless Soul
Breakaway	Kelly Clarkson
Take Chances	Fearless Soul
I Am Rich (Affirmations for Wealth)	Fearless Soul
Piece of Good	Fearless Soul
Believe	Fearless Soul
Follow Your Heart	Fearless Soul
My Own Hero	Fearless Soul

Walking On A Dream	Empire of the Sun
Lush Life	Zara Larsson
Brighter Than The Sun	Colbie Caillat
Love Is Contagious	Fearless Soul
Rise Up	Andra Day
Unwritten	Natasha Bedingfield
The Climb	Miley Cyrus
REMEDY	Alesso
No More Negativity	Fearless Soul
Rise	Jonas Blue
Rise	Katy Perry
Start Loving Myself	Fearless Soul
Try Everything - From "Zootopia"	Alegra
Living My Truth	Fearless Soul
Day by Day	Fearless Soul
The Greatest	Sia
Better in Time	Leona Lewis
Can't Hold Us Down (feat. Lil' Kim)	Christina Aguilera
Heroes (we could be)	Alesso
Stronger	Fearless Soul
True Colours	Kasey Chambers
Meant for You	Fearless Soul
The Voice Within	Christina Aguilera
Rewrite The Stars	Zac Efron
High	Lighthouse Family
I Am Me (If I Have to I'll Walk Alone)	Fearless Soul

Dear Life	Delta Goodrem
Better Days	OneRepublic
Don't Dream It's Over	Fearless Soul
Fields Of Gold	Jewelia
This Is Me	Keala Settle
I'll Be There	Jess Glynne
On Top of the World	Jennifer Hudson
Keep Climbing	Delta Goodrem
Fight Song	Rachel Platten
I Won't Give Up	Christina Grimmie
Brave	Sara Bareilles
Pre-Pave Your Best Life	Fearless Soul
I Am Affirmations for Health Wealth and Joy (Extended)	Fearless Soul
The Law of Attraction (Inspirational Speech)	Fearless Soul
What Would the Best Year of Your Life Look Like?	Fearless Soul
Don't Take This Life for Granted	Fearless Soul
The Great Secret (Thoughts Become Things Speech)	Fearless Soul
7 Things I Need to Tell You About Life (Motivational Speech)	Fearless Soul
Feel Good Now Attract Great Later (Law of Attraction)	Fearless Soul
Manifest What You Want	Fearless Soul
It's Within You	Fearless Soul
Pick Myself up Again	Fearless Soul
Mind over Matter	Fearless Soul
Strength and Love	Jennifer Jess

One Day Things Will Go My Way	Fearless Soul
You Can Do Impossible Things	Fearless Soul
Rainbow	Fearless Soul
The Sun Will Come Out	Fearless Soul
The Climb	Fearless Soul
Uncertainty (I Will Face)	Fearless Soul
Million To One	Fearless Soul
Don't Worry (Good Things Will Come)	Fearless Soul
Can't Wait to Meet You	Fearless Soul
Can't Wait to Meet You (Piano)	Fearless Soul
Live Your Way	Fearless Soul
Only a Season	Fearless Soul
Never Too Late to Start Again	Fearless Soul
Dare to Be Me	Fearless Soul
Waiting for Me	Fearless Soul
Price Tag	Jessie J
When the Time Is Right	Fearless Soul
Take That Chance	Fearless Soul
Take That Chance	Fearless Soul
I Am the Storm	Fearless Soul
Let Love Lead the Way	Fearless Soul
Unconditional	Fearless Soul
Changing My Narrative	Fearless Soul
Trust Your Timing	Fearless Soul
Living Now	Fearless Soul
The Deepest Purpose	Fearless Soul
Daydream	Fearless Soul
The Only Approval I Really Need Is My Own	Fearless Soul
Breathe	Fearless Soul
Shock Everyone (Make It Happen)	Fearless Soul
Energy Doesn't Lie	Fearless Soul

A New Day	Fearless Soul
Proud	Fearless Soul
Who You Are Is Magic	Fearless Soul
Let It Flow (Grateful)	Fearless Soul
Look How Far I've Come	Fearless Soul
You Are Worth It	Fearless Soul
Fighter	Fearless Soul
I Choose to Love Myself	Fearless Soul
I Just Gotta Say Thank You (Acoustic)	Fearless Soul
Right Where I Belong	Fearless Soul
You Are More Than Enough (Acoustic)	Fearless Soul
Listen to My Heart	Fearless Soul
Meaning of It All	Fearless Soul
I'll Keep Walking (Through It All)	Fearless Soul
Happy	Pharrell Williams
Beautiful Life	Fearless Soul
CAN'T STOP THE FEELING! (from DreamWorks Animation's "TROLLS")	Justin Timberlake
What's Coming Is Better Than What's Gone	Fearless Soul
I Feel It Coming	The Weeknd
Brighter Days	Fearless Soul
This Is Me (From the Greatest Showman)	Kesha
Believe in Miracles	Fearless Soul
Grateful	Fearless Soul
New Beginning	Fearless Soul
Only Love	Fearless Soul
Thoughts Become Things	Fearless Soul
Lifted	Lighthouse Family
Better Life	Fearless Soul
You Raise Me Up	Josh Groban

Notizen:

Notizen:

Kein Symbol ist mächtiger als die Silbe OM,
wie diese Worte aus Mandukya Upanishad beweisen:
«OM, dies ewige Wort ist alles;
was war.., was ist und was sein wird.«
In diesem Sanskritzeichen bedeutet
die untere, längere Kurve den Traumzustand,
die obere Kurve steht für den Wachzustand,
die aus der Mitte kommende Kurve
symbolisiert den traumlosen Tiefschlaf.

Der Halbmond oben steht für »Maya«,
den Schleier der Illusion,
der Punkt für die Transzendenz.
Tritt die individuelle Seele durch den Schleier
und verweilt in der Transzendenz,
wird sie von den Drei Zuständen
und ihren Eigenschaften befreit.